本书由陕西师范大学出版基金资助出版

陕西师范大学国家重点学科建设项目

张懋镕 主编

中国古代青铜器整理与研究

青铜觥卷

张翀 刘莹莹 著

科学出版社

北京

内 容 简 介

本书以商周时期青铜觥为研究对象，在收集传世著录和考古出土的青铜觥的基础上，运用分型定式、年代分期等多种研究方法，讨论青铜觥的类型、年代、区域、器类、器物组合以及铭文纹饰等多方面内容，务求对青铜觥这类器物进行多角度、全方位的研究。

本书可供文物考古工作者、博物馆工作者、青铜器研究者以及历史、艺术史学者阅读参考。

图书在版编目（CIP）数据

中国古代青铜器整理与研究. 青铜觥卷 / 张懋镕主编；张翀，刘莹莹著. —北京：科学出版社，2022.9
陕西师范大学国家重点学科建设项目
ISBN 978-7-03-073121-0

Ⅰ. ①中⋯　Ⅱ. ①张⋯ ②张⋯ ③刘⋯　Ⅲ. ①青铜器（考古）–研究–中国　Ⅳ. ①K876.414

中国版本图书馆CIP数据核字（2022）第168844号

责任编辑：李　茜 / 责任校对：邹慧卿
责任印制：肖　兴 / 封面设计：北京美光制版有限公司

科学出版社 出版
北京东黄城根北街16号
邮政编码：100717
http://www.sciencep.com

中国科学院印刷厂 印刷
科学出版社发行　各地新华书店经销

*

2022年9月第 一 版　开本：787×1092　1/16
2022年9月第一次印刷　印张：14 3/4
字数：215 000
定价：180.00元
（如有印装质量问题，我社负责调换）

多卷本《中国古代青铜器整理与研究》编写缘起

经过十几年的准备工作，多卷本的《中国古代青铜器整理与研究》即将出版。回顾往事，真是百感交集。

30年前，我的处女作《释"东"及与"东"有关之字》发表，从那时候起，青铜器的学习与研究注定成为我一生的追求。

29年前，我开始师从李学勤先生研习古文字。中国古文字有很多分支，如甲骨文、金文、战国文字、简牍帛书文字。先生告诉我："你在陕西，陕西有很多青铜器，你就做金文研究吧。"在先生的指导下，我受到严格的学术训练，这令我终生受益。我的硕士学位论文是《周原出土西周有铭青铜器综合研究》。所谓综合研究，就是从青铜器、古文字、历史文献三方面来研究。从此综合研究成为我研究青铜器遵循的准则与方法。

1989年，西北大学文博学院成立新的专业——博物馆专业，大概考虑到我本科学的是考古，于是把我从文献专业调到博物馆专业。除了继续讲古文字，又开了一门新课"青铜器鉴定"。自此之后，我开始系统研习青铜器，包括没有铭文的青铜器。

在长期的教学与研究工作中，我渐渐对中国古代青铜器有了新的认识。

概而言之，中国古代青铜器的研究，自两宋以来，已有一千多年的历史，取得了丰硕的成果。尤其是近百年来的研究，在青铜器的分期、分区系、分国别、分器类诸方面卓有成效，为世人所瞩目。

回顾历史，也毋庸讳言，我认为就青铜器基础性工作而言，其资料的整理还远远不够。且提一个最基本也是最简单的问题：迄今为止究竟有多少件中国古代青铜容器？（尚且没有涉及兵器、工具、车马器、钱币、铜镜等）几万还是十几万，恐怕连一个非常粗略的估计都没有，专家也说不清楚。家底不清，研究对象模糊，研究很难继续深入。由于中国古代青铜器资料十分庞杂，其收集、整理并非易事，所以这一部分的工作非常重要。说到研究，比如青铜器的定名，鼎、鬲、簋等各类器物的分类研究，它们之间的相互关系，各类纹饰的分类研究，纹饰和器物之间的相互关系，各个阶段铭文的特点，器物、纹饰、铭文三者之间的互动关系以及对断代的作用等等，其研究或不够系统，或不够深入，有些方面甚至是空白。

20多年来，我一直在进行这方面的研究工作，写了《西周方座簋研究》《两周青铜盨研究》《西周青铜器断代两系说刍议》《试论中国古代青铜器器类之间的关系》《青铜器自名现象的另类价值》等文章，希望从器类、断代、地域、定名等多个角度和层面对青铜器进行探索。

同时我也十分关注国内外青铜器研究专家的成果，他们的论著是我案头的必备书籍，我经常地反复阅读，受益无穷。

在研究中，我深感个人力量的有限。从1999年招收青铜器方向研究生起，就逐渐形成了一个构想：如果研究生本人没有更好的研究题目，我就请他（她）来作青铜器中的某一部分，整理、研究某一类青铜器，或某一类纹饰，或某一时段的铭文，等等。经过十多年的积累，已经完成了20多篇硕士和博士学位论文。其中分器类的整理与研究完成多半，某一地区、某一时段的铜器的整理与研究正在进行，纹饰与铭文的分类、分时段研究也做了一部分。这些为多卷本《中国古代青铜器整理与研究》的编撰奠定了基础。同时，我注意到其他先生也在指导研究生做类似的学位论文，对我们也很有启发与帮助。

前几年，在编写《青铜器论文索引》的过程中，与北京线装书局的刘聪建先生多有接触。他听了我的上述介绍后，很感兴趣，遂与我商定，在原有研究生论文的基础上，由我主编，各专题作者分别著述，形成一套多卷本《中国古代青铜器整理与研究》。但由于种种原因，在线装书局只出了三卷。如今，在科学出版社的大力支持下，计划得以重新实现，拟在今后的若干年里，陆续完成和出版20卷以上的著作。

写作多卷本《中国古代青铜器整理与研究》的目的拟在全面、系统整理青铜器资料，充分吸取古今中外研究成果的基础上，对青铜器的形制、纹饰、铭文、组合关系等方面作全方位考察和研究，并试图总结出关于中国古代青铜器产生、发展、消亡的基本途径、规律、特点及其原因。这是一个遥远的目标，但我们有信心一步一步地走近它。

由于这套多卷本《中国古代青铜器整理与研究》的作者都是毕业不久的研究生，眼界有限、文字青涩也在所难免。我的指导也很有限，很多问题我也不懂或知之甚少。当时作学位论文时，我希望他（她）们放大胆子去写，因此他（她）们的观点与我也不尽一致。但无论如何，在阅读他（她）们的学位论文时，在与他（她）们的反复讨论、交流中，我也有很多的收获，这是最令人快乐的事情。我将阅读后的感想写出来，作为序言放在书前，就是希望继续与大家讨论，将《中国古代青铜器整理与研究》延续下去。而随着一本本书稿的出版，这一批年轻的作者也正在走向成熟，这或许是比书稿的出版更有意义的事情。

最后要感谢参加我的研究生学位论文答辩以及审阅论文的诸位先生，并希望今后继续得到你们的批评与帮助。感谢陕西师范大学暨历史文化学院给予的大力支持，感谢科学出版社李茜与曹伟两位编辑的辛勤工作，让我们十几年来的梦想终于得以实现。

乙未年立冬后二日张懋镕写于
陕西师范大学中国青铜文化研究中心

目　　录

多卷本《中国古代青铜器整理与研究》编写缘起 …………… 张懋镕（i）

绪言 ……………………………………………………………………（1）

第一章　青铜觥研究史及其方法 ………………………………………（3）
  第一节　研究目的与意义 ……………………………………………（3）
  第二节　青铜觥的研究回顾 …………………………………………（4）
  小结 …………………………………………………………………（26）

第二章　青铜觥的类型学研究 ………………………………………（28）
  第一节　青铜觥的类型分析 …………………………………………（28）
  第二节　几种特殊形制的"觥" ……………………………………（42）
  小结 …………………………………………………………………（47）

第三章　青铜觥的年代学研究 ………………………………………（49）
  第一节　觥器的分期 …………………………………………………（49）
  第二节　觥器的起源 …………………………………………………（59）
  小结 …………………………………………………………………（62）

第四章　青铜觥的区域研究 …………………………………………（64）
  第一节　殷墟故地 ……………………………………………………（64）
  第二节　三周之地 ……………………………………………………（67）
  第三节　周边地区 ……………………………………………………（72）
  小结 …………………………………………………………………（77）

第五章　青铜觥的器类研究 …………………………………………（78）
  第一节　青铜觥的判定及其标准 ……………………………………（78）
  第二节　青铜觥的功能和用途 ………………………………………（81）
  第三节　青铜觥与其他器类的关系 …………………………………（84）

第四节　觥器范畴内的器物辨析 ………………………………………（94）
　　　小结 …………………………………………………………………………（104）

第六章　墓葬及器物组合研究 …………………………………………………（105）
　　　第一节　出土青铜觥墓葬分析 …………………………………………（105）
　　　第二节　觥器组合 ………………………………………………………（117）
　　　小结 …………………………………………………………………………（123）

第七章　青铜觥的铭文研究 ……………………………………………………（125）
　　　第一节　觥器铭文概识 …………………………………………………（125）
　　　第二节　觥铭族徽与家族 ………………………………………………（135）
　　　小结 …………………………………………………………………………（150）

第八章　青铜觥的纹饰及造型研究 ……………………………………………（151）
　　　第一节　青铜觥纹饰整理 ………………………………………………（151）
　　　第二节　关于觥器纹饰与造型的几个问题 ……………………………（156）
　　　小结 …………………………………………………………………………（161）

结语 …………………………………………………………………………………（162）

附录1　陕西地区出土青铜觥之考察 …………………………………………（164）

附录2　纹饰与造型的关联 ……………………………………………………（168）

附表1　青铜觥型式演变表 ……………………………………………………（178）

附表2　传世青铜觥统计表 ……………………………………………………（180）

附表3　出土青铜觥统计表 ……………………………………………………（200）

参考书目 …………………………………………………………………………（209）

后记 ………………………………………………………………………………（226）

绪　　言

青铜觥最早见于安阳殷墟妇好墓中，时代在殷墟二期。青铜觥属于比较特殊的青铜器类，一般使用于等级较高的墓葬中，且多具有礼器性质。它一经出现，器形和纹饰等方面就比较成熟。商代晚期，青铜觥数量较多；西周中后期，青铜觥逐渐消失。从器物及其数量来看，青铜觥是商代晚期很有特色的一类铜器。不过，以往学界对青铜觥虽有讨论，但很少进行专门研究，更遑论对青铜觥起源、演变以及组合，乃至与其他器型的关系等方面有深入研究。

本书搜集出土、传世青铜觥，资料截止于2019年3月。采用类型学、文化因素分析以及统计等方法，对青铜觥器进行整理；在前人研究成果基础上，进行比较深入的综合研究。主要包括以下几个部分：

第一章，青铜觥研究史及其方法。梳理了自宋以来青铜觥研究史，特别区分了青铜觥在历代著录、研究中出现的与其他器类错用、混用现象。对我们的研究方法进行申明，同时也详细说明了青铜觥研究的意义。

第二章，青铜觥的类型学研究。根据青铜觥足部的变化和整体写实感的强弱，我们将其分为二型：A型为动物型觥、B型为圈足觥。在觥类器物的演进史中，B型的数量最多，持续的时间也比较长，基本存在于青铜觥的整个发展阶段。我们又根据这类圈足觥的圈足变化，将其分为圆足和方足两个亚型。而所谓的角形觥，实际上是指兕觥的祖型。我们处理的方式，将其排除于其他觥器类型序列外，另辟一节专门论述，也会涉及一些特殊形制的青铜"觥"器。

第三章，青铜觥的年代学研究。首先，在类型学研究的基础上，我们对青铜觥进行分期研究，划分为三期五段。通过分期研究，我们发现殷墟四期是青铜觥发展的高峰，不仅数量最多，器物形制上也最为完备，整体器物精美、大气。西周早期后段开始，青铜觥数量锐减，开始走向衰落。不过，因为觥器出现时间跨度较短，分期不是重点，重要的是通过分期研究它的兴起、衰亡的内中动因。

第四章，青铜觥的区域研究。拟以出土物为主，酌情参考传世品中相对比较有确凿出土地的。我们在参考现代省域后，拟分为殷墟故地、三周地区、周边地区等不同的区域，可能这些区域之间的地理范围有所重合，但更接近于当时的历史图景，也有助于我们可以考察区域的动态变化。

第五章，青铜觥的器类研究。在依据器形演进规律及其研究史的基础上，对觥类器形做出规定，辨析动物形觥与鸟兽尊、西周早中期出现了觥形尊以及与匜爵器物的混淆等问题。本章在青铜觥的器形特点的基础上，对青铜觥的功用问题进行讨论。

第六章，墓葬及器物组合研究。这是关于出土铜觥的针对性研究，通过考古信息的提取及其研判，特别是对不同时期器物组合的比较，总结出土青铜觥的墓葬等级规律。另外，根据觥器上的铭文，对其族属及其国别进行研究。彝器在文化因素分析中，可以考虑多种文化元素的融合问题。

第七章，青铜觥的铭文研究。我们对有铭铜觥进行梳理，制出表格，便于检索。鉴于觥铭字数较少，且带有图像性质的族徽铭文，我们不预将文辞考释作为铜觥铭文研究的重点，而是利用族徽来考察使用铜觥的族氏或家族。此亦不啻为以字证史，在写作过程中，不期然又与青铜器群（组）又有些暗合。此外，有三件铜觥具有长篇铭文，值得我们进行探讨。我们尽量做些细读工作，力图从器物个性归纳出共性。

第八章，青铜觥的纹饰及造型研究。我们发现觥器的高峰在殷墟三、四期，且集中于河南以及陕西。这时期的觥器器物装饰手法多样，常有三层"满花"。对于铜器纹饰的讨论，之前研究相对薄弱，主要以统计、分类为研究方法，例如统计纹饰在器物的分布，或对纹饰进行形式分类。虽在一定程度照顾到纹饰在器物各部分的使用情况，但更多体现了将纹饰从器物上抽离，转变成平面的图案。本章在初步梳理纹饰后，讨论觥器纹饰与造型的问题，尽可能将纹饰"立体"起来，中间可能会涉及艺术史的图像细读等方法，以期探研当时人们的审美眼光和宗教信仰。这也正是青铜觥的背后所蕴含的深刻意义之一。

结语，是对青铜觥做以总结性论述。其中，一些未尽问题，也将在本章进行思考，如铜觥逐渐消亡的原因，是否有技术上的因素。特别是器物演进的技术问题，与历史背景、人们选择等人文因素之间的关系。"衰落"是一个永恒的话题，而反映到器物上，可否体现人及其政治的历史问题。

第一章　青铜觥研究史及其方法

关于觥类铜器的研究史，我们有两点需要说明，第一，宋清金石著录多将此类器归为匜属。第二，王国维将其从匜器中分出，并依据文献命名为"觥"，实际上这个命名并不合适。这两个学术误解给觥器研究产生一些困扰，本章的主要内容首先亦是梳理这些误解的源流，廓清错讹。当然，现今仍以"觥"称之，亦是避免产生更大范围的混乱。在本书中，如未加特别说明的，则是指所谓的觥器，即带鋬置流，有较大体腔，具盖，作曲折形，且有兽首饰的这类器物。通过梳理著录及研究史，我们对此类器物有一个历史性的认识，对之前诸家研究的得失亦能有宏观上的把握。

第一节　研究目的与意义

如果对中国古代青铜器研究稍有了解，我们就会发现，在铜器研究初期，受到金石学的影响，注重铭文考释以及断代分期。这固然是青铜器研究的首要环节，但这一研究传统过于强大，使得研究者会忽略其他方面，例如器形、纹饰。以至于现代考古学进入中国之后，铜器多作为商周考古范畴下的一项重要材料，进行类型学的研究，很少能再向前推进。若以器物种类为切入点，对青铜器某个专门器类的研究，不仅能够尊重两方面的研究习惯，还能尽可能地容纳多个层面的信息和多种研究方法，诸如器种起源、定名脉络、出土地点、墓葬级别，特别是在考古情景下讨论器物研究以及器种之间的影响。这样，或许能够突破学科具体材料的界限，更为宏观地讨论早期中国的许多共性问题。

目前，在张懋镕师倡导并身体力行下，不少青年学者着手对于单个器类的系统整理，出版《中国古代青铜器整理与研究》十九卷，并且工作尚未结束，新一辑亦在撰写编辑中。本书作为其中的一卷，自然有着一定的延续性。但是因为觥类器物的特点，又与其他器类存在一些差别，第一，数量不多，据不完全统计，出土铜觥有36件。相较于其他器物而言，发现数量颇少，其也与早期流散不无关系，但二者总量也不算多。第二，出现或流行时间较短，西周中期以后逐渐消亡；流行范围也相对较小。第三，在考古发现觥器之前，铜觥流散收藏情况较甚。这一现象其他器种亦有之，但是流传、出土之间的比例不及觥器。以上三点或许能够成为本卷不同于其他卷之处，除此之外，本书的写作还有以下的意义：

（1）以往学术界在研究青铜器的过程中，对于青铜觥的专门研究较少，有些仅就某一个方面进行论述或者简单的分析，很少涉及青铜觥的起源、演变、器物组合以及和其他器型之间的关系。

（2）因为青铜觥没有自名，关于它的定名存在争议。同时，青铜觥作为酒器已经得到学界公认，然而，其为饮酒器还是盛酒器还存有一些疑义。其功用与它独特的造型有关系，此为本著需要解决的问题。

（3）觥类器物多制作精美，器物透露出庄严、稳重之感，亦能体现出它所在时代的艺术水平和人们的审美特点。这些也与商周时期的政治管理以及社会状况密切有关。要知道，铜觥是未见有陶器祖形的，是独立创制出的器形，其活跃时代也是从商代晚期到西周早期，至西周中期逐渐消失。在短时间内，如果器形比较固定，就需要考虑人及社会的因素，如礼仪规范、社会需要。

（4）对铜觥的研究，仍然需要结合相关墓葬信息。此亦是铜器综合研究的首要标准。目前来看，青铜觥只出土于少数大型墓葬中，而且器物组合较不固定。所以，青铜觥在器物组合关系中的地位，以及使用者等级均是我们所要考虑的，可谓是"器以藏礼"的动态反映。

青铜觥作为重要礼器不言自明，亦从器物望而可知，我们试图找出青铜觥与商周社会礼制之间的关系。这对商周时期社会的礼制关系，以及祭祀中所需遵循规则的研究，都具有颇为重要的意义。

第二节 青铜觥的研究回顾

本节可以看作是青铜觥研究的小史，是对铜觥的著录、研究的简单回顾。作为单一器物的研究史，自然不能脱离整体铜器研究史。后者已有学者做过一些研究[①]。我们在这个基础上，对铜觥传藏及研究加以更聚焦的回顾，以期能在当时金石彝器收藏认识背景下，重新考量人们对觥器的认识。

一、金石著录阶段：宋、清及其民国

（一）初期阶段：宋—清

金石学自赵宋开始发轫，是以研究铜或石质物质为主的古物学，主要更在乎其上的铭刻。然至清代，除了诞生全形拓资料复制方法外，金石学本身并没有革新性的

---

① 黄薇：《中国古代青铜器发现与研究史》，陕西师范大学博士学位论文，2018年。

突破。尤以"证经补史"为本务，而所谓"证""补"，于今来看，均为金石学到古物学进程的障碍。对"觥"器有近乎千年的误解遂是一个侧证。故此，我们将其放入一个时间段来叙述。特别是两宋以后，我国的金石学研究处于第一个低潮期，几乎没有相关的研究著作，更遑论对觥的研究。清代乾嘉时期，金石学开始复兴，然而由于青铜觥形制独特，数量较少，历代对于它的著录及研究鲜少，亦如前之赵宋，存在很多错用、混用的现象。考虑到历代著录有器影（或曰图像）、铭文两个系统[①]，我们亦按此对历代的青铜觥著录进行梳理，以期对宋代以来的觥类收藏著录情况有一个比较清晰的脉络把握。

1. 器影类

青铜觥最早见于北宋宣和年间的王黼《宣和博古图录》，该书按照商、周、汉来划分时代，并对器物的纹饰形制有所说明[②]。虽然也收录了器物铭文拓片，但其体例为一器一铭，也对无铭器物著录，可见是以器物为主的。《宣和博古图录》收有匜16件，其中7件为觥，分别是商启匜[③]（图1-1）、商凤匜[④]（图1-2）、商三夒匜[⑤]（图1-3）、周父癸匜[⑥]（图1-4）、周文姬匜[⑦]（图1-5）、周徧地雷纹匜（图1-6）[⑧]、周夒匜[⑨]（图1-7）。除周父癸匜、周夒匜失盖外，其余五件器物均有盖。南宋人赵九成在《续考古图》[⑩]中正好反之，将形制上为匜的器物称之为觥[⑪]（图1-8），而将鼎称之为"匜"[⑫]（图1-9）。此一谬误已经容庚指出[⑬]。尽管有所失误，然收入2件觥

---

① 金石著录的两种系统，由容庚先生发凡揭橥（见《商周彝器通考》，上海人民出版社，2008年，第202页）。
② （宋）王黼：《宣和博古图录》，清乾隆十八年（1753年）宝古堂刻本。
③ 为减少混乱，仍沿用书中原始器名。《宣和博古图录》卷二十页廿四、廿五。
④ 《宣和博古图录》卷二十页廿六、廿七。
⑤ 《宣和博古图录》卷二十页廿八。
⑥ 《宣和博古图录》卷二十页廿九。
⑦ 《宣和博古图录》卷二十页卅三、卅四。
⑧ 《宣和博古图录》卷廿一页七。
⑨ 《宣和博古图录》卷廿一页八。
⑩ （宋）赵九成：《续考古图》，清乾隆四十六年（1781年）四库全书文渊阁书录钱曾影钞宋刻本；另有陆心源重刊本，影印印刷本见"宋人著录金文丛刊"，（宋）吕大临、赵九成撰：《考古图·续考古图·考古图释文》，中华书局，1987年。
⑪ 《续考古图》卷三页二十三，第210、211页。
⑫ 《续考古图》卷二页三十五、页三十六，第222页。
⑬ 容庚：《〈续考古图〉述评》，《考古图·续考古图·考古图释文》，中华书局，1987年，第187～190页。

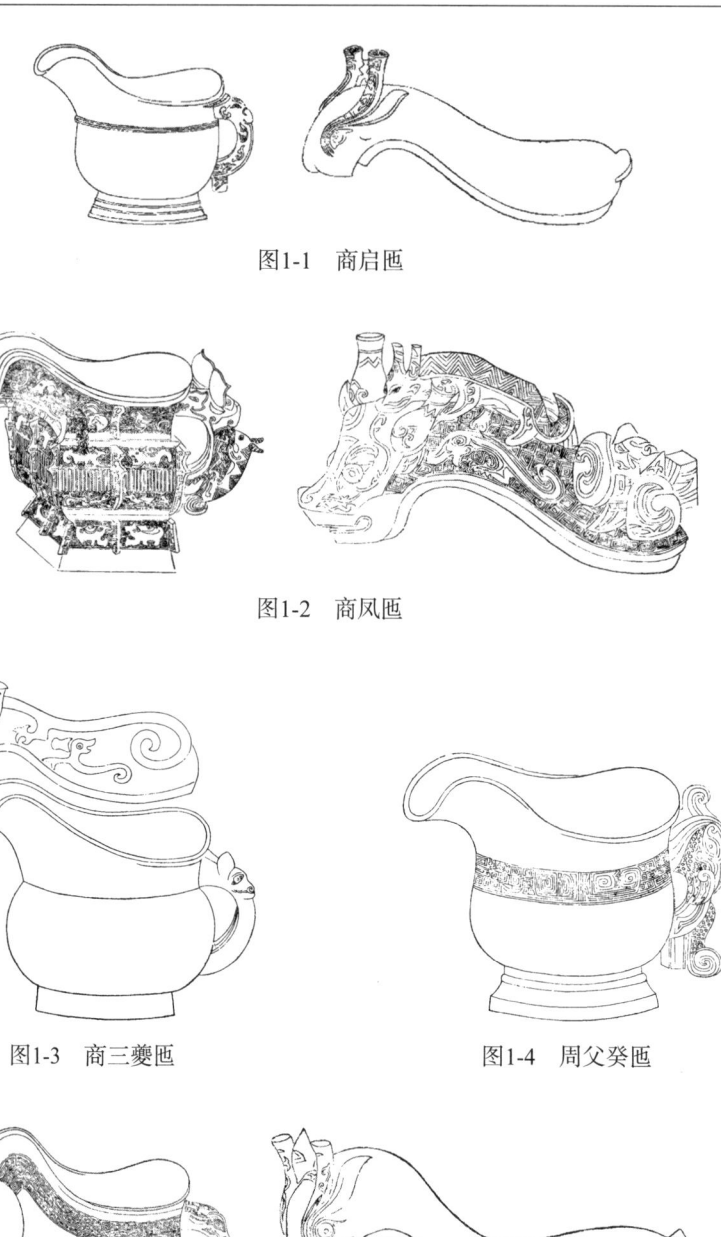

图1-1　商启匜

图1-2　商凤匜

图1-3　商三夒匜

图1-4　周父癸匜

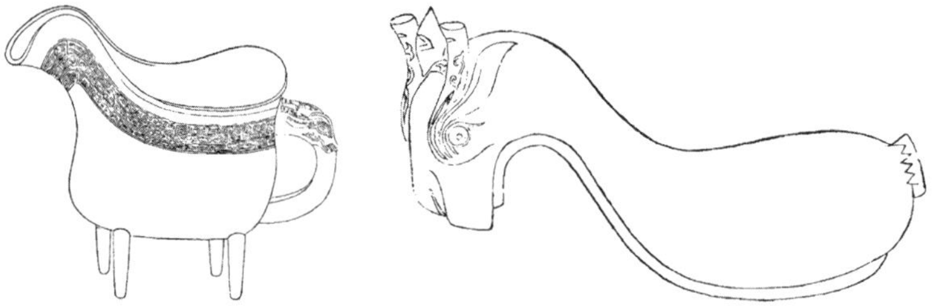

图1-5　周文姬匜

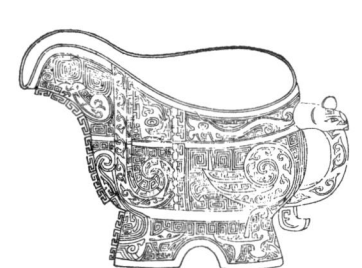
图1-6 周徧地雷纹匜

图1-7 周夔匜

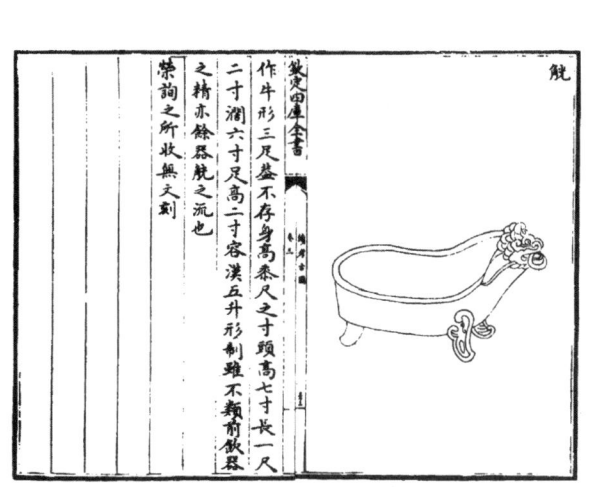
图1-8 《续考古图》觥

图1-9 《续考古图》王宫匜

器①，还名之"兕觥"（图1-10），其中一件失盖（图1-11）。赵九成对其铭文及尺寸进行著录，并释其文字，考其出处②。

在《续考古图》中，"觥"名称虽首次出现，但是以"兕觥"为面貌，况且还将匜器按之于"觥"属，或可见南宋人对觥类器物仍存似是而非的认识。关于觥类器物学讨论，我们在第二章会做详细论述，此暂不详论。需要说明的是，关于宋人对青铜觥模糊认识，我们不能苛求。宋人多是按器物自名归类的，如《考古图》将一些自

---

① 《续考古图》卷二页十二，第210、211页；卷三页二十七，第236页。
② 一件为"天父丁"觥，王师文所收。另一件"祖戌叔辛叔癸"觥，荣询之所收。

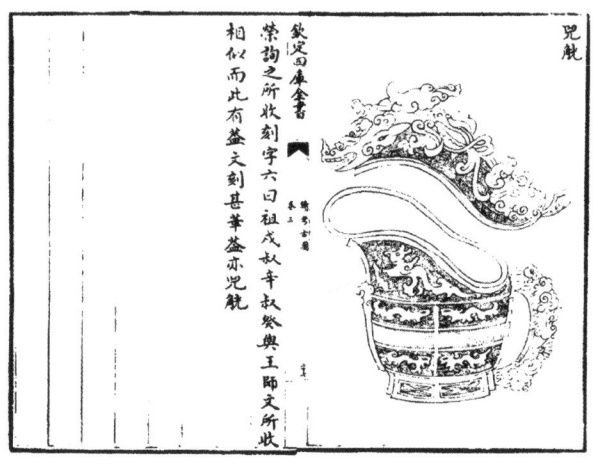

图1-10 《续考古图》兕觥

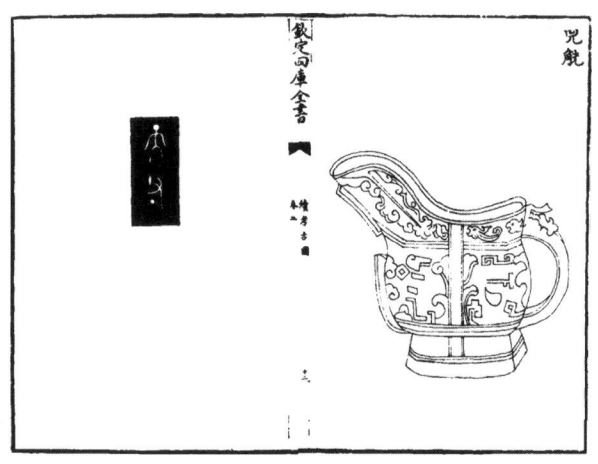

图1-11 《续考古图》兕觥

铭为"彝"的鼎簋器物，也划入彝属。那面对铭文没有自名的觥类器物，也就无所适从了。

清代梁诗正等人编纂的《西清古鉴》[①]中，觥器仍在匜属。所收录的31件"匜"里，有12件应为觥器，器名如下：周司寇匜[②]（图1-12）、周祖匜[③]（图1-13）、周伯

---

① （清）梁诗正等编纂：《西清古鉴》卷三十二，乾隆十四年（1749年）敕编，光绪十四年（1888年）辽宋书馆铜版影印本。

② 《西清古鉴》32.1-2。出于简便考虑，圆点之前表示卷次，之后表示页码，以下同。

③ 《西清古鉴》32.3。

和匜①（图1-14）、周女匜②（图1-15）、周山匜③（图1-16）、周般匜④（图1-17）、周利匜（图1-18）、周举匜两件（图1-19）、周马匜（图1-20）、周兽匜（图1-21）、周饕餮匜（图1-22）。其中周司寇匜、周利匜、周伯和匜为伪器，周祖匜为器真铭伪⑤，而周马匜也有一些疑问。故此，比较确凿的匜器有8件。较之前的《宣和博古图录》和《续考古图》所收录的青铜匜，数量上有所增多，而且出现了新的形制。此书与《宣和博古图录》体例相仿，每器均有图像，但图像、铭文略有所传摹。亦仿《宣和博古图录》记录大小尺寸、容积、重量，并有简要的铭文考释，或有错谬之处。容庚"解说亦浅陋"⑥之论，并不是妄说；朱帅在梳理编纂人员后，亦说"却没有一位明确记载其擅长金石考订等能力的"⑦。

《宁寿鉴古》⑧著录的匜器也在匜属。匜属器物凡二十四器，其中周仲驹匜（图1-23）⑨、周智匜⑩（图1-24）、周蟠夔匜五⑪（图1-25）、周夔纹匜一⑫（图1-26）、周夔纹匜三⑬（图1-27）、周夔纹匜五⑭（图1-28）、汉虎匜⑮（图1-29）、汉蟠夔匜一⑯（图1-30）、汉蟠夔匜二⑰（图1-31）等9件为匜形，剔除仲驹匜伪器，共有8件匜，其中智匜器盖，容庚亦认为伪⑱，可从。编纂者对这件宋仿的匜器有所总说，虽然注意到其铭为"仲姜簠"，但更拘泥《周礼》成说，折中弥合，认为"敦与盘、匜皆为盛物之器"，将匜认为是盛物的食器，显然是错误的，中间亦夹杂了敦、簠的旧公案。从上述也可以略知，辨伪及其器形学对铜器研究的重要。

王杰等人编纂的《西清续鉴》（甲编）在卷十二中虽列有"匜"类，但所收两器

---

① 《西清古鉴》32.7-8。
② 《西清古鉴》32.9。
③ 《西清古鉴》32.10。
④ 《西清古鉴》32.11。
⑤ 刘雨编纂：《乾隆四鉴综理表》，中华书局，1989年，第105～107页。
⑥ 容庚：《商周彝器通考》，哈佛燕京学社，1941年；上海人民出版社，2008年，第204页。
⑦ 朱帅：《〈西清古鉴〉研究》，中国美术学院硕士学位论文，2013年，第19页。
⑧ （清）王杰编纂：《宁寿鉴古》，民国二年（1913年）涵芬楼依宁寿宫写本石印本。
⑨ 《宁寿鉴古》12.53-54。
⑩ 《宁寿鉴古》12.55。
⑪ 《宁寿鉴古》12.60。
⑫ 《宁寿鉴古》12.61。
⑬ 《宁寿鉴古》12.63。
⑭ 《宁寿鉴古》12.65。
⑮ 《宁寿鉴古》12.68。
⑯ 《宁寿鉴古》12.70。
⑰ 《宁寿鉴古》12.71。
⑱ 刘雨编纂：《乾隆四鉴综理表》，第106、107页。

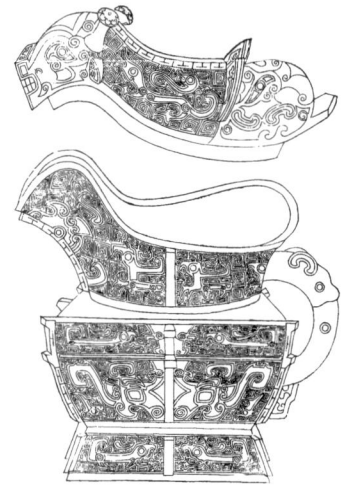

图1-12 《西清古鉴》周司寇匜

图1-13 《西清古鉴》周祖匜

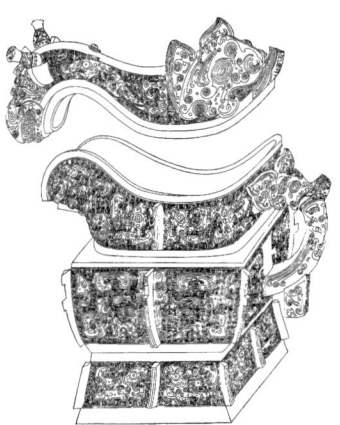

图1-14 《西清古鉴》周伯和匜

图1-15 《西清古鉴》周女匜

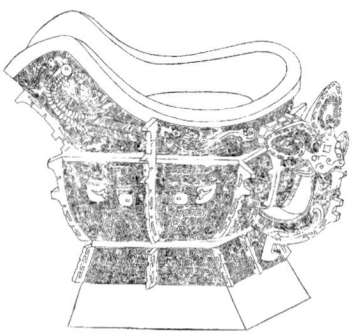

图1-16 《西清古鉴》周山匜

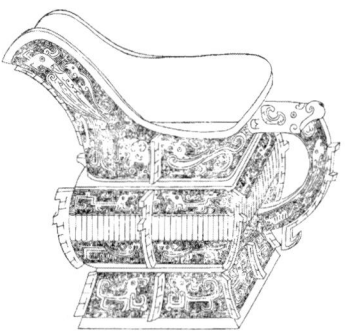

图1-17 《西清古鉴》周般匜

图1-18　《西清古鉴》周利匜

图1-19　《西清古鉴》周举匜

图1-20　《西清古鉴》周马匜　　　　图1-21　《西清古鉴》周兽匜

图1-22 《西清古鉴》周饕餮匜

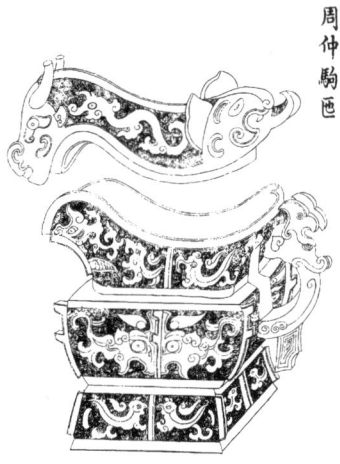

图1-23 《宁寿鉴古》周仲驹匜

图1-24 《宁寿鉴古》周智匜

图1-25 《宁寿鉴古》周蟠夔匜五

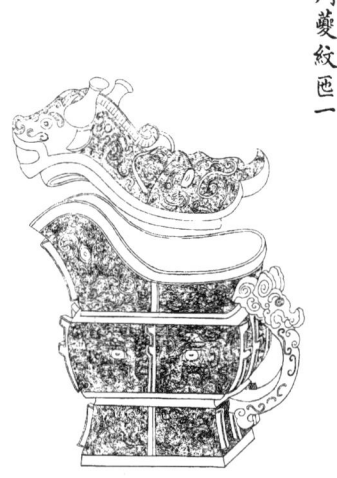

图1-26 《宁寿鉴古》周夔纹匜一

图1-27 《宁寿鉴古》周夔纹匜三

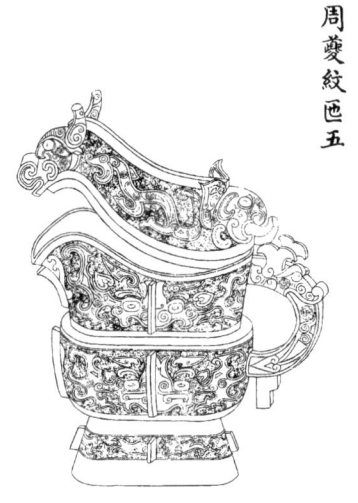
图1-28 《宁寿鉴古》周夔纹匜五

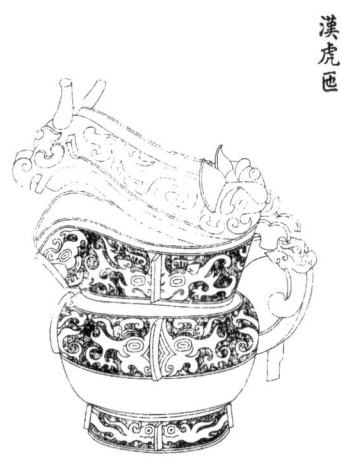
图1-29 《宁寿鉴古》汉虎匜

图1-30 《宁寿鉴古》汉蟠夔匜一

图1-31 《宁寿鉴古》汉蟠夔匜二

均为角形觥,且名之为"兕觥"①(图1-32),另有4件铜觥,则被归入匜属,分别为周父乙匜②(图1-33)、周季姬匜③(图1-34)、周牺首匜④(图1-35)、汉兽匜⑤(图1-36)。《西清续鉴》(甲编)虽然仍然沿袭前人,将觥器混同匜类,但注意到"兕觥"的存在,且在器类中以"觥"为名。不过所记录的兕觥是一种类似角形的酒器,

---

① (清)王杰:《西清续鉴》(甲编)卷十二页十七至十八,清宣统三年(1911年)涵芬楼石印宁寿宫写本影印,乾隆五十八年。
② 《西清续鉴(甲编)》14.33。
③ 《西清续鉴(甲编)》14.35,此件容庚定伪,见《乾隆四鉴综理表》,第106页。
④ 《西清续鉴(甲编)》14.36。
⑤ 《西清续鉴(甲编)》14.39,此件器名虽云汉,但时代可至周。

周兕觥   唐兕觥

图1-32　《西清续鉴》（甲编）兕觥

图1-33　《西清续鉴》（甲编）周父乙匜　　　图1-34　《西清续鉴》（甲编）周季姬匜

 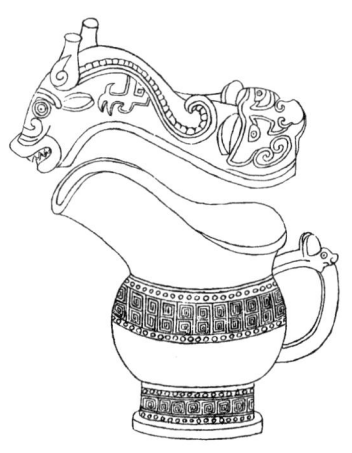

图1-35　《西清续鉴》（甲编）周牺首匜　　　图1-36　《西清续鉴》（甲编）汉兽匜

而且有一件还是唐代器物。这种类型的觥也有出土物相印证，在山西石楼桃花者村和河南安阳后冈都有类似角形酒器出现。关于这种角形酒器和觥的关系，我们在后面会有详细论述。

《西清续鉴》（乙编）①收录9件匜，其中周仲匜为觥。端方《陶斋吉金录》《陶斋吉金续录》共收录匜4件，其中有2件觥②。钱坫《十六长乐堂古器款识》，书名虽云款识，但已备有器物白描线图。所收录一件觥器，周牺匜③，亦为无铭之器。

2. 款识类

款识类的金石著录，顾名思义，就是对铜器的铭文进行收录的著作。所谓凹入器面的文字，曰"款"；凸出者，曰"识"④。不过，因为觥类器归类以及命名的误会，我们首先利用器影，将器物归类，而这种收录铭文的著录，对我们研究意义有限，现仅着眼觥类器物，撮其要旨。

目前所见，以南宋薛尚功的《历代钟鼎彝器款识法帖》⑤为最早，其按商、周、秦、汉分次，其下按器类著录，有铭文摹本和简单释文。《历代钟鼎彝器款识法帖》列有匜类，并无觥类。我们在"匜"类下找出可能为觥的铭文⑥，启匜、叔戊匜⑦、文姬匜⑧。王俅的《啸堂集古录》著录11件铜匜铭文，对照《宣和博古图录》以及铭文辞例及自名，其中有三件可以确知为觥，周启匜、周父癸匜、周文姬匜，可能周司寇匜也应为觥器⑨。

清代的款识类的著录包括：阮元的《积古斋钟鼎彝器款识》⑩，从书名观之，受薛尚功影响至深，体例、摹录铭文亦沿用薛著。此书收录4条匜器铭文，其中父癸匜⑪著录为盖、诸女匜为器盖同录⑫，"匜"器有盖，这两件可能是觥器。另外，收入两件

---

① （清）王杰：《西清续鉴（乙编）》，民国二十年（1931年）宝蕴楼钞本石印本，乾隆年间敕编。
② （清）端方：《陶斋吉金录》，《陶斋吉金续录》，宣统元年（1909年）石印本。
③ （清）钱坫《十六长乐堂古器款识》卷三页十，嘉庆元年（1796年）自刻本。
④ 陈彬龢：《中国文字与书法》，武汉市古籍书店，1982年，第25页。
⑤ （宋）薛尚功：《历代钟鼎彝器款识法帖》，嘉庆二年（1797年）阮氏刻本。
⑥ 我们发现匜器多自名，而觥则多为"彝"铭，且无"旅"、"盥"或"媵"等字。因为原始著录信息较少，我们也只是大致分别，至于觥与匜的区别，下文将有详论。
⑦ 《历代钟鼎彝器款识法帖》页四十六至四十七。
⑧ 《历代钟鼎彝器款识法帖》页十五。
⑨ （宋）王俅：《啸堂集古录》页七十一至七十三，涵芬楼影印本，1922年。
⑩ （清）阮元：《积古斋钟鼎彝器款识》，嘉庆九年（1804年）刻本。
⑪ 《积古斋钟鼎彝器款识》卷二页二十二。
⑫ 《积古斋钟鼎彝器款识》卷七页二十四。

所谓的兕觥，一件为"亚舟爵"、另一件则是子燮兕觥①。吴式芬《攈古录金文》②收录25条铭文，其中8条为觥。此两书都将觥、匜两类器统称为匜，而将一件带兽头盖的爵器称之为觥。吴大澂《愙斋集古录》③收录青铜觥铭文19条。刘心源《奇觚室吉金文述》收录门鬳觥④铭文拓片，并有考释，可见他是将觥与匜分开。尽管在匜器类的舁册匜，很可能为觥器⑤，也多因仅收录铭文未见器影之故。方濬益《缀遗斋彝器款识考释》⑥收录铜觥铭文5条。

从上面著录资料的收集和整理可以看出，这一时期尚未形成比较科学的器物学研究，自然对觥的研究也没有真正开始。这主要反映在以下两点，第一，对觥这一器名尚未明确，在许多著录中大多将其与匜器归入一类，即使少数著论将其命名为觥，也多有混用、错用的现象出现。第二，对觥的功用亦未有清晰的认识，无论是归为水器之属，还是盛物之论，都没有将觥认为是酒器。这两点互为表里，体现了铜器研究初始阶段的特点：对器物的记载只是概括介绍，对其形制纹饰寥寥几语，比较笼统；铭文的研究也只是将其拓片著录，略加考释，铭文与史料结合较弱；而对器物断代，亦沿用器名前冠以时代的旧举，容易存在断代不准确的现象。尤其是款识类的著录，受技术条件所限，只提取了器物铭文的信息，在器名混杂下，很难凭此进行铜觥具体而微的研究。

这一时期是青铜器著录与研究的"金石"阶段，自然也只是青铜觥研究的初期阶段。"西清四鉴"虽然借助清宫皇家的力量，接续宋人，重新恢复使用线描等手法对铜器器形进行收录，这在全形拓创制之前确实是一功绩⑦，但因编纂者为臣工文官，很难说在学术有所建树，多半只是收器数量有所增加而已。倒是在咸丰之后，受全形拓创制的影响，对器形收录的难度有所降低，学者型官员投入到收藏与研究中，风气蔚然一新。

（二）铜器整理初创：民国时期

这一时期，可谓是铜觥研究的转折期，较之前有长足的发展，以王国维《说觥》

---

① 《积古斋钟鼎彝器款识》卷二页三、卷五页二十至二一。
② （清）吴式芬：《攈古录金文》，光绪二十一年（1895年）吴氏家刻本。
③ （清）吴大澂：《愙斋集古录》，商务印书馆，1930年影印本。
④ （清）刘心源：《奇觚室吉金文述》卷六页二十六至二十七，光绪二十八年（1902年）石印本。
⑤ （清）刘心源：《奇觚室吉金文述》卷八页二十六。
⑥ （清）方濬益：《缀遗斋彝器款识考释》，涵芬楼石印本，1935年。
⑦ 徐康《前尘梦影录》中记载，全形拓有嘉兴马傅岩创制，其于传人释达受活动时间相近，在咸丰年间。详见桑椹：《全形拓的传承与流变》，《美术报》2017年8月5日第4版；《六舟与早期全形拓》，《中国书法》2015年第3期，第136~149页。

一文为标志①。这篇文章可视作关于觥器的首篇专文,亦明言指出,"自宋以来冒他器之名,而国朝以后又以他器冒兕觥之名",并以铭文中的自铭(匜类器物多有自名"匜")及"父某作宝尊彝"(觥器多见)为据,将觥器从匜类器物剥离出来。不过,王国维有些倚重文献,将觥器名为"兕觥",略有不妥,之后受到林巳奈夫的批评。然而,林巳奈夫在分类时也有矫枉过正之嫌,将所谓的觥类器又重新放回匜类。王国维注意到觥多有盖,匜则少盖,还分析到两者功用的不同,"匜乃燕器,非以施之鬼神",而觥为"孝享之器,而非沃盥之器"。尽管王氏定名为觥还存在一些问题,容庚及之后屈万里、孔德成、朱凤瀚等先生已有讨论。然而,王氏将觥从匜属中分离,视为独立的一类酒器,则无可辩驳,也是他在青铜器物学上的贡献。后来学者在处理觥匜关系的问题上,也多从王说。

王国维这一创见,是与他整理宋清金石著录工作分不开的。王国维在《宋代金文著录表》中析理宋代诸家著录的匜二十件②,亦将《续考古图》中的"兕觥"也纳入匜属,《国朝金文著录表》梳理匜器六十一件③。两表中的匜器中都均包括有觥器,可以说王氏通过罗振玉所藏的金石拓本,自己的认识逐渐清晰,发现问题,不过彼时还多注意铭辞文字,在诸家著录对勘比较下的功夫较大④,尚未对觥类器物有实质性研究。

款识类著作有罗振玉《三代吉金文存》⑤,共收录青铜觥铭文29条,此书收集材料较为丰富,但还是将其归入匜类,并未进行区分。《贞松堂集古遗文》⑥著录青铜觥铭文4件。有铭文拓片和部分器物的图片。对器物的铭文做了考释,标明著录并做有"校记"即注释,说明器物现状。《贞松堂集古遗文》⑦收录觥的铭文4条也是将其归入匜类的。《小校经阁金文拓本》⑧中收录觥铭文11件。《颂斋吉金续录》收录铜匜1件,此书除有器物图像、铭文拓片外,还增加了花纹拓片,对器物纹饰的研究已经开始,但是尚未见有对所谓觥器的著录。

---

① (清)王国维:《说觥》,《观堂集林》,中华书局据商务本句读影印,1959年,第147~151页。
② (清)王国维著,李朝远点校、葛英会复校:《宋代金文著录表》,谢维扬、房鑫亮主编,李朝远分卷主编:《王国维全集(第四卷)》,浙江教育出版社,2009年,第231~299页。
③ (清)王国维著,李朝远点校、葛英会复校:《国朝金文著录表》,谢维扬、房鑫亮主编,李朝远分卷主编:《王国维全集(第四卷)》,浙江教育出版社,2009年,第301~717页。
④ 据《国朝金文著录表·序》中,"从参事治古文字之学,因得尽览所藏拓本。……然著录之器既以千计,拓本之数亦复准之,文字同异不过毫厘之间,摹拓先后又有工拙之别,虽再三覆勘……"
⑤ 罗振玉:《三代吉金文存》,中华书局,1983年。
⑥ 罗振玉:《贞松堂集古遗文》,北京图书馆出版社,2003年。
⑦ 罗振玉:《贞松堂集古遗文》,北京图书馆出版社,2003年。
⑧ 刘体智:《小校经阁金文拓本》,石印本,1935年。

《商周彝器通考》①是这一时期的铜器通论性质的著作，是容庚先生充分吸收宋清两代金石学的成果，并得益于近代考古学的成就而集大成者，是对中国青铜器作系统理论阐发和科学分类的划时代著作。此书分为上下两编，上编十五章可谓是金石彝器著录的总结性梳理；下编四章按照器物类别划分为食器、酒器、水器及杂器、乐器，开启器类研究的先河。于省吾先生在序中评价道："下编四章，均先定其器用之宜，制作之尤，与夫铭文所在之方位，器形之大小，共名别名。剖繁析销，奇形异状，殆见洽闻。至于器名之沿用，旧称用意所未安者，则必注明之。"②此书首次突破宋清以来金石学的模式，从器物的形制、花纹和铭文的流变作综合的研究，下编第二章"酒器"部分对觥做了一定的探研，收录觥器十六件，其中十五件定为商代器物。容庚利用个案器物作为反证，对王国维说法有所发问，他认为王国维所谓甲、乙匜有时代、功用的区别，亦将之前在金石著录中归入匜类的器物拨乱反正，归入觥属，如《宣和博古图录》中的"周文姬匜"。同时，容庚先生还考虑到对这类器物的定名问题，"中央研究院发掘安阳，得一器与续鉴之兕觥同而有盖，则王先生所定觥之名，或须更定。余以未得更善之名之故，姑仍觥称，非谓觥之名至当不易也"③。

郭沫若先生旅日期间，先后编著《两周金文辞大系》《两周金文辞大系考释》，中间另成《两周金文辞大系图录》一书，后又将其合编一册《两周金文辞大系图录考释》④，成为通行本。全书图编部分，共收263件器物的器形图，以及纹饰图片或拓片。铭文部分，主要收集铭文的拓片或摹本，间作考释。

全书上卷收西周铭器，下卷收列国铭器，未及对觥器收录，但"开放期（笔者案，即郭氏所分第三期，恭懿以后至春秋中叶）之器物……盘匜初见"，从时代上可见郭氏是将觥器从匜中剔除的。另外，书中提出著名的标准器断代法，日后成为青铜器研究的一个行之有效的方法，对我们的青铜觥研究也有一定借鉴意义，像觥这样一种特殊器物，数量较少，但在青铜礼器中地位却很高，对它的研究应该比较全面和深入。然而，基于种种原因和条件的限制，前代对青铜觥的著录存在一些讹误，诸如器类划分混乱、年代判断不准确等现象。在梳理青铜觥的器物形制及其发展演变方面，标准器断代法更有着指导性的作用。借鉴其研究方法，对青铜觥进行分期断代，以便能更好地研究青铜觥背后深刻的含义和社会背景。不过，标准器断代法主要是针对"四要素"完备的铭文，而就青铜觥而言，器物铭文中有明确记载年代的很少，所以在对青铜觥进行研究的时候还要综合更多的方面来考虑。

民国时期，青铜器研究进入到新的阶段。因为时代的环境，铜器从清宫流散，又

---

① 容庚：《商周彝器通考》，哈佛燕京学社，1941年。
② 容庚：《商周彝器通考》，哈佛燕京学社，1941年。
③ 容庚：《商周彝器通考》，上海人民出版社，2008年，第323页。
④ 郭沫若：《两周金文辞大系图录考释》，科学出版社，1958年。

加之有新发现，同时全形拓技艺的成熟与传播，照相制版技术亦被引进，铜器不再是秘藏深阁之物，使得更多人士能够目见，并借以研究。在注重器物著录、铭文考释的传统之外，也开始有对器物形制、纹饰、铸造、组合等诸方面综合研究的趋势。这些变化对青铜觥的研究也起到一些促进。王国维的《说觥》①可谓是拉开青铜觥研究的序幕，将觥类器物正式从水器匜中分出，纠正宋季以来的谬误。觥器虽然与匜在器形上有些近似，但各种证据显示，它是作为酒器而独立存在。尽管对于《说觥》，学术界还有一些讨论，但不得不说，王国维是有创见之功。从器物形制、自铭情况（主要是匜器多自铭）以及文献佐证等方面来看，将其独立成一器类是成立的。从此之后，青铜觥开始进入系统的研究轨道，而不是再附属于青铜匜之下。青铜觥的类型学研究、区域性研究也初见端倪。

二、考古及其阶段：20世纪50年代至21世纪

这一时期，有容庚、张维持的《殷周青铜器通论》②出版。全书作为"初步研究读物"③，在《商周彝器通考》基础上完成，论述部分有所删减，补充了二十世纪中期的考古发现资料。不过这一时期的考古发现未见有青铜觥，器别论述仍以旧藏为主，且将《通论》所收的15件觥做了简省，只收入7件觥④。在这七器中，还包括增收的弗利尔享非觥、陈仁涛藏羊父甲觥以及告田觥。较之《通考》列举诸器，《通论》则有分类，并将尺寸数据换算成厘米单位，愈见明了。所分三类，虽然有些简易，但对这类器物认识更有条理，所撰解说也较《通考》能直击要害，认为王国维关于觥的定名并不合适，"他（王国维）把乙类匜定为另一种形制是至当的，但他所定名为兕觥是否为古制中的兕觥，则尚有疑问……王国维所定觥之名或需更正，但目前材料不够充分，未能确定其名，故从其说，把乙类匜别称为觥"⑤。

陈梦家先生的青铜器研究可谓是容庚先生的承绪。完稿于1944～1947年间的《美国所藏中国青铜器集录和中国铜器综述》（Chinese Bronzes in American Collections: A Catalogue and A Comprehensive Study of Chinese Bronzes）的《集录》部分著录16件

---

① 王国维：《观堂集林·说觥》，中华书局，2004年，第147页。
② 容庚、张维持：《殷周青铜器通论》，科学出版社，1958年；文物出版社，1984年；中华书局，2012年。
③ 容庚、张维持：《殷周青铜器通论》"序言"，文物出版社，1984年，第2页。
④ 容庚、张维持：《殷周青铜器通论》，文物出版社，1984年，第51、52页；图版七九～八二。
⑤ 容庚、张维持：《殷周青铜器通论》，文物出版社，1984年，第51页。

觥①，另分浑腹圈足（一甲）、浑腹立足（一乙）、分段腹椭圆圈足（二甲）、分段腹长方圈足（二乙）四类，着眼于器腹、圈足，器物类型研究相较成熟。而文稿第一部分的"综述"（General Study of Chinese Bronzes）2019年译行出版，我们在近70年后才看到陈先生关于觥的认识，其中有7项标准②，涉及流、鋬、腹、底，至今仍有借鉴价值。陈梦家先生虽然没有身临考古一线，但利用在芝加哥执教的三年整理美国流散铜器，访问公共机构37处、私人收藏62家、古董商肆12家，所著录的⿱雨觥（A651）、癸万觥（A664）以及一对传出于安阳的圈足觥（A660、A661）均是之前未公布的材料。

马承源先生主编的《中国青铜器》，认可王国维将觥从水器匜中划分出来的意义。同时重申容庚所持盛酒器而非饮酒器之说，与"罚爵"之说不合。书中依照器物形态，将觥分为十五式③，但将器形几何构造与动物形状混淆，以至于所分十五式只是列举的效果，难及器形演进的分析。此外，书中对青铜觥的命名及归类虽然有所梳理，但尚未最终解决，仍沿用"觥"的叫法，"盛酒器，真正器名尚不可知，称觥是约定俗成"④。其实，当时学界也多将方体形的酒器称之为"觥"，而与匜器分开，如郭宝钧先生就讨论过齐家村出土的日己方觥，不过受到知识背景将之径称为"兕觥"⑤。同时，受到当时资料所限，所持"'觥'在殷墟范围中未见"⑥的说法，现在看来也应加以订正。

朱凤瀚先生在《古代中国青铜器》中，明确指出王国维将这种器形与《诗经》"兕觥"相印证比较牵强，所谓"兕觥"或"觥"是兕牛角形的器物。同时，朱先生也承认王国维的贡献，指出此类器当属酒器，应从盥洗器的匜类分出。在《古代中国青铜器》所收觥器不多，亦仅分出A、B两型，每型下各自有亚型的类型学研究⑦。在作为《古代中国青铜器》增订本的《中国青铜器综论》中，对通称为"觥"的器物做了定义，"其一般形制是：椭圆形腹，圈足或四足，前有短流后有半环状鋬，皆有

---

① 陈梦家：《美国所藏中国铜器集录》，科学出版社，1962年（曾名《美帝国主义劫掠的我国殷周铜器集录》）；中华书局，2019年，A649~A665，第928~975页。我们将A656妇觥剔除，故有16件觥器。

② 陈梦家著，王睿、曹菁菁、田天、孙莹莹译：《中国铜器综述》，中华书局，2019年，第217页。

③ 马承源：《中国青铜器》，上海古籍出版社，1988年。笔者曾在中国书店偶获编撰者之一吴镇烽先生藏书，内夹一纸为吴镇烽先生关于分工说明，第二章、四章以及第六章的一、二节为他所写。

④ 马承源：《中国青铜器》，上海古籍出版社，1988年，第232页。

⑤ 郭宝钧：《商周铜器群综合研究》，文物出版社，1981年，第55页。

⑥ 郭宝钧：《商周铜器群综合研究》，文物出版社，1981年，第38页。

⑦ 朱凤瀚：《古代中国青铜器》，南开大学出版社，1995年，第100~103页。

盖，盖作有角兽首形"①，并沿用已说。《中国青铜器综论》中类型学研究未增加新的类型，但增收器物，并附有线图，较前更为规范。

我们之所以称这一阶段为考古阶段，缘于不少研究都得益于考古发现，并能获得比较全面的信息。《中国青铜器综论》即收入妇好墓出土的三件铜觥就是很好的证明。妇好墓共发现了八件铜觥，除两件破损严重外，其余六件，两两相对②。《殷墟青铜器》作为图录，亦在司母辛四足觥、圈足觥、觥纽圈足觥中，择优选录，并进行测绘及相关留影③。妇好墓发现的觥器以及此后发现的花园庄东地四足觥④、后冈觥盖⑤，足以修订郭宝钧的说法。尤其是妇好铜觥，不仅具有断代意义，其出现时间较早，器形相对原初，是讨论觥器起源很好的材料。

林巳奈夫先生的《殷周青铜器综览》⑥注重搜集二十世纪后半的考古材料，但体例更为完备，所收亦为瞻丰；尤以能引录海外西文文献，在当时交流不便的情况下，嘉惠中国学人。林巳奈夫对王国维使用文献来解释器物的做法进行根本性的批评，然而"王国维的所有论点都不可取"未免武断，以至于他将我们所要讨论的器类，仍然视之为匜，亦仅拈出容庚时代早晚之说，作为论据⑦。林巳奈夫虽然关于此类器的认识退回到之前金石诸家，但还是写出一篇有价值的文章，在《综览》中，我们找出他归入匜属的觥器，共43件⑧，其收集量亦可谓是前所未及。同时，他将《西清续鉴》《商周彝器通考》所著录的两件角形器认定为"觥"，而将桃花者村（曾名桃花庄）"龙纹觥"⑨定为杂器。

不少学者在进行其他青铜器类研究，在研究的同时也关注到本器种与觥的关系，可视为关于觥器的侧面研究和探讨。孙华先生在《商周铜卣新论——兼论提梁铜壶及

---

① 朱凤瀚：《中国青铜器综论》，上海古籍出版社，2009年，第191页。
② 中国社会科学院考古研究所：《殷墟妇好墓》，文物出版社，1980年，第59~64页。
③ 中国社会科学院考古研究所：《殷墟青铜器》，文物出版社，1985年，彩图四、五、二五，黑白图九九、一〇〇、一〇一、一一七、一一八、一一九、一二〇、一二一，测绘图五、一五2、三二。
④ 中国社会科学院考古研究所、安阳市文物考古研究所：《殷墟新出土青铜器》71，云南人民出版社，2008年，第168~169页。
⑤ 中国社会科学院考古研究所、安阳市文物考古研究所：《殷墟新出土青铜器》193，云南人民出版社，2008年，第360~363页。
⑥ 〔日〕林巳奈夫著：《殷周青铜器综览——殷周时代青铜器之研究》，东京吉川弘文馆，1984年；〔日〕广濑薰雄、近藤晴香译，郭永秉润文，上海古籍出版社，2017年。
⑦ 〔日〕林巳奈夫著，〔日〕广濑薰雄、近藤晴香译，郭永秉润文：《殷周青铜器综览——殷周时代青铜器之研究》，上海古籍出版社，2017年，第97页。
⑧ 〔日〕林巳奈夫著，〔日〕广濑薰雄、近藤晴香译，郭永秉润文：《殷周青铜器综览——殷周时代青铜器之研究》，上海古籍出版社，2017年，第371~376页。
⑨ 关于这件器，学界统称为龙纹觥，我们排除觥属，详见后论。

铜匜的有关问题》一文中，涉及关于觥的分类及定名。文章沿用前说，将现在所见的觥分为两类，即圈足觥和三足或四足觥。却临渊歧路，认为圈足觥应归入卣类，三足或四足觥应归为匜类①。他虽然注意到宋人及王国维关于定名的缺陷，而他这一方案一则未能全面剔清宋、清金石著录在关于器物的认识，意即所谓的三足或四足觥也不应在匜类。二则，将圈足"觥"类的器物划入卣类，容易造成新的混乱。这种长方体动物形态明显的器物如何进入到卣器发展序列是一个问题②。尽管孙华在圆体卣外增加长方形的类型，意图囊括圈足觥，但仍未解决流与盖合体呈动物状的问题。故此，我们认为现在所谓"觥"的这一类器物造型虽然独特，但也应是有一定的标准可供判定。张临生先生在《说盉与匜——青铜彝器中的水器》中也涉及对觥的研究，她认为西周中期酒器的衰落加之这一时期也是周人"沃盥之礼"的形成时期，所以"周人将觥加以改造，成为极佳的注水器（匜）"③，认为匜是在觥的基础上加以改造得来的。张懋镕先生《夷曰匜研究——兼论商周青铜器功能的转化问题》借助夷曰匜这样介乎匜、觥过渡器形的特殊器物，讨论器物功能转化问题。文章对夷曰匜的器物组合、器物形制、铭文自名等方面的分析，以及盉、壶等酒器在发展过程中功能发生转化的现象加以比照，认为匜从酒器（觥）转化成水器的可能性是存在的④。张先生的研究在一定程度上，解释了金石著录中将觥与匜归为一类的缘故，也为以后研究觥匜关系有一定的启发，研究视野不能仅仅局限于单一器类。

这一时期，对青铜觥进行全面的梳理及研究的，当属张增午先生《商周青铜兕觥初论》⑤。文章收集出土和传世的觥共50余件，在同期研究中可称之为细密。又根据器体、器足的不同，将觥分为四式：一式，器体做兽形下有三足或四足（7件）；二式，圆腹圈足（32件）；三式，方腹方圈足（11件）；四式，角形（1件）。可以看出他是将角形与长方体的"觥"类统而论之。且以类型为据，对青铜觥进行分期，对器形特点、花纹、铭文特点、铸造技艺等有所探研。尽管他对类型研究不够规范，仍不失为对铜觥比较全面的梳理，尤指出铜觥的分布区域，"商周青铜兕觥主要出土于安阳殷墟地区，在山西、陕西、山东、河北也有少量出土。其中西周之器出土于陕西江苏及

---

① 孙华：《商周铜卣新论——兼论提梁铜壶及铜匜的有关问题》，《洛阳博物馆建馆四十周年纪念文集》，科学出版社，1999年，第23、24页。

② 关于铜卣发展序列，参见马军霞：《中国古代青铜器整理与研究·青铜卣卷》（科学出版社，2015年）第31~47页。

③ 张临生：《说盉与匜——青铜彝器中的水器》，《故宫学术季刊》第17卷第1期，1982年7月。

④ 张懋镕：《夷曰匜研究——兼论商周青铜器功能的转化问题》，《故宫学术季刊》第25卷第1期，2007年秋季；收入氏著《古文字与青铜器论集（第三辑）》，科学出版社，2010年，第155~163页。

⑤ 张增午：《商周青铜兕觥初论》，《故宫博物院院刊》1994年第3期，第31~40页。

河南洛阳、信阳等地"①。并在此基础上，结合出土器物以及遗迹性质，对兕觥所有者的身份进行一些推论，为等级较高的奴隶主贵族。

《商周青铜兕觥初论》可以说是较早地系统研究青铜觥类器物的论文。所谓系统，文章不再纠结于某一个具体方面，诸如觥的名称或用途；而是致力于归纳梳理所能搜集到的觥器。尽管在一些大部头的通论性质中，也有分类等梳理，但限于整部体例，仅作胪列举说，难及深入研究。现在看来，这篇文章虽然尝试对觥类铜器进行梳理，但收集资料尚未齐备，对青铜觥的统计不全；类型学研究也略失严密，研究结论也就存在一些疏漏之处。另外，在墓葬的研究中，对于同出的器物组合和墓主的身份地位的研究还不够深入。这些方面都还有可以进一步挖掘的地方。

这一时期，台湾地区关于铜觥的研究主要是沿袭王国维文献梳证的研究方法，其中以孔德成先生《说兕觥》和屈万里先生《兕觥问题重探》为代表。《说兕觥》②文章不长，但从两方面反驳王国维的说法，第一，王氏所举龙鸮纹觥、夔鸟直纹觥近乎龙形，与兕形不合；第二，集中于"兕觥其觩"的"觩"字，其曲意与王氏所举器之体不能曲相违。孔德成对王氏的批评是比较合理的，但在未做器物梳理的情况下，集中于对文献个别字词的理解，也略失准星，集中于解释兕觥，"可为兕形，或为兕制"。这一方向虽亦是因王国维引出，而王国维虽然命名有误，但归纳了这批器物；孔氏纠结于命名，对我们研究这批器物的价值亦较小。不过孔先生认为王氏所举之器为早期之匜，对我们进行器物功用研究有所启发。但他过于倚重文献，纠结礼学，与其他酒器罍、爵、觯的比较，所论"觥为饮器，与爵、觯等同用"③中的"觥"已非我们所主要讨论的器物，因为他已认为守宫"觥"非饮器。需要说明的是，孔德成批评阮元"如爵高大盖作牺首之器为觥"的观点、认可《西清续鉴》（甲编）的分类，皆缘于他将"角形之器"认为是觥器。我们将在第二章对此有所详解，也基于尊重学术界的习惯，将这种角形器附于类型研究之后。

屈万里先生的《兕觥问题重探》在孔德成先生的基础上又有所深入。他析理了王国维、容庚、孔德成的学术因源，并对王国维《说觥》提出几点质疑，"1. 牛首与兕首不同，牛角左右并列，兕首只有一角。2. '觩'弯曲之意，乙类器只能说明其前后不平，而不能说明它是弯曲之美。3. 觥为'饮器中最大者'难成立，乙类器中有勺，容庚断有勺，为盛酒器并不是饮器，其说甚确"。屈万里先生结合古书文献与金石著录，认为"兕觥在最初，可能是用真正兕牛的角，后来才有青铜制品"，并最后结论"兕觥为像兕角的饮器。它的用途很广，不但不专做罚爵之用，乃至是否用作罚爵也

---

① 张增午：《商周青铜兕觥初论》，《故宫博物院院刊》1994年第3期，第31~40页。
② 孔德成：《说兕觥》，《东海学报》第6卷1期，第19页；《孔德成先生文集》，艺术家出版社，2018年，第55、56页。
③ 孔德成：《说兕觥》，《东海学报》第6卷1期，第19页。

还是问题"①。

总体说来，尽管孔、屈二先生深入剖析文献及前人说法，但对青铜器研究的价值有限，特别是在同期考古发现的觥器的背景映衬下。如孔德成、屈万里虽然对王国维有所批评，但研究方法还是沿袭观堂之路，意即对于文献典籍做语源学的梳理，并酌情结合器物加以佐证。这样原典式的研究虽有一定价值，但也产生了消极作用，即忽视了习惯而言的长方体带盖的铜酒器，或者说将角形的器认为是觥或兕觥，那旧称为"匜"后来称之为"觥"的长方体铜器归入何种器物的问题，并没有解决。对于这个问题，我们在第二章中会详细讨论。

综上，这一时期的青铜觥研究较之先前还是有突破性进展的。这反映在以下几个方面：第一，对铜觥开始进行全面性梳理工作，不仅在通览性质的论著中出现了觥类章节，也出现了专门的文章。第二，研究更加科学化。这一时期对于青铜觥的研究多采用出土器物和传世器物相结合的方法，更加注重对于铭文内涵的挖掘和分析。第三，不仅有对特殊器形的研究，也有在器用功能上的宏观思考。第四，海内学者在不同视角上贡献了各自的研究，为青铜觥的研究发展提供了新的思路和角度。特别是第一点，使得青铜觥的研究更为细致，对其形式划分、年代判定、铭文考释等都有了针对性的分析，也对本著有着启发意义。同时，我们也应该看到不足之处。第一，王国维对于觥的定名并不准确，虽然成为大家共识，但此类器如何称呼及分类，诸家仍有不同意见。我们亦避免混乱，仍采用约定俗成的方法。第二，但对于所谓觥的标准形态，哪些器物又可以归入觥类，并没有明确的划分标准。第三，因未能达成统一的认识，对于青铜觥的深入研究有一定阻碍，尚或斥斥于器名问题。第四，在名称探究难以突破的情况下，对出土铜觥的研究应成为突破口，特别是相关墓葬信息，如出土墓葬规模、器物组合等原境（Context）信息，从而探讨墓主人身份与出土青铜觥数量的关系，在更大范围内，讨论出土的青铜觥的异同，以期对该类器物的功用行诸综合研究。这种考古研究可能可以突破文献对器物研究的缺陷，帮助我们了解觥的社会背景和当时周边各方国同商王朝的关系。

另外，随着现代学科的交互影响，关于铜器研究，有一些新的趋势，例如铭文与图像的结合、纹饰图像分析，乃至艺术史的研究，也相应涉及觥类器物的研究中。例如严志斌在收集商代铭文资料时，还注重对铜器图像的收集。有铭铜觥31件，其中有图像者27件，包括2件觥盖②。尽管收集范围集中在商代铭文中，他还是尽可能做出分类，分为扁圆腹、方腹两类。不过，因为艺术史对铜器的关注还有待深入，所以类似的研究还是来自于考古学或古史研究的学者。具体到铜觥，值得特别一提的是李零

---

① 屈万里：《兕觥问题重探》，《"中研院"史语所集刊》第四十三本第四分，"中研院"史语所，1971年，第23页。
② 严志斌：《商代青铜器铭文分期断代研究》，社会科学文献出版社，2014年，第40~42页。

《说龙,兼及饕餮纹》一文①。文章虽以龙纹入手,旁征博引,涉及材料很多;其中一小节涉及石楼桃花者村的龙纹"觥"。然而,较之上述三个时期,这些只是目前研究的一种趋势,尚未形成气候,我们并不将之归纳于时期化,只是略述数言。

我们通过两个阶段的梳理,可以大致了解铜觥的研究状况,也不啻为觥器的研究小史。尤其是可以了解铜觥研究中所取得的突破,以及尚未解决的问题。随着资料的增加,新的器物不断出现以及新的研究方法的应用,特别是考古学的介入,对我们分析问题不无裨益。本著虽然以铜觥单独器类为研究对象,但不限于本器种,也不限于文献梳证于器物;拟将以出土青铜觥为主,结合传世铜觥材料进行本器种的序列研究,进而对觥与其他相关器物比较分析,由形制及功用。我们通过对觥器发展脉络的梳理,做以全面性的整理与研究,希望对尚未解决的问题有所突破,从而能在当前学术背景下,建立器物研究的新范式。这也是本著的写作目标与愿望。

三、研究方法及其检讨

本书对青铜觥进行尽可能全面地收集,对传世青铜觥加以金石文献的梳理,大致考察其传藏史;对出土青铜觥采取考古类型学的方法对青铜觥进行型式划分,也将会对传世铜觥有所比照。对青铜觥的类型分析后,大致可以梳理出青铜觥的演变情况,可以看到在不同时期铜觥的发展态势。我们对青铜觥的出土地进行分区,比较研究各个地区出土的青铜觥,探讨不同区域间青铜觥的地域特征,从而建构出铜觥发展的时空框架。在大的发展框架中,我们试图利用相关墓葬的信息,例如墓葬规模、器主族属、出土器物组合等,来填充起一些具体的孔隙。在这些研究中,我们可能会运用到文化因素分析以及统计、比较等方法,以期揭示出中原、地方等青铜觥的异同及相互之间的影响,进而了解商周时期各个地区间的文化交流情况,当然也包括觥类器物的纹饰、铭文及其工艺等方面。在上述青铜器常规研究之外,我们还计划进行一些个案研究,意即对一两件青铜觥进行解剖式的研究,试图以此为"切片",进入到觥文化的内涵,加以探查。我们能够进行这一"额外"的工作,也是因为青铜觥的特殊性:第一,觥器总量较少,远远小于鼎、簋等大宗器物,也少于豆、盉等的器物。第二,商代晚期是铜觥发展的高峰,受到整体时代背景的影响,觥类纹饰精美、种类多样,且多为国外各大美术馆所庋藏,值得我们拿出一部分精力,进行铜觥单件器物的研究。

---

① 李零:《说龙,兼及饕餮纹》,《中国国家博物馆馆刊》2017年第3期,第53~71页。

小　结

　　我们现在考校器物定名时，除器物学外，铭辞中的自名以及前人之论也是重要的因素①。而前人所论，又多以宋人所定为主。现在很多铜器的称谓，多是以赵宋时开端或定规的。我们现在对铜器的定名虽然也是依据这三条标准，但并不是唯一论，而是看事实，重逻辑。宋季金石与乾嘉考据为主的嗜古有本质上的不同，即存在两个系统，一是聂崇义《三礼图》系统，另一则是欧阳修《集古录》、刘敞《先秦古器图》、吕大临《考古图》的搜求古物系统②。前者可视作应用经济之学，后者更多是对古物的考证、记录③，两系统互有交织，亦有影响，在徽宗朝有一定程度的合流，以《宣和博古图录》为标志④。《宣和博古图录》虽然是出内府藏器、但也吸收了黄伯思、董逌等人的学说，由王黼总其成⑤，未若像西清四鉴为臣工主持，可谓是有容纳两种系统的空间。南渡衣冠后，也是先获《三礼图》，后得《宣和博古图》⑥，据此制器

---

①　关于铜器命名及分类，可参见李零：《关于铜器分类的思考——自其不变而观之》，《入山与出塞》，文物出版社，2002年，第247～270页；《商周礼器分类的再认识》，《中国国家博物馆馆刊》2020年第11期，第21～36页。

②　关于《考古图》的好古之风，亦可参见a. Yun-Chiahn C. Sena（陈云倩），Cataloguing Antiquity: A Comparative Study of the Kaogu tu and Bogu tu, Reinventing the Past: Archaism and Antiquarianism in Chinese Art and Visual Culture, The Center for the Art of East Asia&Department of Art History, University of Chicago&Art Media Resources: Chicago, pp.200-228. b.陈云倩著，梁民、李鸿宾译：《金石：宋代的好古之风》，社会科学文献出版社，2021年。

③　崔文印在《宋代的金石学》（《史学史研究》1993年第2期）中分出著录、图绘、录文、考评四个流派与我们所谓的两个系统并不矛盾，崔文所分的四派也多集中于我们所谓的第二个系统。

④　关于《宣和博古图录》这一问题，陈梦家先生在1965年曾有论"徽宗朝古器图的编作与设置礼局新制礼器是相辅而行之举"（陈梦家：《博古图考述》，《陈梦家学术论文集》，中华书局，2016年，第618～631页），许雅惠亦论"随着十一世纪下半古物出土、收藏与著录，士大夫与朝廷礼官发现国初以来按照聂崇义《三礼图》所制造的朝廷礼器竟然于古无据，与地下出土商周青铜礼器完全不同，因此屡有批评。徽宗开始以三代铜器为范本，全面改造宫廷礼器"（许雅惠：《关于宋代古物学之研究与讨论》，《中国史学》第21卷，2011年10月，第67～77页），甚而孔令伟亦论"这件事却标志着古物观念史上的一次重要变化，'墟墓之物'从此登堂入室，成为供人摩挲把玩的'审美对象'"（孔令伟：《悦古——中国艺术史中的古器物及其图像表达》，上海书画出版社，2020年，第80页）。

⑤　岑仲勉：《宣和博古图撰人》，《中央研究院历史语言研究所集刊》第十二本，中华书局，1947年，第353～361页。

⑥　许雅惠：《宋、元〈三礼图〉的版面形式与使用——兼论新旧礼器变革》，《台大历史学报》第60期，2017年12月，第57～117页。

或言说，难免走样。

在对器物学未多中鹄的学术背景下①，对器物形制问题亦有不甚了了之处②，器形相近的觥、匜两类器物显而易见地要混淆了，而匜器在铭文中是有自名的，又兼因"古器自载其名"③为宋人所定器名的大宗，也就出现以"匜"统两类器而名之的情况了。自宋至清，混称一直存在，然觥匜两器实则貌合神离，即以"罚爵"来调和器形中未安之论。王国维将觥从匜属拈出，可谓是独具只眼，容庚亦论"惟兕觥之名，王国维先生谓为至当不可易"④。此是观堂先生梳理宋清金石学的积累之得，然利中有弊的是，王国维只从文献出发对器物的论证，易受文献学的牵绊。王国维与容庚均将兕觥与我们所谓的"觥"类器物混称，亦是后人攻讦之处。若平心看待两端，不可不谓是黑暗中的一道光。我们关于觥之研究，很大部分是在宋、清金石学基础上的继续，但更多是受到现代学科的沐浴，例如器物学、考古学乃至青铜器研究。在现代学术发展以及资料公布的情况下，理应如此，亦实无必要因为王国维的论据问题，而又将觥类器称之为"匜"⑤。

---

① 陈慧玲在《宋代金石学之发达及其价值》（《"国立"编译馆馆刊》第十七卷第二期，第245~258页）中，虽论及宋代古玩之好，有耳目、清雅、慕道三种，但尚未及"形而下谓之器"的层面。

② 陈芳妹：《宋古器物学的兴起与宋仿古铜器》（《台大美术史研究集刊》第10期，2001年，后以"宋代'金学'的兴起与宋仿古铜器"为题收入氏著《青铜器与宋代文化史》，台大出版中心，2016年）言，"吕氏（大临）并未以时空因素解释器无常制，而毋宁更关心礼制的本质问题"。

③ 王国维：《宋代之金石学》，《静安文集》，辽宁教育出版社，1997年，第211页。

④ 容庚：《宋代吉金书籍述评》，《颂斋述林》，中华书局，2012年，第13页。

⑤ 就笔者目力所及，现代学术中林巳奈夫首开复称匜之风，孙华受其影响，亦将觥称为匜（见孙华：《商周铜卣新论——兼论提梁铜壶及铜匜的有关问题》）。

第二章　青铜觚的类型学研究

本章是关于青铜觚类型学的研究，自然很大程度上要借助考古类型学的方法，但鉴于"觚"器为后来学者人为规定的器类，我们对此的书写也与其他类型学研究有一定的差别。诸如在具体型式之下，放置了特例。也就是说，将某些特例尽可能地归入型式内，这是以往铜器类型研究中很少见的。主要是因为觚器更具有独立作品化的意味。亦鉴于此，我们还专辟第二节，对一些与觚相关的特殊器物进行讨论。并在此基础上，对山西龙纹"觚"、洛阳守宫"觚"、妇"觚"等曾被认为是觚的器物，做了相应的剔除工作。尤其是守宫"觚"，我们认为它是觚与尊的过渡器形，也会在第五章的器类关系中将做更详细的讨论。

第一节　青铜觚的类型分析

以往的类型学对型、式划分有一个认定，"把式规定为只表示先后（上下）的直系关系，而把类和型主要视为平行（左右）的旁系关系，或原生与次生（派生）的关系"①。但就青铜器而言，则需要在遵从大原则下，具体器物具体分析。就青铜觚而言，由于目前发现的出土青铜觚较少，所以对青铜觚的研究与其他数量宏丰的器类相比，其研究方法会略有不同。在觚器数量较少的样本条件下，我们在做类型研究时，以出土材料为主，酌情参考传世铜器，尤其是一些著录清晰、年代清楚的典型器型。

朱凤瀚先生依据觚足变化，将商至西周的觚器分出四足、圈足两种类型，再依据器腹部横截面分出亚型②。我们亦根据足部变化，将之分为A、B两个类型，其下再以腹部横截面的变化，划分亚型。在型及亚型之下，又根据器形的细节差异，分出式的变化，意即时间上的相对早晚关系。当然，在这种线性发展序列中，也可能会出现各式并行的情况。需要说明的是，由于觚的特殊性，在式的划分上并不是固定的。有些具有地方特色或者器物形态不同的，将其作为特例在各型式之外单独列举出来。

截至目前，我们共收集青铜觚98件，这个数据应该也有遗漏，特别是海外私人收藏，其中已知出土地点的青铜觚36件。这36件中，有的仅为觚盖或者残片，我们仅

---

① 邹衡：《论古代器物的形式分类》，《中国文物报》1988年5月13日3版，后收入《夏商周考古学论文集（续集）》，科学出版社，1998年，第352~354页。

② 朱凤瀚：《中国青铜器综论》，上海古籍出版社，2009年，第194~196页。

进行数量统计，不强求纳入型式分析中。有些觥盖特征明显，我们大致能够推断其器的型式，也仅为参考。传世青铜觥共计62件，主要来源于宋清两代的金石著录，有些仍可找到原器，有些也仅存图影。这一部分还包括后来流散海外的公私收藏觥器。因商贾渔利等原因，这些觥器无法确知具体的出土地点，有些也是大致推断，仅作为参考。如现藏美国纽约大都会曾被陈梦家著录过的一件觥①，先经黄濬、卢芹斋过手，且因其著录于《邺中片羽》，被认为是出于安阳。当然从形制而言，我们也认为其为殷墟作品，但为了整体数据起见，这些材料亦不纳于区系研究中来重点讨论。

我们根据足部和腹部的变化，将青铜觥分为两型。

A型 三足或四足觥，这类觥整体呈现动物形状，盖与器身构成一个整体，且依据动物形状，下设三足或四足，具有一种拟形的设计理念。根据腹部的变化可以分为两个亚型：

Aa亚型 整体腹径大于器高，器腹也因动物形象，头尾腹径要大过器宽。该型器形与动物形象非常接近。足部多随之为蹄足，比较写实，亦有銴。整体动物感强烈，纹饰也较为复杂，出现了多种动物形象堆叠的现象。又依据流、盖及兽首的具体特征分为两式。

AaⅠ式：盖之兽首尚在器物轮廓线内，体态上近乎正常的拟形。

标本：妇好墓司母辛四足觥②（图2-1），时代为商代晚期，同出2件，其中一件通高36.5、通长47.4厘米，重8.4千克。两件司母辛青铜觥形制非常相似，尺寸、重量也基本一致，可能同模而出。觥首似牛，却有大卷羊角。兽首从中一剖为二，除器盖带有兽首外，器也有出现部分的兽首。足部虽呈蹄状，但足后则为鸟形。鸟翅展开，有巨爪，无鸟首，借用了后部銴上的兽首。

图2-1 妇好墓司母辛四足觥

AaⅡ式：兽首全部处于器盖上，且略探出器外。

标本一：湖南衡阳所出的牛觥③（图2-2），高74（器高恐有误）、宽8、长19厘米，为立牛的形状，盖开在腹部上端，"盖构成牛头和牛的背部"，与器腹合构出动物形象，盖上有立兽，无銴。

---

① 陈梦家：《美国所藏中国铜器集录》A649，中华书局，2019年，第928、929页。
② 中国社会科学院考古研究所：《殷墟妇好墓》，文物出版社，1980年，第59页，图四〇、四一，彩版九。
③ 冯玉辉：《湖南衡阳市郊发现青铜牺尊》，《文物》1978年第7期，第88页，图版捌。陈佩芬：《凤牺纹觥》，《湖南文物（第三辑）》，湖南大学出版社，1988年，第42页。

标本二：曾藏于日本藤田美术馆的羊觥①（图2-3），高15.4厘米，器形也拟动物的形状，其盖也是连铸完整的羊首，器身仅以羊颈作为流。器、盖构成完整的羊形。羊首为大卷羊角，四蹄足，盖上有立兽，前设有流，后无鋬。

图2-2　湖南衡阳牛觥　　　　　图2-3　藤田美术馆羊觥

本亚型的时代，以Ⅰ式为早，在殷墟二期出现，之后未见有其他同类型器物。Ⅱ式可延续到殷墟三期，甚至更晚。虽然觥盖上做出完整的兽首，但多出现减少鋬的情况，如牛觥、羊觥，然而盖上却出现装饰，设置了小立兽。

Aa亚型的总体特点比较写实，可以看出做器者欲表现出动物种属或样态，器物多见诸殷墟二、三期。也就是目前所知觥器出现的较早时段，更早则未见有觥。可见，青铜觥在出现之初，其形态乃侧重于拟形，之后遂有所演进，呈现器具本身的几何线条轮廓。因其出现伊始就被用来作祭祀的彝器，故精美程度较高，体现当时青铜制作的较高水平。

Ab亚型　整器不体现具体的动物形态，开始有器具化的趋势，足部写实感减弱，多呈锥状。与Aa亚型相比，器物整体向瘦高发展，器宽逐渐小于器高，足部外侈。可依据足鋬支撑变化分为两式。

AbⅠ式：足部为四锥足。

标本：2001年河南安阳花园庄M54出土的兽形觥②（图2-4），带盖通高18.7厘米，时代为殷墟二期后段。器物流变粗短，具体动物形象几乎不见，足部由蹄足变成尖状足外侈。盖上有小纽，有鋬但造型简单。

AbⅡ式：四锥足，鋬下有变化的小支脚。

标本：美国弗利尔美术馆鸟兽纹觥（图2-5），时代在殷墟四期，器高31.4、宽

---

① 中国青铜全集编辑委员会：《中国青铜器全集·商4》九〇，文物出版社，1996年，第170、171页。

② 中国社会科学院考古研究所安阳工作队：《河南安阳市花园庄54号商代墓葬》，《考古》2004年第1期，第7~19页。中国社会科学院考古研究所、安阳市文物考古研究所：《殷墟新出土青铜器》71，云南人民出版社，2008年，第168、169页。

图2-4　安阳花园庄兽形觥　　　　图2-5　弗利尔美术馆鸟兽纹觥

31.3厘米，重4.59千克①。器物有四锥足，整器略向纵高发展，正俯视的腹腔亦有狭长的趋势。整体来看，器高大于器宽。前腹部饰羊及兽首，流部有鸮的形象，后足装饰有人首蛇身，鋬是立鸟状，下有鸟足，或有支撑作用，另外还有其他纹饰，多样且呈堆叠化。藤田美术馆有一件觥与之类似，器高33厘米②。

　　Ab亚型要比Aa亚型在器物的造型上呈现出更多的创新和变化，为进一步的器具抽象化做了必要的铺垫。需要指出的是，有些较晚的器物出现觥器的某些特征，特别是早期觥器的三足或四足，有些学者解释为带有相当程度地方特色的觥，我们则统一划到觥类器物之外。如安徽青阳县庙前镇汪村出土的羊形牺首"觥"③（图2-6），通高24.6、通长29、腹宽10.8厘米。而安徽芜湖市舒城五里出土的所谓牺首龙纹"觥"④（图2-7）应该是南方特色器物，具有尊、流鼎等器物因素，不宜称之为觥。江苏丹徒烟墩山西周墓出土的旧称为觥的器物⑤（图2-8），通高21.1、长21.8厘米。尺寸与觥相差不大，但兽首浑铸成于器身，盖开在器背及颈部，故此我们将其归为尊类。这件器物当为中原与地方的杂糅作品，故最初整理者称之为"牺觥"。我们进行类型学的比对及研究，虽然是着眼于器物线性变化进程，但也应考虑到中原—地方铜器文化交流

---

① John Alexander Pope, Rutherford John Gettens, James Cahill, Noel Barnard. *The Freer Chinese Bronzes*. Vol 1, Washington 1967, Plate 45, pp.254-261.

② 〔日〕林巳奈夫著，〔日〕广濑薰雄、近藤晴香译，郭永秉润文：《殷周青铜器综览——殷周时代青铜器之研究》匜30，上海古籍出版社，2017年，第374页。

③ 石谷风：《青阳出土的西周晚期铜器》，《安徽文博》1983年第3期。安徽大学、安徽省文物考古研究所：《皖南商周青铜器》64，文物出版社，2006年，第108、109页。

④ 李国梁：《群舒故地出土的青铜器》，《文物研究（第六辑）》，黄山书社，1990年。安徽省博物馆：《安徽省博物馆藏青铜器》，上海人民美术出版社，1987年。

⑤ 江苏省文物管理委员会：《江苏丹徒县烟墩山出土的古代青铜器》，《文物参考资料》1955年第5期，第58~62页，图版四。

图2-6　安徽青阳羊形牺首"觥"　　图2-7　安徽芜湖市舒城牺首龙纹"觥"　　图2-8　江苏丹徒烟墩山凤纹牺"觥"（实为尊）

的网状交互影响。我们将在此后详细论述，在此不作赘述。实际上，安徽青阳羊形牺首觥虽为四足，但年代要比Ab亚型典型器晚了许多。在较长的时代演进中，器物难免吸收了相邻器类的特点，例如尊、匜等器。

B型　圈足，此类型的觥数量较多，也比较易与匜类混淆。究其形制，也多有流有鋬，有的还出现了扉棱等装饰附件。B型觥持续的时间较长，基本存在于觥器的主要发展阶段，只是具体纹饰在后期有所简化。可分为两个亚型：

Ba亚型　腹部的横截面呈近圆形或者椭圆形，圈足也相应呈现圆形。随着时代发展，器物向宽型发展，器高与器宽的比开始缩小，圈足渐高，从殷墟四期开始，圈足下部出现边圈。这一特点在西周日渐明显。又主要依据流部的变化，并结合腹部具体差异，将该亚型分为四式。

BaⅠ式：流向外延伸，有一定的前探感觉。觥足多为圆形圈足式，腹部略窄。本式器口部与流部的折率不大，觥盖也相应地较为平坦，换言之，从流到腹部上方的觥盖坡面较缓。

标本一：1976年河南安阳妇好墓出土的妇好觥（图2-9），同出一对（M5：803、779）[①]。流虽短，但有向外前探的趋势，加之盖首厚重，两者合体后超出器身轮廓外近一半，腹部也随之略向外鼓，其截面成椭圆形。圈足也随器形成椭圆形，较高。其中一件（803）保存状态较好，通高22、通长28.4厘米，另外一件锈蚀较重，尺寸相差不大，具体详见后表。

妇好墓另外所出的一对龇纽觥[②]（M5：327、843），也可归入此式，扁圆体流，流前探趋势、圈足左右尖状的程度均较之妇好觥有所减弱。一件（原器物号为327）保

---

①　中国社会科学院考古研究所：《殷墟妇好墓》，文物出版社，1980年，第59~63页，图四二，图版二六-1、2。

②　中国社会科学院考古研究所：《殷墟妇好墓》，文物出版社，1980年，第62~64页，图版二七-1、2。

存较好（图2-10），高18.2、长22.8厘米，有盖，兽头錾，底微外鼓扁圆形矮圈足体均有细棱。

这两对觥，时代均为殷墟二期，商代晚期早段。到了殷墟三期，流部不再向前探伸，转而高仰，器腹变宽。器高与器宽的比率有所减小，圈足也渐高、外撇。

标本二：明尼阿波利斯美术馆所藏的旅觥①（图2-11），通高17.8、通长23.8、口径18×7.7厘米，流部前探较之妇好墓虫纽觥更甚，且取消了虫纽觥盖部的穿系提手。

特例：1927~1928年党玉琨盗掘、现藏于丹麦哥本哈根国立民族学博物馆的告田觥②（图2-12），腹部截面及圈足呈窄椭圆形，其流亦长，且前探趋势明显，然器下物设方座。方座，应是为禁的另种表现形式，亦是地方特色。故此，告田觥可视之为

图2-9　妇好墓出土的妇好觥

图2-10　妇好墓出土的虫纽觥

图2-11　旅觥

图2-12　告田觥

---

① 陈梦家：《美国所藏中国青铜器集录》A658，中华书局，2019年，第950、951页。吴镇烽：《商周青铜器铭文暨图像集成》13607，上海古籍出版社，2012年，第24卷，第449页。以下未特别说明者，均是觥器所在的第24卷。

② 王光永：《陕西宝鸡戴家湾出土商周青铜器调查报告》，《考古与文物》1991年第1期。吴镇烽：《商周青铜器铭文暨图像集成》13605，上海古籍出版社，2012年，第447页。"中研院"史语所、陕西省考古研究院：《宝鸡戴家湾与石鼓山出土商周青铜器》033，"中研院"史语所，2015年，第184~187页。张天恩：《陕西金文集成（7）》0812，三秦出版社，2016年，第246页。

BaⅠ式的特例。因告田觥年代已近商代末年，又有一定的地方特色，故而器形有一定的变异，如腹部开始横长。整理者依据素面的纹饰特点，将其与上海博物馆所藏賨引觥比对①，事实上，賨引觥的流已上扬，有学者已经注意到了②。

BaⅡ式：流部较短，且有一定程度的上扬，基本呈45°左右，腹部比较扁长，有宽侈感。因流上扬幅度与横长腹部的器形因素，使得觥盖的曲折形成一个相对比较圆润的弧度。

标本：黄濬、卢芹斋递藏，现藏于纽约大都会美术馆的鸮纹觥③（图2-13），高22.4、长33、宽12.7厘米。深腹，也比较宽侈。相较而看，流就显得比较短小，然其外轮廓有一个下弯的弧度，可视为Ⅰ式的孑遗之态。

特例：弗利尔美术馆所藏的享非觥④（图2-14），通高23.5、长31厘米，属殷墟三期。整个器物是由一鸟一兽背向糅合而成，虽然鋬的部分变成一个枭鸟的样子，但从器底来看，鋬应与腹部接通。如此视之，其腹部也较宽，可为本式的特例。

BaⅢ式：流部较短，有明显的上扬，或大于45°。腹部较之Ⅱ式有一定的缩减，更呈椭圆形，与圈足连接有一个明显的收束，亦所谓的"篓式觥"。流部向上角度抬升，兼之腹部有所收缩，使得觥盖的弧度比较陡峭，常在腹口有一个明显的折面。

标本一：传1933年河南大司空所出、现藏日本白鹤美术馆的象首兽面纹觥⑤（图2-15），通高17.7厘米。鼓腹，线条饱满。器身近鋬处可以看出口沿、束颈等特征。因

图2-13　鸮纹觥

图2-14　享非觥

---

① "中研院"史语所、陕西省考古研究院：《宝鸡戴家湾与石鼓山出土商周青铜器》，"中研院"史语所，2005年，第185页。
② 任雪莉：《中国古代青铜器整理与研究·戴家湾卷》，科学出版社，2015年，第63页。
③ 陈梦家：《美国所藏中国青铜器集录》A649，中华书局，2019年，第928、929页。中国青铜全集编辑委员会：《中国青铜器全集·商3》一五八、一五九，文物出版社，1996年，第160、161页。
④ John Alexander Pope, Rutherford John Gettens, James Cahill, Noel Barnard. *The Freer Chinese Bronzes*. Vol 1, Washington 1967, Plate 43, pp.242-247. 吴镇烽：《商周青铜器铭文暨图像集成》13615，上海古籍出版社，2012年，第24卷，第455页。
⑤ 中国青铜全集编辑委员会：《中国青铜器全集·商3》一五六，文物出版社，1996年，第158页。

器身有相对器具化的趋势，觥盖的起伏线条也比较柔缓，唯兽首为象形，较为罕见，然因整器形制非常典型，仍以标本视之。时代在商代晚期。

标本二：1987年河南安阳郭家庄53号墓所出的眣觥①（图2-16），口长18.7、圈足9×6.8、通高19.2厘米，重1.05千克。器盖一端似为鹿头，另一端有尾部翘起，器身束颈鼓腹，圈足，流较长，已向上略扬，后有扁环形鋬。素面无饰，有7字铭文。时代为殷墟四期。

图2-15 象首兽面纹觥

图2-16 眣觥

BaⅣ式：器腹较鼓，略有垂腹，较之Ⅲ式比较横长，接近于Ⅰ式，但流则比较高扬，反而趋向于Ⅲ式。相对较晚的类型，会有前代的类型特征，甚至会有杂糅的样态。

标本：1976年山西灵石旌介3号墓出土的兽形觥②（图2-17），敞口，颈微束，腹部虽鼓，但较之Ⅲ式比较横长，且略有下垂，圈足稍外侈。流外探与圈足两端尖峭的程度均有所减弱，另有四条扉棱，腹部左右及前部各一条、盖上正中有一条。旌介觥接近于殷墟风格，其族属与殷人关系莫逆。旌介3号墓的年代，整理者认为殷墟三四期③，有学者认为器物

图2-17 旌介觥

---

① 中国社会科学院考古研究所：《安阳殷墟郭家庄商代墓葬——1982年~1992年考古发掘报告》，中国大百科全书出版社，1998年，第44页，图27-1、32-3，彩版1-2。中国青铜全集编辑委员会：《中国青铜器全集·商3》一五四、一五五，文物出版社，1996年，第156、157页。

② 戴尊德：《山西灵石县旌介村商代墓和青铜器》，《文物资料丛刊（3）》，文物出版社，1980年，第46~49页。山西省考古研究所：《灵石旌介商墓》，科学出版社，2006年，第162页，图162~166。李伯谦：《中国出土青铜器全集·山西上》67，科学出版社，2018年，第82页。

③ 山西省考古研究所：《灵石旌介商墓》，科学出版社，2006年，第162~166页。

年代可至殷墟四期①，朱凤瀚先生曾认为到商代晚期或能进入西周②，后又提前到殷墟三期③。我们认为，旌介3号墓及其所出的兽形觥在殷墟四期最为稳妥。

特例：上海博物馆藏的賁引（弘）觥④（图2-18），通高25.4、通长24.6、腹深9.6厘米。虽然腹部略扁长，流也略长，但流上扬程度较大。尤为特殊的是，与带斗同出，权作本式特例，时代在西周早期前段。吴镇烽先生定为商代晚期，但依据盖首带角兽首来看，应不宜提前到商代晚期。

世称"守宫"觥的器物虽与本型式比较接近，但我们主张将之排除出觥类。1929年出土于河南洛阳马坡，现藏英国剑桥大学菲茨威廉博物馆的守宫"觥"（图2-19）⑤，器高18厘米。腹部虽然也成横长的椭圆形，但流为假流。即在器盖上开口，也就是盖上不连兽首。虽具有觥器的近似形状，但兽首闭合，未见开口，兽首下面的曲折只是颈部，起不到流的实际功用。加之腹内有隔梁分为二室，后端专设缺口，方便嵌放斗柄，可见功用已发生转移。我们称之为觥形尊，其后详论，此不赘言。

图2-18 賁引觥

图2-19 守宫"觥"

---

① 郑振香、陈志达：《殷墟青铜器的分期与年代》，《殷墟青铜器》，文物出版社，1985年，第67页。

② 朱凤瀚：《古代中国青铜器》，南开大学出版社，1995年，第663页。

③ 朱凤瀚：《中国青铜器综论》，上海古籍出版社，2009年，第1105页。

④ 中国青铜全集编辑委员会：《中国青铜器全集·西周1》九九，文物出版社，1996年，第94页。陈佩芬：《夏商周青铜器研究·西周上》二七七，上海古籍出版社，2004年，第194页。吴镇烽：《商周青铜器铭文暨图像集成》13647，上海古籍出版社，2012年，第482页。

⑤ Jessica Rawson. *Western Zhou Ritual Bronzes from Arthur M. Sackler Collections*. Harvard University Press, 1990, p.707, pig118.6. 中国青铜全集编辑委员会：《中国青铜器全集·西周1》一〇六，文物出版社，1996年，第101页。吴镇烽：《商周青铜器铭文暨图像集成》13657，上海古籍出版社，2012年。

Bb亚型　方圈足，腹部的横截面也呈长方形。根据流部及其器腹的变化将其划分为四式：

BbⅠ式：腹部截面略呈方形，腹部四隅都有一个弧度的收刹。圈足较高，可以分为两部分，上半截多装饰花纹，下半截素面，好似叠加的一个台面。流部的角度较高，整体器物也呈瘦高的趋势。为配合比较高扬的流，盖上的兽首常有一个圆隆的S形的弧度，也增强了器的纵高感。C形鋬比较宽弘，宽度即接近腹径一半。

标本一：山东益都苏埠屯出土的亚醜者女觥①（图2-20），高31厘米，腹部椭方，四隅起线有一定弧度，圈足甚高，似为两重圈足相叠而成的，时代为殷墟四期。苏埠屯所出的亚醜觥，与其他的亚醜器相同，其形制皆为高圈足高腹深，然本式器物较多，可能为商代同盟方国的专属用器，地方特色较为浓厚。

标本二：日本泉屋博物馆虘觥（图2-21），通高29.8厘米。圈足较高，饰纹部分与其下台面的高度几近相同。腹壁较直，与足部交接有一弧度收刹。所形成外腹部是一个横长的块面，花纹为三段式，上为夔纹，下为鸟纹，中间夹直棱纹。盖及兽首的弧度明显。

我们对本式的划分主要着眼于方圈足的高度、觥盖的弧度、鋬的宽度、通高与宽度的比例以及所形成的整器通高感。通过比对这四五条标准，我们可以对器物做出一个整体的判断，也可以对有些盖佚失的觥器进行归类，如豖父乙觥可以放入本式。

标本三：德国科隆东洋博物馆豖父乙觥②（图2-22），高24厘米，基本形制和亚

图2-20　者女觥

图2-21　虘觥

---

① 殷之彝（张长寿）：《山东益都苏埠屯墓地和"亚醜"铜器》，《考古学报》1977年第2期，第23~34页，图版贰-2。吴镇烽：《商周青铜器铭文暨图像集成》13654，上海古籍出版社，2012年，第490页。

② Robert W. Bagley. *Shang Ritual Bronzes in the Arthur M. Sackler Collections*. Harvard University Press, 1987, p.299, pig49.10.

醜方觥很相似，唯轮廓线要较之圆润一些，也有可能是器物锈蚀所致。该觥亦缺盖，但整体器物厚重，扉棱运用较多，圈足下部虽无纹饰，但圈足较高，加大了器物的高度，也增加了器物的庄严感。

BbⅡ式：腹部曲壁、下端弧形收束，向垂腹演变。方圈足较高，纹饰部分要大于素面台面，台面多外侈。流部的高扬程度下降，呈现外探趋势，觥盖的弧度也随之降低，近乎L形。C形錾的尺寸也有所减小。

标本一：1997年河南鹿邑县太清宫M1出土的长子口方觥①（图2-23），通高21.4、首尾长26、腹深5.2、圈足底边10.3×8.2、圈足高3.7厘米，时代可至西周早期前段。腹部进一步横长，流部也近平，引发觥盖的起伏也比较平稳，仅有兽首较为突起。

图2-22　豕父乙觥　　　　　　图2-23　长子口方觥

比照Ⅰ式，我们也在考察Ⅱ式中也建立了若干条的标准，并能以此对失盖铜觥做出一个相对准确的判定。陕西延水县安的父丁觥也可归入本式。

标本二：父丁觥②（图2-24），1988年陕西延水县安沟乡岔口村出土，高17.6、长23.4、口沿长17×5.3、腹深9.2、流长6.8、圈足高4.7厘米，盖佚失，时代在商代晚期。圈足虽然较高，但外侈程度较大。流部较长，虽有一定程度上扬，也有前探的趋势。特别是腹部已开始变得横长，整器呈现横向发展的趋势。

Ⅰ、Ⅱ式之间的差异性较小，有些变化也比较微妙，故此我们建立多项标准进行细致考察。比如两式圈足的变化，由Ⅰ式圈足的素面、纹饰平均分配，到纹饰、素面

---

① 河南省文物考古研究所、周口市文化局：《鹿邑太清宫长子口墓》，中州古籍出版社，2000年，第98~106页，图八四-1、八六。

② 张增午：《商周青铜咒觥初论》，《故宫博物院院刊》1994年第3期，第36页。曹玮：《陕北出土青铜器》，巴蜀书社，2009年，第172~175页。

不完全分布。其中某项占三分之一也是有一个过渡的。如在Ⅰ式的弗利尔美术馆觥①，圈足的两部位其实是比较平均的，然在素面的部分，又增加一个小折，这就给缩减素面部分埋下伏笔。在Ⅰ、Ⅱ式中，也有介乎两者的觥器。美国西雅图艺术馆的癸万觥②（图2-25），器高18.5、器宽24.5厘米，方体，圈足虽较高，但纹饰、素面两部分大小不一明显，器腹弧壁也比较明显。癸万觥的特点也与时代不无关系，可晚至西周早期晚段或中期早段。

BbⅢ式：腹部较横长，器宽大于器高，流相对要短一些，但有一定程度的昂扬。高圈足多保留Ⅰ式中有纹饰的地方，其下的部分开始变低，多简化成一个折沿。本式器物数量较少，有可能是地方区域的特殊风格所致，也有考古发现存在一些程度上的地区缺环的原因。

标本一：传为1926年河南出土③，现藏于美国纽约大都会美术馆的丐甫觥④（图2-26），通高21.8、宽20厘米×10厘米，腹部比较横长，圈足较低，流则短且高昂，使得其颈部出现有一较大面积的不规则性质的块面，需要在夔龙纹下，用三排云纹才足以填充，时代在西周早期。

标本二：折（旂）觥（图2-27），通高29.2、通长38、口径11.8×7、流宽7、腹深13.1、器宽38厘米，西周早期器，时代可在康王世。其腹部较鼓，较为横长，四隅轮廓

图2-24　父丁觥　　　　　　　　图2-25　癸万觥

---

① John Alexander Pope, Rutherford John Gettens, James Cahill, Noel Barnard. *The Freer Chinese Bronzes*. Vol 1, Washington 1967, Plate 44, pp.248-253. 吴镇烽：《商周青铜器铭文暨图像集成》13652，上海古籍出版社，2012年，第487、488页。

② 陈梦家：《美国所藏中国铜器集录》A664，中华书局，2019年，第972～974页。吴镇烽：《商周青铜器铭文暨图像集成》13620，上海古籍出版社，2012年，第460页。

③ 吴镇烽《商周青铜器铭文暨图像集成》有录，笔者怀疑多为当时古董商误植，或为渔利故，有意说河南出土。

④ Otto Kümmel: Jörg Trübner zum Gedächtnils, Klinkhardt & Biermann,Berlin,1930, pp.52-56. 陈梦家：《美国所藏中国青铜器集录》A665，第975页。Western Zhou Ritual Bronzes from Arthur M. Sackler Collections, p.701, fig117.12. 吴镇烽：《商周青铜器铭文暨图像集成》13604，上海古籍出版社，2012年，第446页。

图2-26　丏甫觥

图2-27　折觥

线的弧度比较圆满。流较宽，与腹部的相交角度大致为45°。圈足降低，最下有一道宽折沿，略有外侈。

BbⅣ式：2006年山西绛县横水墓地1006号墓出土的覹爾觥①（图2-28），通高29、通长30.5厘米，腹部四隅虽有扉棱，但较为方正，未似折觥有一个鼓腹的弧度。圈足较低，有一方折沿，流短且上扬，因其上昂所形成的块面，填充以三折式的龙纹，时代在西周早期后段，昭穆之际。

特例：1963年陕西扶风齐家村日己觥②（图2-29），西周中期前段器③。通高32、通长33.5、腹深12厘米，重9.22千克。整体呈长方体，腹部较横长，圈足略低，有一外侈的折沿。流短且短，有所上扬，所致的块面亦填充以顾首三折龙纹。刘树满认为与覹爾觥相似④，其形制应在Ⅲ式。然觥錾做成鸟尾，"宽大逶迤"⑤，故将之视为本式的特例。觥錾改制成类似鸟尾的饰件，与鲁侯尊（旧称明公簋）近似，后者在两侧附有弯曲的宽翼⑥，任雪莉也认为二者的相似度较高⑦。仅看日己觥，可能是级别很高，做器者追求器形华丽，会有突破常规的设计，将錾与器物的动物形附件更加融为一

---

① 大连现代博物馆、山西博物院、山西省考古研究所：《晋国雄风——山西出土两周文物精华》，万卷出版公司，2009年，第58~69页。吴镇烽：《商周青铜器铭文暨图像集成》13662，上海古籍出版社，2012年，第501页。

② 梁星彭、冯孝堂：《陕西长安、扶风出土西周铜器》，《考古》1963年第8期。曹玮：《周原出土青铜器（2）》，巴蜀书社，2005年，第240~251页。张天恩：《陕西金文集成（3）》，三秦出版社，2016年，第186~189页。

③ 吴镇烽：《商周金文资料通鉴》（光盘版），2006年电子图书资料。

④ 刘树满：《中国古代青铜器整理与研究·晋南地区卷》，科学出版社，2016年，第252、255页。

⑤ 中国青铜全集编辑委员会：《中国青铜器全集·西周1》一〇七、一〇八，图版说明，第33页，文物出版社，1996年。

⑥ 陈佩芬：《夏商周青铜器研究·西周卷》二五四，上海古籍出版社，2004年，第136页。

⑦ 任雪莉：《中国古代青铜器整理与研究·青铜簋卷》，科学出版社，2016年，第258页。

图2-28　覷爾觥　　　　　　　　图2-29　日己觥

体，其设计思路与享非觥有异曲同工之妙。

相较而言，觥器的类型学研究比较困难，其中一个主要原因是之前标本数量较少较单一。《商周彝器通考》只收集了十六件，其中还收有宋、清金石著录中线描器物。基于收集情形，只做粗浅的分类也是情有可原的。《中国青铜器》所列觥器十五式[①]，有《通考》的延续，只可认为是枚举的十五器，不能当作"式"来看待。张增午以"式"代型，所分的四式无非是四类[②]。以上的研究，列举的性质要大过剖析。

朱凤瀚先生在对觥器的类型研究是有拓展之力的，不过限于写作年代，进行分类的器物不多，大多是之前的发现。尽管朱先生《中国青铜器综论》下编的分期和区域做了很大的修订与补充，但在器类的类型研究中未有大幅度改动。觥器只做了分类，未能细化到式，是不完全的类型学研究。我们在此基础上，将最近考古发现的觥纳入类型研究，同时并不排斥早期发现的器物，一些流散器物也应该进入到类型研究中。这些流散器物多为20世纪前叶的发现，不少器物分藏海外。然因国际收藏的独特视角，这些觥器多造型特殊、出土地重要。它们理应进入到类型研究中，而不只是作为收藏数据，附于书后。相反，我们在类型分析中，基本不考虑旧著录的线描甚至是全形拓的影像。因为传摹等技术原因，一些著录多少有走样的成分。受赐于前人的贡献、考古的新发现以及更为便宜地阅读海外铜器图录，我们得以做出一个觥器类型系统，A、B两大类。A类之下有Aa、Ab两个亚型，每亚型可分两式。B类亦有两个亚型，Ba亚型有四式，Bb亚型有四式。通过我们的梳理，可以看出觥器的类型演进特点，一是多型式的并行发展，并有相互的影响。二是单独器物的个性发展，常涌现出造型鲜明的器物。

---

① 马承源：《中国青铜器》，上海古籍出版社，1988年，第232~236页。
② 张增午：《商周青铜兕觥初论》，《故宫博物院院刊》1994年第3期，第31~40页。

第二节　几种特殊形制的"觥"

在第一节中,我们将所谓的"觥"器进行了类型学的研究。然而,鉴于该器类的特殊性,我们有必要另辟一节,主要讨论一下几种特殊的"觥"。很显然,这几件器物很难被纳入上述的类型分析中。一方面,缘于我们对学术史及其现在惯称的尊重;另一方面,我们不建议强行将其纳入上述觥的类型树中。笔者认为,考古类型学虽然是考古学研究中的两副车轮之一,但其方法起源于物种分类,本质上排斥了人的偶发创意。而铜器作为同时代的顶级艺术或工艺作品,其中饱浸着人们的心血,或有偶然之得。

故此,我们在惯常的型式分析外,专辟一节来讨论一些特殊的"觥"器。无论是作为特例存在,还是个案研究,我们都要允许在铜觥或亲缘器物的类型谱系中存在某些缺环。因为,铜觥这类器物太特殊了,可以从匜器中分出,但也不是文献中的"觥"器。

一、角形的兕觥

有关这件器物,我们前边在的觥的定名与起源中已经提到过。即安阳西北冈侯家庄1022号墓出土的角形器(图2-30),器身高27.1、通盖长36、口外径8.2×8.3、盖径8.4厘米,重910克[①],是对兽角形的模拟。李济先生径言,"可以说有口无底,完全仿造一只黄牛的角"[②]。本器起先就被认为是仿制于牛角,"HPKM1022有一件独一无二的真正牛角形的青铜酒器,金石学家称其为角。这件器物很像牛类动物额骨上的突起部分,即它的战斗器官,在口语中我们称之为角。它的青铜模仿制品可能是饮器中最早的角形器"[③]。然其根源,尚不明晰,后来经屈万里考据,此器即为古代礼书中的

---

① 李济:《殷墟出土五十三件青铜容器之研究:殷墟发掘出土五十三件青铜容器的形制和文饰之简述及概论》,《中国考古报告集新编·古器物研究专刊(第五本)》下,"中研院"史语所,1972年,后收录于《李济文集》卷四,上海人民出版社,2006年,第420页。

② 李济:《殷墟出土五十三件青铜容器之研究:殷墟发掘出土五十三件青铜容器的形制和文饰之简述及概论》,《李济文集》卷四,上海人民出版社,2006年,第337页。

③ Li Chi(李济). The Tuan Fang Altar Set Reexamined. *Metropolitan Museum Journal*. Vol. 3 (1970), pp. 51-72,中译本为《端方柉禁诸器的再检讨》,《李济考古学论文选集》,文物出版社,1990年;后收入《李济文集》卷三,上海人民出版社,2006年,第679页。

"兕觥"①。其说可从,整个器物弯曲且上重下轻,无法置立,即"不能从底部直立起来"②。即便是在口沿的花纹带上设置有一贯耳,可以穿绳悬挂此器物,但也最大可能是即时性的饮用器。意即不能将此器放置在一个平台上,如案等用具之上。

其形制是对牛角的直接仿造,毫无疑义,一如张懋镕先生称,"出土的商周铜器中确有一件牛角形器,有可能是真正的'角器',而兕觥有可能是角器的异称"③。不过在转化成铜器后,器形就有些迷惑了。如增加了盖,以及在口沿上装饰有花纹带。无独有偶,《西清续鉴(甲编)》亦有一件相似的器物④(图2-31)。其尺寸为"高五寸四分,深四寸九分,口径三寸二分",换算过来,其高近19厘米,略小于侯家庄的"兕觥"。口沿一周的纹饰带,为联珠纹夹斜向云雷纹,或也为"当时之纹",但与侯家庄的卷鼻勾唇夔龙纹不类。而其下部则有画出云雷纹衬底的顾首夔纹,很有可能为衍画。而底部的饰件,也或为衍画,或者是后配之件。林巳奈夫认为《西清续鉴》甲编所著录描绘的兕觥,乃是以《三礼图》为本⑤。西周时,亦存续这种角形铜器,如1983年在柳州废旧物资仓库拣选的一件云雷纹角形器,通高19.9、口径6.6~7.2厘米,

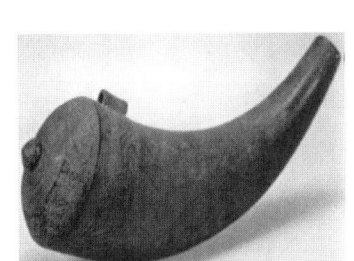

图2-30 西北冈侯家庄1022号墓角形器

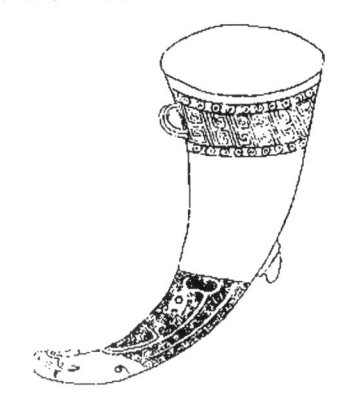

图2-31 《西清续鉴甲编·卷一二》周兕觥

---

① 李济:《殷墟出土五十三件青铜容器之研究:殷墟发掘出土五十三件青铜容器的形制和文饰之简述及概论》,《李济文集》卷四,上海人民出版社,2006年,第337页注2。

② 李济:《殷墟出土五十三件青铜容器之研究:殷墟发掘出土五十三件青铜容器的形制和文饰之简述及概论》,《李济文集》卷四,上海人民出版社,2006年,第337页。

③ 张懋镕:《夷曰匜研究——兼论商周青铜器功能的转化问题》,《故宫学术季刊》第25卷第1期,2007年秋季,后收入氏著《古文字与青铜器论集(第三辑)》,科学出版社,2010年,第155~163页。

④ (清)王杰:《西清续鉴(甲编)》卷十二,页十七,乾隆五十八年敕编,宣统三年涵芬楼石印宁寿宫写本影印本。

⑤ 〔日〕林巳奈夫著,〔日〕广濑薰雄、近藤晴香译,郭永秉润文:《殷周青铜器综览——殷周时代青铜器之研究》,上海古籍出版社,2017年,第96页。

图2-32 江苏烟墩山角形器

当地工作者定为西周①。研究者认为即为兕觥，且发源于天然的牛角杯②。

此外，还在江苏丹徒烟墩山宜侯墓中见有角形器③（图2-32），一对两件，通长25.8、高17.6厘米④。陈梦家先生首发其覆，认为是酒器，"其中盛酒器角形之角，与安阳西北岗出土的，似乎同源"⑤。不过，因为这对器物与侯家庄西北岗所出的有明显差异，截面呈三角形，无盖，下端开口插一铜，中有开孔⑥，以至于很多先生对其功用，有不同见解⑦。孙桂恩进一步认定为镶冒的弓弭，但不知是什么原因，他将原尺寸的长25.8厘米，误成18厘米⑧。此一误植，亦影响到近年的研究，"烟墩山角状器据孙桂恩给出的数据是长约18厘米，高约5.5厘米"⑨。根据许卫红、张娟妮关于弓弭的研究⑩，如果是弓弭，当没有25.8厘米这么大尺寸的。若弭通长25.8厘米，不知其弓要大到何等地步。换言之，如弓弭说不能成立的话，其就不能据此反驳酒器说。

我们认为，宜侯墓中的角形器虽不必如有些先生直接认定为"兕觥"⑪，但其为酒器的可能性极大。正是基于以上逻辑链条，在没有确凿的反证下，而采信前说。不过，酒器说仍有未安之处，如前端为开口，如何贮酒；三角形较之圆筒形，是否饮用方便。我们认为其为酒器乃是饮酒之器，而非陈梦家所认为的盛酒器。因其改制为三角形，一面可短暂搁置。同墓所出的盛酒器，则只是一对兽形尊。这对铜尊，

---

① 韦壮凡、容小宁：《广西文物珍品》，广西美术出版社，2002年，第46页。
② 陈洪波、陈虞添：《试论先秦时期的角形杯与兕觥》，《东方考古（第9集）》，科学出版社，2012年，第296~308页。
③ 江苏省文物管理委员会：《江苏丹徒县烟墩山出土的古代铜器》，《文物参考资料》1955年第5期，第58~62页，图版六。
④ 杨正宏、肖梦龙：《镇江出土吴国青铜器》11，文物出版社，2008年，第36页。
⑤ 陈梦家：《宜侯夨簋和它的意义》，《文物参考资料》1955年第5期，第63~66页。
⑥ 史树青：《对"五省出土文物展览"中几件铜器的看法》，《文物参考资料》1956年第8期，第49、50页。
⑦ 史树青认为是乐器，蒋大沂认为是镶冒木杆的角状铜饰（蒋大沂：《"鉴"和"角状铜饰"》，《文物参考资料》1958年第8期，第49~51页）。
⑧ 孙桂恩：《试说烟墩山出土的"铜角状器"和"铜镈"的名称和用途》，《文物参考资料》1958年第1期，第34、35页。
⑨ 齐韶花：《烟墩山出土的角状器》，《东方博物（第六十三辑）》，中国书店，2017年，第48~53页。
⑩ 许卫红、张娟妮：《弓弭初考》，《文博》2017年第2期，第39~48页。
⑪ 张敏：《宜侯夨簋轶事》，《东南文化》2000年第4期，第88~93页。

简讯称之为"牺觥",图录称之"鸟纹觥"①,皆误。至于判别原委,我们将在此后觥与尊的区别中详论。结合齐韶花与肖梦龙②的研究,我们认为,这是来自殷墟的器类,经过地方的改制,使得形制与侯家庄角形器迥异。但无论如何,此都为带有腔体的容器,与齐韶花引以为证的郭家庄M53、M173所出的三角形片状器③为性质不同的器物。补充说明的是,上述的发现仍然具有零星且随机发现的性质,而据浙江长兴鼻子山越国墓地的仿铜羊角形硬陶器④(图

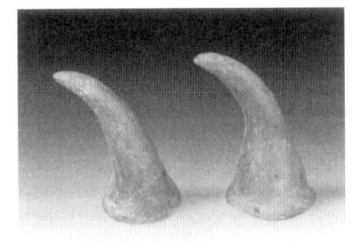

图2-33 浙江长兴鼻子山越国墓地的仿铜羊角形硬陶器

2-33),当时仿制兽角的饮器应不在少数。不过,限于考古发现的性质,多少会出现时代或地区的缺环,例如前揭长兴越国墓地要晚至战国早期了,之前无类似器物。我们所认为可以短暂放置的烟墩山角形器与山西龙纹觥的源起有关,也是存在着地区缺环的,从山西到浙江的地理路途较远,他们又是如何传播影响的,中间的媒介又是什么。限于目前材料,我们尚不能完全回答这些问题。

二、桃花者村的龙纹"觥"

图2-34 山西石楼桃花者村所出土的龙纹觥

前论角形器,应为"兕觥"的青铜形态,当无疑义。除早期考古发现外,也有著录及传世品。而真正的孤品,当属山西石楼所出土的龙纹觥⑤(图2-34)。1959年出土于山西省石楼县罗村镇桃花者村(前多称桃花庄),通高17.7、通常42.5、腹深6.8、宽13.4厘米,圈足长22、宽8.9、高2.4厘米,盖长33.8、前宽8.7、后宽12厘米,容积1620毫升。其形状为卧式,类兕角,前部为龙头、微抬起,上面浮雕一条龙纹由器首向后延伸,头上有角。后部平齐,封口,背上

---

① 杨正宏、肖梦龙:《镇江出土吴国青铜器》,文物出版社,2008年,第35页。

② 肖梦龙认为这对角状器为江南吴地所独见的奇特形铜器(见肖梦龙:《镇江博物馆藏商周青铜器——兼谈江南吴器的地方特色》,《东南文化》1988年第5期,第54~77页)。

③ 中国社会科学院考古研究所:《安阳殷墟郭家庄商代墓葬——1982年~1992年考古发掘报告》,中国大百科全书出版社,1998年,第55页。

④ 浙江省文物考古研究所、长兴县博物馆:《浙江长兴鼻子山越国贵族墓》,《文物》2007年第1期,第4~21页,图一三。

⑤ 谢青山、杨绍舜:《山西吕梁县石楼镇又发现铜器》,《文物》1960年第7期,第51、52页,图版50-5。

开盖，呈长方弧曲形，盖上置纽。下有委角圈足，并带有缺口。

此类器物，目前发现仅此一件，较为特殊。历来著录者多①，研究则较少，且较多在铜器的考古区系研究或是分期中，涉及该器，例如邹衡先生曾将此器归为石楼桃花庄B群，为山西商代铜器群的第三期，相当于殷墟文化第四期，绝对年代在帝乙、帝辛之间②。此后，很多学者在区系的研究中都有不同程度的涉及③，而对器物本体却很少研究，只有唐兰④、刘敦愿⑤先生做过研究。近年，李零先生对其纹饰做过一些研究⑥。

这件器物带有很浓郁的地方色彩，尤其是器身各种不同形式的大小龙纹，很可能是当地人居民的图腾崇拜。然就器形而言，唐兰称"有些像兽角，但做成一条船的样子。我们根据习惯把它称为觥，但它不能作为饮罚酒的用具……但这件器也不像灌水的匜。很可能是一种盛酒的容器"。可见，这件器物是经过很大程度的变化的。刘敦愿先生在此基础上探究变化，认为不是兽角的简单再现，其他学者也认为，"加入了不少复杂元素……器身虽然还能够看出牛角的原始造型，但更带有龙形或者说鳄鱼的形态，这已经是一种步入复杂演化轨道中的兕觥"⑦。

我们认为，将此器宏观地纳入地方因素，则很难找到其改制的直接驱动力。这也是多年来，其研究较难有突破的主要原因。与侯家庄角形器的最大区别，石楼龙纹觥是将立式改为卧式，将之前的角形器改为横置（图2-35）。具体做法，两端封口，之前的"器底"成为龙纹觥的一个侧边，另在器背开盖，下置椭方形圈足（2-36）。这样一来，龙纹觥虽然逸出角形器的类型演变，但如果将一些装饰的造型简省来看，其

---

① 中国青铜全集编辑委员会：《中国青铜器全集·商4》，文物出版社，1996年。韩炳华：《晋西商代青铜器》，科学出版社，2017年。李伯谦：《中国出土青铜器全集·山西》，科学出版社，2019年。山西考古研究院、山西博物院、运城市文物工作站、闻喜县文物局：《山右吉金·闻喜酒务头商代墓地出土青铜器精粹》，山西人民出版社，2020年。山西博物院：《山右吉金十品》，上海书画出版社，2020年。

② 邹衡：《关于夏商时期北方地区诸邻境文化的初步探讨》，《夏商周考古学论文集》，科学出版社，1980年，第253～293页。

③ 陶正刚：《山西出土的商代铜器》，《中国考古学会第四年年会论文集》，文物出版社，1985年。陶正刚：《石楼类型商代青铜器研究》，《殷都学刊》1991年第4期。胡进驻：《石楼—绥德类型管窥》，《考古与文物》2008年第2期。袁秀明：《略论吕梁山出土的商代青铜器》，《山西考古学会论文集（四）》，山西人民出版社，2006年。卜蓉蓉：《先秦时期石楼的文化遗迹与地理环境的关系》，《文化学刊》2016年第11期。

④ 唐兰：《从河南郑州出土的商代前期青铜器谈起》，《文物》1973年第7期，第5～14页。

⑤ 刘敦愿：《山西石楼出土龙纹铜觥的装饰艺术》，《文史哲》1983年第5期，第58～63页；后以《山西石楼龙觥与鬼方》为题收入《刘敦愿文集》，科学出版社，2012年，第541～547页。

⑥ 李零：《说龙，兼及饕餮纹》，《中国博物馆馆刊》2017年第3期。

⑦ 陈洪波、陈虞添：《试论先秦时期的角形杯与兕觥》，《东方考古（第9集）》，科学出版社，2012年，第297页。

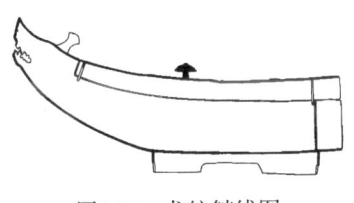

图2-35　龙纹觥线图　　　　图2-36　龙纹觥细节图

大形仍然是源自角形器的。对于器形的研究，我们不能先期惑于装饰，使得器与饰有所夹缠，亦认为"整个造型，跟鳄鱼相似"①。如果烟墩山宜侯墓中的角形器是酒器的话，那将会在侯家庄—石楼之间的演变中，建立起将角形器横置的一个实例节点。当然，基于目前材料，此一立论亦不免有"凿空索隐"之嫌。

可是，回到墓葬关系或情境（Context）中，似乎又可以隐约得到一些佐证。出土龙纹觥的墓葬并不大，南北长2.5、东西宽1.5米，共3.75平方米。但是值得注意的是，在墓葬中部有腰坑，出土器物较多，铜、玉、金、骨各类器物90余件，其中，鼎2、甗2、簋1、盘2、斝1、瓿1、觥1、觚2、卣1、爵1、壶1、斗1、匕1、铲形器1、戈1、斧1、铜饰品1、镞7、铜泡51。可见，该墓带有较为强烈的商文化因素，龙纹觥则是一种过渡性质的器物形态，即器类来自于殷墟，而经过较大程度的地方改造。也可能是由于兕的消失，这些原来只是简单拟形的铜器开始有所改易，且加之做器者的构思，糅合而成。

无论是角形器，还是龙纹觥，我们都认为是兕觥的范畴，或者说是文献中"兕觥"在铜器中的反映，器形可视作来源于"兕觥"。现在看来，我们在本章第一节所进行类型划分的那些"觥"器就不能叫作青铜觥。但因其器形稳定、数量较大、兼之学界称谓久已有之，姑且从便从俗。也基于此，我们在本节花费一些笔墨，讨论了角形器和龙纹觥。以学术范式而言，本节并非合乎规范的类型学讨论。之所以如此，是基于材料做出的应对。言外之意，我们主张将本节讨论的器物是排除于其他"觥"的类型序列，只做个案特别视之。

小　结

我们在进行型式分析的过程中发现，所谓"觥"的器物型制演变序列不甚明显，很多型式都是同时出现，且并行发展，甚至出现了多个典型的个例。我们虽然尽量将

---

① 李零：《说龙，兼及饕餮纹》，《中国国家博物馆馆刊》2017年第3期，第61页。

个例归入型式之中，但由于这一器物出现的时间较短，在商代晚期到西周前期较短的时间范围中，其前后承接演变关系很难称得上明显。此外，因为祖型、文献、称谓乃至学术史造成的器类分歧公案，使得我们不得不将角形器等器物分出，专门论述，形成不像类型学的类型研究。

我们进行类型学的研究，固然要经过归纳和分析，形成类、型、式、标本的塔形关系[1]。但对于青铜器，又有着一定特殊性，"在漫长的发展历程中，一种铜器的形态前后并非完全一致。人工制品彼此间存有差异，它们的断代只可能是相对的。由于工艺传承和对旧有形式的青睐，铜器的旧形态不会马上消失，所以不同类型的铜器在使用年代上经常彼此有交叉。但工匠和拥有者在品味上也有保守与时尚之分，在旧的类型尚在使用时，新的类型又产生了，因此新旧交替是一个漫长的渐进过程。尽管如此，某一类铜器也会因人们的好恶和功用上的细微差别，在同一时期产生多种不同的形态"[2]。因此，不能以单一线性进程来对待之。

考古类型学研究，特别是对中国古代青铜器所进行的分型定式，应该是开放的，逻辑的，成长的。所谓开放，意即划分标准不应该是唯一的。我们所确立的标准不是要排斥其他研究者重新建立标准进行分类，而是说但凡合乎逻辑，其方案均可以存在。而逻辑，则是可以被解释的。在器物演进线性发展为主线下，还应对各类型之间、诸式并存等侧向的问题予以关注。这样的话，我们建立的类型系统也就是成长的，而非固定且僵硬的。一则可以允许被新发现器物修正，甚至是重新排列。更为重要的是，这一系统是可以"呼吸"的，是一种对器类序列进行"切割"的方法。其实，无序也是一种排列方式，而一旦建立了某一排序，就并不再是对所研究铜器的重新排队，而是以分类为刃，割出一道缝隙，更为深入地真正认知器物及其青铜文化。

---

[1] 邹衡：《论古代器物的形式分类》，《中国文物报》1988年5月12日3版，后收于氏著《夏商周考古学论文集》（续集），科学出版社，1998年，第352~354页。

[2] 陈梦家著，王睿、曹菁菁、田天、孙莹莹译：《中国铜器综述》第八章"类型学"，中华书局，2019年，第171页。

第三章 青铜觑的年代学研究

　　所谓觑类器物存续时间相对较短，基本在商代晚期到西周中期。目前所知当以殷墟妇好墓出土的铜觑为最早，时代在殷墟二期。妇好墓的8件觑为同一遗址单位所出，也就是说我们所划分的AaⅠ式、BaⅠ式①，基本处于同时。这就引出觑器的第二个年代方面的特征，就是同时期的共存较多的型式类型。换言之，因为流行时间较短，多个型式的觑器被压缩到某一个局部的时间段。从某种意义上来说，这种器类的兴起乃至消失，都比较突然。故此，在本章的年代学研究中，将觑类器物分出若干期并不是主要工作，毕竟其时代跨度较小。若干期的分出只是让研究停留在表面或是更为琐碎，而利用一些典型器物来探讨器兴衰则成为我们本章的重点。

　　本章的第一节还是试图进行分期工作，预先对觑器的兴衰搭建一个时间框架。在对青铜觑进行分期断代时，运用考古类型学的方法，根据器物的特点对这些器物进行分期。在年代的推断及个别器物年代的讨论上，本章将采用与标准器或者与有准确出土年代的器物相比较，来进行研究分析。以期对数量原本就少的觑类器物进行更准确和全面的了解，从而发现它背后所蕴含的研究价值和社会意义。

第一节　觑器的分期

一、相关年代概念的表述

　　因为觑器时代讨论，不涉及夏及商代前期，以及西周后期，故而从略。关于商代晚期铜器的分期断代，郭宝钧②、张长寿③、杨锡璋、杨宝成④等先生均将殷墟铜器早、中、晚分为三期。郑振香更结合相关考古学文化及甲骨分期，推出四期说，即"殷墟文化第一期，可分早、晚两组，其时代约为盘庚迁殷至武丁早期。殷墟文化二

---

①　妇好墓共出土8件觑，其中两件为AaⅠ式、四件为BaⅠ式，另外两件为小型圈足觑，因原报告称破损严重，待修复（《殷墟妇好墓》，第59页），未作详细描述，故型式不明。
②　郭宝钧：《商周青铜器群综合研究》，文物出版社，1982年，第123页。
③　张长寿：《殷商时代的青铜器》，《考古学报》1979年第3期。
④　杨锡璋、杨宝成：《殷代青铜礼器的分期与组合》，《殷墟青铜器》，文物出版社，1985年，第79~102页。

期,约当武丁晚期至祖甲时期。殷墟文化三期,约当廪辛至文丁时期。殷墟文化第四期……相当帝乙、帝辛时代"①。分期的差别或归结于在武丁之前存在有大司空与三家庄期②。笔者并不纠结此具体差别,而是将觥器在商代晚期的发展分为商代晚期早段、晚期晚段,而利用殷墟文化分期来建立年代坐标。关于西周青铜器的分期,陈梦家先生的三期分法问世较早。

西周早期　武王至昭王　80年
西周中期　穆王至夷王　90年
西周晚期　厉王至幽王　87年③

现在通行的西周三期分法,多是将夷王归为西周晚期。然无论夷王何种分法,皆与铜觥的年代关系不大,毕竟西周中期前段,铜觥就已经消亡。具体到铜觥的分期,则可以分为商代晚期、西周早期、西周中期三期。其中每期又可分为早、晚两段。殷墟二期为商代晚期早段,三至四期为商代晚期晚段。武、成王世则为西周早期早段,康、昭王世为西周早期晚段。穆、恭王世为西周中期早段,而懿、孝王世虽为西周中期晚段,但觥器并不涉及,我们也仅是说明而已。

二、商代晚期

截至目前,我们共收集到青铜觥有98件,含最近公布了河南安阳殷墟一件觥盖④。较之其他器类,觥器的数量显然是少之又少了,亦与持续时间短、流行区域窄等特点互为因果。如果我们把妇好墓的六件或八件觥认为是较早觥器的话,可以说青铜觥从出现伊始,形制就比较完备的。当然,南方地区青铜觥的出现时间可能要稍早于妇好诸觥,但具体时间则无法判定。概括来说,觥器未曾出现什么特别的祖型,尤其是与陶器未有渊源。我们前揭的三件角形器如可被视作"兕觥"的祖型,所谓觥类器物实际与角形器的形制差别较大。换言之,觥类铜器是未经陶器阶段而突然的发明,与兕觥的因缘也不大。

从妇好墓觥的形态来看,甫一出现,形制就相对比较成熟,尽管AaⅠ式的四足觥

---

① 郑振香、陈志达:《殷墟青铜器的分期与年代》,《殷墟青铜器》,文物出版社,1985年,第38页。
② 谷飞:《试论殷墟文化分期与殷墟青铜器分期的关系问题》,《中原文物》2002年第3期,第32~33、44页。
③ 陈梦家著,王睿、曹菁菁、田天、孙莹莹译:《中国铜器综述》,中华书局,2019年,第306页。
④ 常怀颖:《夏商考古:二里头庭院几处,三星堆坑坎如何》,澎湃私家历史频道,2021年5月26日,https://mp.weixin.qq.com/s/B8qqAIq7VqmibeOdy2t5RQ,最后登录时间2021年6月11日18:37。

有模仿牺尊的痕迹。如此说来，按照一般的模式将其分作萌芽期、成熟期、发展期、衰落期等模式并不够准确表征觥的发展史。所以，在本章节中，我们只按时代先后进行年代学的架构，采用的标本主要以出土墓葬时代明确的器物为主，断代清晰的传世器也在考察之列。

1. 商代晚期早段

如前所述，商代晚期分为两个阶段。我们将殷墟二期单独定为商代晚期早段，主要是着眼于觥器的发展状况。这一时期，主要为安阳殷墟发现，小屯5号墓（妇好墓）出土8件、花园庄54号墓出土1件，器形包括Aa型、AbⅠ式、BaⅠ式。此外尚有七件传世铜觥可归为本期。大部分器形完整，有流有鋬，纹饰相对简单，多以饕餮纹为主，圈足觥的流向前伸，圈足较低。铭文较少，一两字居多。

因为AaⅠ式的两件司母辛四足觥与BaⅠ式的四件圈足觥出土于同一单位，以墓葬时代而言，两种类型应多为同时期作品。然从器形细节分析，当以四足觥更为初始一些（图3-1）。依据其器盖的开法，从嘴至后脊为器盖，下嘴为器流，这异于之后诸型式的盖具有全部兽首。虽然将器背整体开口，却与牺尊在背部的小开口不同。但器身做动物形象，还是相近的。可见，所谓的觥器的渊

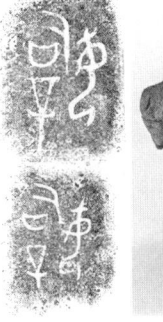

图3-1　司母辛四足觥

源与牺尊有关。不过，四足觥整体却是糅合式的动物形象，不仅兽首是非牛非马的卷角，还在其他部位有所体现，前足为蹄足，后腿为鸷鸟爪，器身后部为鸟形。可见，这对四足觥还是与通常的牺尊不同。四件圈足觥的流外探颇甚的状态，也可以看作是起源于动物形的侧证。但是，两种形制的觥都经过了器具化，均非简单的再现模拟。如圈足觥已经在融和不同动物形态，器盖前端为虎头形，后端为鸷鸟头；器腹前部为兽体，后部为鸟体大翼，后接鋬手；整器前看为虎，后端为鸟。

觥器发明的直接促因，当为商贵族对酒器样式需求的增大。觥器出现伊始，皆为两两成对出现。觥器成对组合，且大小相近，很大程度是受到卣器的影响[①]，并直接采纳了两件同等大小的模式。妇好墓出土的两件卣也是基本等大的。

本期的安阳花园庄东54号墓出土的四足觥（图3-2）为Ab亚型，四锥足的根部较为粗壮，且外侈，尽显萌发之态。虽然只出一件，除鋬上无纹饰外，通体施纹。墓主等

---

① 参见陕西师范大学中青铜文化研究中心：《关于扶风红卫村出土"列卣"的思考》，《周秦文明论丛（第二辑）》，三秦出版社，2010年，第124~129页，后收入张懋镕：《古文字与青铜器论集（第三辑）》，科学出版社，2010年，第175~182页。

级不低,且墓内有9套觚爵①,酒礼器的数量已然满足使用。所出现的一件觥更大可能是为了抬升等级。本期除妇好墓所见的B型觥外,仅为零星几件,如泉屋博物馆觥②、哈佛大学福格艺术馆的虎头纹觥③(图3-3),也有可能会晚至殷墟三期,即商代晚期后段。其余多为A型,如藤田美术馆羊觥(图3-4)、哈佛美术馆水牛形觥(图3-5)、陕西洋县张家村牛觥以及赛克勒收藏的一件(图3-6)。可见,商晚期早段,具足觥是主流。

图3-2　花园庄东54号墓觥

(采自《殷墟新出土青铜器》,第168页)

图3-3　哈佛大学福格艺术馆虎头纹觥

(张建宇摄影)

图3-4　藤田美术馆羊觥

---

① 中国社会科学院考古研究所安阳工作队:《河南安阳花园庄54号商代墓葬》,《考古》2004年第1期。

② 林巳奈夫:《殷周青铜器综览——殷周时代青铜器之研究》匜4,上海古籍出版社,2017年,第371页。

③ 林巳奈夫:《殷周青铜器综览——殷周时代青铜器之研究》匜5,上海古籍出版社,2017年,第371页。亦承人民大学张建宇先生指出,哈佛大学现将三间展室合为一,下通称为哈佛美术馆。

图3-5　哈佛美术馆水牛形觥　　　　　图3-6　赛克勒藏觥

2. 商代晚期后段

可能受殷墟三期的整体铜器变化的影响，殷墟三期之后的觥器较之前有很大差异，我们亦将三期之后的铜觥统归入商代晚期后段。因为殷墟发现非常特殊，早期盗发情况严重，不仅有甲骨契片，也有许多铜器流散，许多觥器亦包括在内。这些流散的铜觥多为殷墟三期，如弗利尔美术馆所藏的享非觥（BaⅡ式特例），同式的纽约大都会美术馆鸮纹觥也可定为殷墟三期。属于考古发现的湖南衡阳牛觥（AaⅠ式）（图3-7），有相当程度的地方色彩，亦可侧证上海博物馆凤纹牺觥①风格近似，为同地同类同期的作品。我们将上述这些都归入晚期后段，本期内BaⅠ式依然存在，如明尼阿波利斯美术馆的旅觥②。BaⅡ式于此时勃发，为殷墟三期最为常见的型式，亦有不少流散铜器，如哈佛大学美术馆的己觥③（图3-8）。殷墟三期的青铜觥大致有13件，铭文仍以两三个字居多。

图3-7　衡阳牛觥　　　　　　　图3-8　己觥

（采自《美集录》A653，第938页）

---

① 陈佩芬：《夏商周青铜器研究·夏商篇》一六三，上海古籍出版社，2000年，第336、337页。
② 陈梦家：《美国所藏中国铜器图录》A658，中华书局，2019年，第950～952页。
③ 陈梦家：《美国所藏中国铜器图录》A653，中华书局，2019年，第938页。

殷墟四期，Ab亚型的带足觥仍有存续，并出现Ⅱ式。弗利尔美术馆的鸟兽纹觥（图3-9）及藤田美术馆的鸟兽觥，形状与纹样做了最大限度的杂糅，似乎昭示是Ab亚型，乃至是A型带足觥的最后时光。BaⅢ式、BaⅣ式于本期陆续出现。前者以安阳郭家庄53号墓所出的觥觥、后者以山西灵石旌介3号墓出土的觥为代表。BaⅣ型存在一定的延续性，在西周时期仍有出现。BaⅢ式的出现，对BaⅡ式亦有所影响，使其较为横长的腹径也有一些收敛。其器腹近乎比较饱满的椭圆，也较外鼓，类似于簋器腹部，有些学者亦称之为簋式觥，应该存在不同器类之间的交互影响。商代晚期，簋形器呈现一种新势力，发展日盛，尤其圈足碗形簋成为簋的主流样式，"圈足簋全面盛行，其中尤以碗形簋的数量最多"①。在碗形簋大规模的背景下，很难不对其他器类产生影响。此为不同式之间的横向影响，其中以上海博物馆的父乙觥最为突出。

告田觥是BaⅠ式于本期所呈现的最晚情状（图3-10），器物加方座（或小禁②）的形制我们权以特例视之，亦不啻说是BaⅠ式于发展末段的异变。有旧型式的告别，也有新式样的揖新，这也是本期觥器活跃的一个体现。此时出现了Bb亚型新的式样，以Ⅰ式以山东益都苏埠屯出土亚醜方觥为代表，其中一件为吴式芬旧藏，现藏于日本出光美术馆（图3-11）。另有一件为潘祖荫、端方递藏，通高17.1、腹深9、口长12.6、口宽6.4厘米③。其呈现的方体、高圈足，既是抬升等级的表征，又成为其向瘦高发展的促因。瘦高形的发展趋势也是Ba亚型的发展路线。经过BaⅠ式到BaⅢ式的发展，流从向外探伸，逐渐缩短，并改为上扬。Bb亚型利用两式就快速走完Ba亚型的发展之路。虽然Ba亚型的方形有借鉴其他器类的方形因素，但更大的发展内因还是在于觥器内

图3-9　弗利尔美术馆鸟兽纹觥

图3-10　告田觥

（采自《宝鸡戴家湾与石鼓山出土商周青铜器》，第184页）

---

① 任雪莉：《中国古代青铜器整理与研究·青铜簋卷》，科学出版社，2016年，第101页。
② 任雪莉：《中国古代青铜器整理与研究·戴家湾卷》，科学出版社，2015年，第83页。
③ （清）端方：《陶斋吉金录》，清光绪有正书局石印本古香书屋珍藏印。

部，而非如罗森所言受到方彝的影响[①]。其著录的山海楼旧藏的方觥（图3-12），当在殷墟四期或更晚。

图3-11　亚醜者女觥

（采自《赛克勒·西周卷》p700）

图3-12　山海楼藏觥

（采自《赵氏山海楼所藏古代青铜器》10，第49页）

殷墟文化四期，觥器比较发达，现在可明确判断为殷墟四期的铜觥有24件，大致断为商代晚期但无明确分期的觥亦有12件。在24件觥中，AbⅡ式2件（传世表中序号3、2）、BaⅡ式3件（传世表序号1、14、16）、BaⅢ式4件（传世表序号9、38，出土表序号25、34）、BaⅣ式6件（传世表序号4、26、36，出土表序号2、33、33）、BbⅠ式8件（传世表序号19、35、41，出土表序号15、21、22、23、24），BaⅣ式、BbⅠ式成为该期的主流型式。在稍晚的商周沿革中，食器酒器的地位易手，且因历史传承又有一定延续性，觥器的发展更多体现在制作精美、

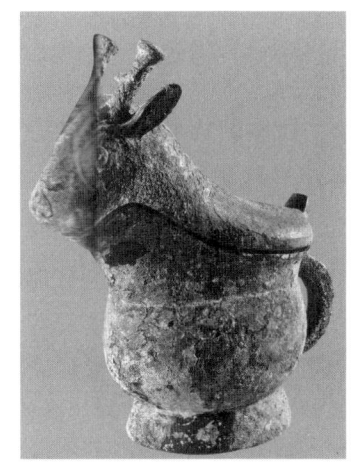

图3-13　郭家庄53号墓眠觥

（采自《殷墟新出土青铜器》232，第418-149页）

纹饰繁复等方面，并不以量取胜。三层满花的器物有20件之多，占这一时期总数的67%。不过，在大的时代背景下，酒器的地位逐渐被抑制。觥器，虽作为新式酒器，其发展力也比较有限，纹饰已经有开始简化的趋势，更是出现了如眠觥等素面的器物（图3-13）。铜觥与牺器的渊源颇深，其上若出现素面无纹的情况就显得比较反常，一定是当时社会异常情况起到了某种决定性作用。Bb亚型方觥的出现，也可以看作方形铜器高等级样态的介入，试图对觥器的颓势进行挽救。商代晚期，方形铜觥共有9件，占这一时期总数的39%。这一数据需要加权考量，仅就山东益都苏埠屯一地就出了4件方觥，其形制纹饰非常相似，地方因素较强。

---

① Jessica Rawson, The Bella and P.P. *Chiu Collection of Ancient Chinese Bronzes*（赵氏山海楼所藏古代青铜器）. Hong Kong, 1988, p.48.

三、西周早期

　　西周铜器的早、中、晚三分期的整体框架，得到学界的普遍接受，尽管诸家在晚期分法上有些不同，但早期以及西周早期的早晚两段，诸家比较相同，也无需多言。我们亦采用将武、成、康、昭四世列为早期的分法。需要说明的是，商周之际的铜器仍是分期的难点，铜觥的断代也不免受此影响。在没有过硬证据之前，我们对相关涉及铜觥倾向于偏晚处理，即划入西周早期早段。西周早期是觥器最后的发展阶段，是商代晚期的延续，且本身的早、晚段有一定的承接关系。

1. 西周早期早段

　　本阶段，因商周沿革故，器物形式及纹饰风格有相当的延续性。BaⅢ式、BaⅣ式继续存在，且以BbⅣ式为主，例如上海博物馆的賣引觥（图3-14）。基本不见A型的具足觥，以及Ba亚型的Ⅰ、Ⅱ两式。唯一例外的是，我们定为BaⅠ式特例的告田觥，很大可能是因为戴家湾与殷墟的关系，才在宝鸡出现有偏安阳风格的铜觥。较之Ba亚型的更替，Bb亚型方觥的演进，则是从Ⅰ式过渡到Ⅱ式，式间的更替比较清晰。本段的仲子崟觥（图3-15）、河南鹿邑太清宫的长子口方体觥以及美国华盛顿弗利尔美术馆藏區父辛觥（图3-16）均可认为是BbⅡ式，日本泉屋博古馆的旂觥（图3-17）[①]则为BbⅠ式。

　　此阶段觥器的演进主要体现在，第一，BaⅣ式虽然存在，但已有不同程度的简化，有的只在腹部有一道弦纹或纹饰带，或是省略云雷纹的底纹。第二，Ba型方体觥

图3-14　賣引觥

（采自《夏商周青铜器研究》西周上册277）

图3-15　仲子崟觥

（采自 Bronze Vessels of Ancient China in The Avery Brundage Collection, p.67）

---

① 泉屋博古馆：《泉屋博古·中国古铜器编》108，便利堂，2002年，第92页。

图3-16　䙴父辛觥

（采自《赛克勒·西周卷》p701上）

图3-17　庚觥

（采自《泉屋博古·中国古铜器编》108，第92页）

Ⅰ式被Ⅱ式替代。从我们的类型分析中，也可以大致看出，有些Ba型的方觥的形制细节上较为杂糅，既是Ⅱ式觥，也有部分Ⅰ式的因素。其时代也多在商晚周初，才会在型式上有些骑墙。时代与型式的特征也不同程度反映出本阶段为觥器发展的转折阶段，既有形制上的更迭，也出现了纹饰的简省趋势。本阶段觥器的数量较上一期有所减少，出土青铜觥10件或11件，包括只见有觥盖或残片的3件。而新见殷墟棚户区H234觥则有可能在西周早期，但形制不好判断。另外，若加上时代明确、器形清晰的传世觥4件，我们收集或整理出属于西周早期早段的青铜觥14件或15件，其中方体觥有8件。可见，这一阶段的方体觥有继续发展之势。

本阶段虽称不上觥器由盛转衰，但过渡状态非常明显。究其原因，乃是商周沿革下对不同性质的器具的侧重，或有意识的选择。食器的重视与抬升，必然要对酒器有所削弱。同时，食器的兴盛也能在形制上影响到酒器，如河南鹿邑县太清宫长子口圆觥（M1∶92）[①]，其型式虽可勉强归入BaⅢ式的簋形觥，然其整体呈圆形，与其说是簋形觥，倒不如说是圆簋与觥结合而成，或者说是觥形簋。单从外观看，更像是一件加流的簋，近乎卢芹斋曾藏的妇"觥"[②]（图3-18）。我们则将妇"觥"剔除觥属，因其主体器形，如器腹、足更接近三足圆

图3-18　妇"觥"

（采自《美集录》A656.1，第46页）

[①] 河南省文物考古研究所、周口地区文化局：《河南鹿邑县太清宫西周墓的发掘》，《考古》2000年第9期，第9～23、97～99页。

[②] 陈梦家：《美国所藏中国铜器集录》A656，中华书局，2019年，第946～948页。吴镇烽：《商周青铜器铭文暨图像集成》13601，上海古籍出版社，2012年，第443页。

鼎，唯一不同的是增加一个流而已。长子口圆觥不仅器腹正圆，还在器盖上设有半环纽，可以用来提起觥盖。其设计理念，亦近乎簋盖上的捉手。此觥形制为所见觥中唯一一例，但仍可看出簋器对觥器的作用，可谓是食器对酒器的影响。

2. 西周早期晚段

通常情况下，学界将康王、昭王认为是西周早期晚段。觥于此阶段，也呈现出一个与之前不同的状态，即衰弱期。首当其冲的是数量的减少，本段的觥器锐减。我们共收集出土铜觥3件，两件为BbⅢ式，一件为BbⅣ式。型式有单一化的趋势，数量与类型的态势都反映了觥器的衰弱。

时代在本阶段的BbⅢ式觥，一件陕西扶风庄白一号窖藏所出的折（旂）觥（H1∶72）①（图3-19），另一件为美国纽约大都会美术馆所藏的丐甫觥（图3-20）。前者出土于窖藏，后者则于1926年发现，出土较早，又经散佚②，可供研究的原境信息不多。丐甫觥虽出土于河南，但尺寸要小于折觥。折觥高28、长38、腹深12.5厘米，丐甫觥则为高21.8、宽20厘米×10.5厘米。两器的圈足、腹深等均有一定程度的降低，有所矮化。从数量、类型以及器物尺寸比例来看，本阶段的铜觥已经式微，且较之西周早期早段，其颓势是陡然而降的。

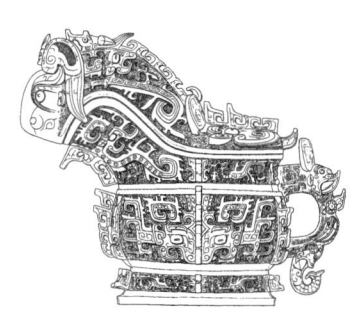

图3-19 折觥（76FZJ∶41、总0050）线图

（采自《周原出土青铜器》，第554页）

图3-20 丐甫觥

（采自《美集录》A665，第975页）

---

① 陕西周原考古队：《陕西扶风庄白一号西周青铜器窖藏发掘简报》，《文物》1978年第3期，第1~18页。

② 据陈梦家《美国所藏中国铜器集录》知，丐甫觥与丐甫方彝、尊为一组器，然流散美国时，福尔摩斯夫人（Mrs. Christian R. Holmes）只收藏了丐甫觥、方彝，皮兹堡（Alferd F.Pillsbury）收藏了丐甫器组的方尊。

四、西周中期

经历两期四个阶段的发展，青铜觥在本期走向了它的尾声——消失期。在所谓的中期晚段，没有发现铜觥，故此西周中期不分时段，统一而论。之所以讨论西周中期，主要是因为在中期早段，发现了一件铜觥。但目前为止，也仅见这一例，或许之后会有其他发现。然现在看，也并不乐观，何况中期后段竟无觥之踪影，委顿之势毋庸置疑。

本期内仅见一件觥器，日己方觥①，我们归为BbⅣ式的特例（图3-21）。该觥1963年出土于陕西扶风齐家村东的一处窖藏中，同出六件器物。除一套盘匜外，皆为酒器。足见器主对酒器的侧重，这也解释了日己方觥虽然时代较晚，器物却厚重，体形也比较偏大。方觥通高32、通长33.5、腹深12厘米，重9222克，容积1515毫升。然此器鸟纹的使用较多，除盖首、器腹三面装饰有兽面纹外，其余多为鸟纹装饰，特别是觥錾也做成鸟尾形式，宽大逶迤。这些多是以往所未见的，整器省略地纹，也是较为晚出的做法。

图3-21　日己方觥

（采自《陕西青铜器》，第159页）

西周中期，圆体觥消失，方体觥也仅为一件，且纹饰线条简略、省略地纹，器錾消失，以鸟尾代之。诸凡种种，均可看作是觥器衰亡的表现，以至于西周中期后段未见其踪迹。不过，因为铜觥属于特殊的酒器，造型独特，向不惮以最为繁复的工艺制作之。故此，即便是年代最晚的一件觥器，也还是保持了酒礼器的风貌，并未像其他器类于衰亡期呈现出的粗糙简单之相。如果以此角度再往前引申一步，亦可认为觥器消亡比较突然。

第二节　觥器的起源

觥类器物不像鼎、簋器类有一个陶器阶段，或者有仿铜陶礼器的形式；也不像簠、铺诸器，由竹编器物演变而来，且很大程度上与文献记载吻合。觥器既没有相关陶器，也有文献记载有一些错位。《诗经》上关于觥的很多记载，更多是牛角所制的

---

① 梁星彭、冯孝堂：《陕西长安、扶风出土西周铜器》，《考古》1963年第8期。曹玮：《周原出土青铜器（2）》，巴蜀书社，2005年，第240~251页。张天恩：《陕西金文集成（3）》，三秦出版社，2016年，第186~189页。

图3-22　司母辛觥
（采自《中国青铜器全集·商3》
一四九，第150页）

饮器有关，而据此发展的铜制品也与我们所谓的觥器差距较大。可以说，觥器并没有所谓的祖型，可谓是横空出世。觥器的消亡固然受社会大环境的影响，然西周早期之后就寂然无踪，却也比较奇怪。故此，我们在此节专门对觥的兴起、消亡加以讨论。

目前所见，以妇好墓所见的觥器为最早，时代在殷墟二期。该墓出土8件觥，6件圈足觥，2件动物形的司母辛觥（图3-22）。6件圈足觥虽然器形比较原始，但已经开始器具化，出现几何性质的外轮廓线。其中一对圈足觥（图3-23）与另外一对在盖上（图3-24）有些区别，盖上做了动物形的系或捉手，便于揭取。这对觥的体型要稍小一些，通高18.2、通长22.8厘米。后者则更高，体腔也要更阔一些，通高22、通长28.4厘米，且有相近器形，如藏于日本的虎鸮觥及千石唯司藏觥。第三对圈足觥因为破损状态，未见报道。总之，妇好墓的6件圈足觥可视作器具化的初阶段的实验状态，很多部件都在尝试。同时，我们不应忽视仍然保留动物形态的司母辛觥。该觥虽然是对动物的拟形，但盖做得要简略一些，立体化曲折程度较少[①]。我们推测，大概是作为殷墟的初代产品，需要较高铸造工艺的觥盖就进行了一些简化，做得较平。相应地，整体觥器也比较平衡，甚至流前探较甚，用来配合降缓盖的曲折度。

这样看来，司母辛动物形觥并非因时代较早而器形原初，更大可能是工艺上的限制。器形的动物形状也很可能是与动物形尊有关。动物形尊或谓是文献中的"牺

图3-23　妇好墓觥

（采自《中国青铜器全集·商3》一五〇，第151页）

图3-24　妇好墓觥

（采自《中国青铜器全集·商3》一五三，第155页）

---

①　AaⅠ式的司母辛觥盖与流相合的关键部位是用首吻借形，将复杂的工艺简化。AaⅡ式的藤田羊觥、衡阳牛觥的盖虽然也较平，但兽吻要超过流部，是兽首下的颈部与流口合，工艺难度要超过司母辛觥。

尊",南方地区如湖南等地则多见有象尊、豕尊、双羊尊等其他动物造型的尊①。笔者认为,我们所划的AaⅡ式的动物形觥与动物形牺尊的关系要密切一些。否则的话,当时也不会将湖南衡阳的牛觥误认为尊。而且现在看来,AaⅡ式的时代上限可能也会更早。换言之,AaⅡ式更接近动物形觥的祖型。若进一步而言,很有可能是AaⅡ式的出现时间要早于Ⅰ式,只是限于目前早期觥的材料较少,暂且将司母辛觥定为AaⅠ式。而Ⅱ式则更为拟形,目前所见藤田羊觥、衡阳牛觥以及上博所藏牛觥、哈佛牛觥、赛克勒觥、洋县牛觥(图3-25),共6组7件。其中衡阳牛觥与上博牛觥若可能是一对,洋县牛觥与赛克勒觥比较近似。赛克勒的要做得精致一些,盖首明显看出虎食牛(或其他兽类)的情状,洋县盖首纹饰要模糊一些(图3-26)。如无赛克勒觥对照,很难看出虎食动作,亦为整理者概括称之为"兽面纹觥"。上述这些觥的制作都尽量拟形,如果不考虑盖的因素,其与动物形尊较为近似。从相关研究收集到的兽形尊来看②,基本上都是背部开一个方形或近似方形的盖口。除此之外,上述觥之盖与身的开口都在颈部,此为与司母辛觥大区别也。我们推测,当揭取此式觥的觥盖时,不啻为将其宰杀取首的模拟。这就比动物形的鸟兽尊的陈祭多了一个步骤。而所谓鸟兽尊的动物形很可能是动物的拟形模拟,"象牺象鸡鸟诸形"③,可谓是用真实动物的用牲献祭到用器物模拟。从活动的眼光看,更方便在较短的时间内完成一系列过程。这种完整性非常重要,甚至要超过更为现实的祭祀品,"祭礼其实是一套综合的仪式,它

图3-25　洋县张村牛觥(1981YZHCT:2)

(采自《城洋青铜器》,图版91)

图3-26　洋县张村牛觥(1981YZHCT:2)

盖前部纹饰

(采自《城洋青铜器》,图版94)

---

① 参见周亚:《论法国吉美博物馆收藏的象尊》,《上海文博》2004年第2期,第44~51页。

② 李唐:《制器尚象:古代鸟兽尊解读》,《美成在久》2019年第5期,第20~33页。于筱箐:《商周写实动物造型青铜容器相关问题研究》,山东大学历史文化学院,硕士学位论文,2019年。于文第二章第二节为"动物造型青铜觥的初步分类",收录《西清古鉴》三二.18,所谓的牛觥,我们认为牛形跪伏,与同时代牛觥迥异,应为晚期铜器(Later Bronze),未与收入。

③ 徐中舒:《说尊彝》,《"中研院"史语所集刊》第七本第一分,1937年,中华书局,1987年翻印本,第75页。

提供了与神灵世界进行感官交流的多种渠道，如嗅觉、味道、声音、视觉呈现以及动作"①。同样都是用器物进行模拟，觥器较之鸟兽尊似乎又多了一个取首的动作，是对死亡的暗示，也是整套祭祀中的题眼，"死亡现象较之其他更能引起人们的注意"②。故此，觥器很可能被用于更高等级的祭祀礼仪中，其上的神秘色彩也要更浓重一些。也因此，更原初的形态多见于南方地区。南方地区并不仅仅是象纹的源头③。从上述亦可知，觥的这些特质势不被周人所喜。当然，这些只是我们的推测，还未得到更多资料证实，不过我们需要知道的是，祭祀是属于人类活动仪式中的，而仪式则来源于人们的日常活动，并进行抽象，"表现活动的多次重复，导致抽象，而抽象致使礼仪向艺术的转化"④，从而诞生出礼仪美术（ritual art），铜器是其物质表征。

小　　结

因所谓觥器为酒器中的特殊种类，其铭为"彝"，并没有专名。我们也将错就错，名之为"觥"。但实际上，能称为"觥"的是另外的器物，其形制延伸到铜器上，可能称为"鉶"⑤，而我们现在称之为觥的器物可能是彝器的范畴。因为这个误会，对该类铜器的认识较为空白，更遑论分期与年代的整理。通过本章的梳理，加之上章对青铜觥的类型学研究，我们发现觥器"其兴也勃焉，其亡也忽焉"。张懋镕师也总结到"青铜觥一登场就很高……西周中期。此时青铜觥突然锐减"⑥。这恐怕也是觥、方彝特殊酒器的共性，反映到觥器上，还有一些个性。

（1）在所知年代最早的一座墓葬中，一次性出土8件觥，且为两两相对的偶器，显然是为了抬升等级而特定制作或使用。此与墓主的身份地位也不无关系。

（2）殷墟四期，方觥开始出现，并一举成为觥器的主流。据我们统计，Bb亚型的觥共有25件，占我们能给出类型的70件觥的35%强。

（3）以殷墟四期为代表的商代晚期是觥器发展的高峰，西周早期，虽然商王朝被

---

① 〔英〕胡司德（Roel Sterckx）著，刘丰译：《早期中国的食物、祭祀和圣贤》，浙江大学出版社，2018年，第103页。
② 〔英〕简·艾伦·哈里森（Jane Ellen Harrison）著，刘宗迪译：《古代艺术与仪式》，生活·读书·新知三联书店，2016年，第42页。
③ 参见〔美〕柳扬：《殷商中原青铜器象纹的南方源头》，《湖南省博物馆馆刊（第十二辑）》，岳麓书社，2016年，第1~15页。
④ 〔英〕简·艾伦·哈里森（Jane Ellen Harrison）著，刘宗迪译：《古代艺术与仪式》第30页。
⑤ 李学勤：《清华大学藏战国竹简（伍）·封许之命》第7支简，中西书局，2015年，图版，41页；释文及注47，第118、122页。
⑥ 张懋镕：《中国古代青铜酒器器类演变的差异性研究——从青铜斝谈起》，《古文字与青铜器论集（第五辑）》，科学出版社，2016年，第326~340页。

西周所灭，但是商文化依旧影响着此时青铜礼器的发展。由于西周虽然鼎革商王朝，但只是政权的更替，并不是文化发展到某一高度，来取代商王朝先进的文化。所以在政治和文化上，不可避免要学习和沿用商王朝的文化，或者说是适当地改造。此时的商遗民相对于还立足未稳的西周王室而言，还保有家族旧有的经济实力，多少继续使用着先前的礼乐制度，而这点在青铜礼器上表现得也较为明显。

就觥而言，虽然是商人为了祭祀创发出来的礼器，在西周早期前段，虽在数量上有所降低，但也可以达到13件。而西周早期晚段数量减少，只有4件。方体觥和圈足觥仍都有出现，器形水平也未有明显的降低，只是纹饰上地纹和满花的运用减少。

（4）西周中期，周王朝的统治稳固，文化也发展完善，且此时商遗民和商晚期遗留下来的熟练掌握青铜觥制作技术的工匠逐渐消亡，青铜觥也就随着商文化走向衰落。这一阶段中原地区只有1件青铜觥出土，亦可以说明。

第四章 青铜觥的区域研究

从我们能收集到的铜觥来看，出土地点比较集中是非常显著的特点。也就是说，觥器并不是在全国范围内都有发现的。除早期南方地区的少数几件外，多聚集在河南、陕西及其晋、鲁等地。据此也可以说，在商、周两代的京畿地区，是使用觥器的主要地区。而周边地区，也多是在特定的大墓中才见有觥器。有鉴于此，我们对铜觥的区域研究，不欲以简单省域而截然论之，而是在以省域空间的框架背景下，在诸个文化分区内来考察觥器。

较之简单省境分域，此种写法除能从空间的历史转变为历史的空间，还有些其他优势：第一，可能更符合当时人的活动范围。第二，文化区域更能直接体现历史动态，而不是利用分期的硬性划分，可谓是时间与空间的有机结合。当然，这种讨论方式也有一些不足，即范围与材料太过随机，地域锚点不够明确。不过，因觥器总体数量不多，且我们在附录的出土、传世青铜觥统计表中，也尽可能地标明地点，且按省域排序胪列。这在一定程度上，可以弥补正文讨论无省域框架。但凡一种研究方法，其本身亦有短长。我们亦非别出心裁，而是尽可能利用全角度的思维方法，来使用分析材料。当然，任何的研究，归根结底都会反映出写作者的主观性。

第一节 殷墟故地

如节题而言，我们用"殷墟"来取代河南地区，主要是着眼于觥器发现的情况。河南地区出土的铜觥，非常集中于安阳殷墟范围的各个地点。一方面是因为商代晚期涌现的新器类需要有一定的接受过程，反映在流行范围，即以殷墟为中心辐射影响。另一方面也是因使用者的等级所致。基于上述情形，我们不宜采取河南区域或中原等较大的视域范围。

考古发现的38件铜觥，18件出土于河南境内，其中13件在安阳殷墟范围内。另外，还有不少传世铜觥非常可能出于安阳。在考古发现中，地点确定的有小屯5号墓、郭家庄53号墓、后冈9号墓、花园庄东54号墓（图4-1）中的觥器，其中后冈9号墓仅见有友束觥盖（图4-2），未见器身。地点模糊、知道大致范围的是大司空村墓葬的象首兽面纹觥（图4-3），以及安阳林县母戊觥盖。其中母戊觥盖为附近桃园河冲刷，在河

图4-1 花园庄东54号墓觥全形拓片
（采自《殷墟新出土青铜器》，第169页）

图4-2 后冈9号墓觥盖俯视
（采自《殷墟新出土青铜器》，第362页）

1　　　　　　　　　2　　　　　　　　　3

图4-3 青铜觥

1. 象首兽面纹觥，现藏白鹤美术馆　2. 觥流腹部　3. 叶家山27号墓觥

（1. 采自《中国青铜器全集·商3》156，第158页　2. 采自《泉屋博古·中国古铜器编》108，第92页

3. 采自湖北省博物馆、湖北省文物考古研究所、随州市博物馆编《随州叶家山——西周早期曾国墓地》，

文物出版社，2013年，第211页）

床中发现，也仅发现了觥盖[①]。

安阳以外的河南地区，仅鹿邑太清宫1号墓、鲁山、信阳浉河港等三处发现了铜觥。鲁山仓头下街出土的父己觥[②]，现藏于河南省博物院（图4-4），器影未见诸公开出版物，只有相关区域器群整理涉及[③]。太清宫1号墓的三件觥与信阳浉河港发现的兽

---

① 林县文化馆：《林县发现商代青铜觥》，《考古》1978年第1期，第72页。
② 张增午：《商周青铜兕觥初论》，《故宫博物院院刊》1994年第3期，第34、35页。
③ 裴琪：《鲁山县发现一批重要铜器》，《文物参考资料》1958年第5期，第73、74页。苗利娟：《河南出土商代金文的初步整理与研究》，郑州大学硕士学位论文，2007年，第34页。

图4-4　鲁山仓头下街父己觥
（张翀摄影）

首觥盖，时代均在西周早期，我们将在第三节讨论。综合考虑相关地区的遗迹单位性质或是出土情况，我们认为，河南地区的铜觥基本是围绕殷墟而展现的，时代也集中于商代晚期。

所知最早的一批觥器，发现于安阳小屯5号墓，其墓主被认为是妇好。经过我们进行的类型分析，至少A、B两种型式同时出现，可见觥器的出现并非偶然的心血来潮。不过，以A型的原初态而言，似乎创制器类的原委并不明晰，只可能是作为丰富祭祀彝器的种类出现。花园庄54号墓的亚长觥在同期或稍晚出现，形制已发展到Ab亚型，主要革新在于觥已从单纯拟形向几何形体过渡。亚长觥在铜质及纹饰精美程度不及妇好墓，可能是因为墓主身份较低的缘故。在其器物组合中，也处于相对不明显的地位。之所以会进入随葬器组，很可能是与54号墓主为军事武官有关。时代在殷墟二期的觥器，还有一件牛觥，虽然出土于汉中洋县，但仍可作为商文化的辐射。关于城洋铜器群，学者讨论较多，观点不一。总体看来，虽然有周边蜀或巴等因素[①]，但在商代中期之后，汉中统治层已成为商的属国，商文化借以盘龙城为支点，进入到汉水流域[②]。而洋县的牛觥，则有相当的南方色彩，或许是殷墟与南方地区共同的促因。

而殷墟三期，殷墟范围出现了鸮纹觥、象首兽面觥等器物，分别代表Ba亚型的Ⅱ、Ⅲ式。考虑到材料发现的零星化，因为不少铜觥都是流散于安阳，我们不敢说BaⅡ式在之前有无出现，或者说Ⅱ、Ⅲ式于本期同时出现。即便是鸮纹觥、象首觥也是流散品，其考古关系（Context）的阙如给我们深入研究造成很大困难。我们对Ⅱ、Ⅲ式的演进讨论，也可能会有偏差。仅就目前材料，依照延续性，暂时进行式别划分。将能够延续到殷墟四期的式别定为Ⅲ式，如安阳郭家庄53号墓的䀹觥。

殷墟四期，殷墟区域所见的铜觥数量减少，精美程度也有所降低，器主等级也有所下降，如郭家庄53号墓。墓葬虽也处于亚址家族墓群北区的大型墓葬区，但从墓葬大小、器群数量来看，等级相对比较低下。从另一角度而言，也恰说明觥器开始传播，使用人员等级开始下探，只不过也是在一个相对狭窄的人群范围。墓葬年代在殷墟四期的晚期，也侧证了这种传播效应。很难说，我们现在所收集到的觥器，就一定反映了当时的真实情况，此亦牵涉安阳殷墟早期发掘及器物流散程度。我们可以肯定的是，殷墟四期仍然是觥器大流行的时期，亦影响到周边地区，山东亚醜者女觥、山西旄介觥（图4-5）、陕西北部父丁觥（图4-6）都应视作其影响。

---

① 赵丛苍：《城固洋县铜器群综合研究》，《文博》1996年第4期，第3～26页。
② 曹玮：《汉中出土的商代青铜器》，《汉中出土商代青铜器》，巴蜀书社，2006年，第40页。

图4-5　旌介3号墓觥

（采自《中国出土青铜器全集·山西上》67，第82页）

图4-6　延长父丁觥

（采自《陕北出土青铜器》，第172页）

第二节　三周之地

我们对出土觥的统计，发现陕西地区的铜觥数量仅次于河南，而且时代多集中于西周前期，觥的型式也以Bb亚型的方体觥居多。无论是时代，还是型式发展，都是殷墟铜觥的一个承接。这一现象值得注意，显然不能简单认为是省域之别，更应考虑文化圈的影响，尤其是周人立国后的器用文化策略。故此，我们使用"三周"的概念来对铜觥进行讨论。所谓"三周"，本义为地理空间，指岐周、宗周以及成周所在范围，但也扩展为文化圈区域，特别是成周，意谓已经深入到河南境地。目前，除守宫"觥"传为洛阳马坡外，尚未在洛阳发现确凿的西周时代的觥器。守宫"觥"虽被我们排除觥类器，但仍可看作是觥、尊器物的共同影响而制。"三周"构成了由西向东的周人宗室文化轴线，亦产生了向周边辐射的扩散效应。湖北随州叶家山27号墓中的觥（M27∶7）①（图4-7），亦可看作是此种效应的结果。

西周之前，陕西曾有一件牛觥出土于汉中洋县。作为城洋铜器群，其与殷商关系较深，前揭已论。亦鉴于城洋当

图4-7　叶家山27号墓觥

（采自湖北省博物馆、湖北省文物考古研究所、随州市博物馆编《随州叶家山——西周早期曾国墓地》，文物出版社，2013年，第210页）

---

① 湖北省文物考古研究所、随州市博物馆：《湖北随州叶家山西周墓地发掘简报》，《文物》2011年第11期，第4~60页，图四三。

地族群与殷、周的不同关系或态度①，在本节亦不再讨论。除这件牛觥外，本地区较早的觥器当为戴家湾出土的三件觥，告田觥、中子賏觥、㠱文父丁觥（图4-8）。戴家湾组铜器早年遭到盗发，散失情况严重。经过学者的整理②，基本可以确认这三件觥出土于戴家湾，也有学者有不同的意见，对中子賏觥、㠱文父丁觥不完全确认是出自戴家湾③。我们从任雪莉说，不过因为盗发缘故，器物的出土信息不详，最大可能是三件觥不太会出土于同一单位。这与洋县一对牛觥的用（或埋藏）法不同，洋县牛觥在形制上更接近妇好墓的动物形觥，时代关系是其中一个原因。告田觥与中子賏觥、㠱文父丁觥除在时代上略有早晚外，也有着文化因素的异同。告田觥属于混合型，而另外两件则为商系统的器物④。严格来说，宝鸡地区并不能与周原的"岐周"混同，当地存在着自行发展的土著青铜文化，诸如戴家湾、石鼓山乃至強国等族群。尽管学界对其族属有不同说法，但可以肯定的是，其主体文化虽不同于商，却与殷人颇有渊源；也不同于周，然部分文化潜行进入到姬周文化中。这就为觥器延续到西周制造了支点，或者说是为三周之地出现觥器培育了文化土壤。

进入西周之后，觥器是有限度的发展。有四件铜觥出土于岐周，与周人对殷遗民的政策不无关系。时代较早的狀驭觥盖为征集品⑤（图4-9），且器身佚失，很难有更多的信息。不过，根据我们类型研究中对觥盖的分析，该器可能为BbⅠ式，也就是说西周之后，贵族开始特意选择使用方形觥器。较晚的日己觥、折觥（图4-10）均出土于铜器窖藏，为殷遗民的家族之物。日己觥（图4-11）1963年出土于扶风齐家的窖藏⑥，根据铭文，其与日己方尊、方彝形成一组器物组合。同出的它盘、它盉则是另外一套组合，而匜尚未进入组合，很有可能附属于盘盉组合。折觥出于扶风庄白1号窖藏，同出铜器达103件，器物组合复杂，为微氏家族数代的用藏之器。我们在墓葬及组合部分亦会详细讨论。

此外，在扶风大陈村还出土一件觥盖残件⑦，仅残留兽首，很难判别型式，从兽首造型风格来看，"通体以纤细的云雷纹作地"，还比较写实地做出兽须毛孔，时代似乎不晚，可能在西周早期。成周雒邑附近，还发现一件类似觥的器物，即守宫

---

① 孙华先生曾论，"古蜀国与新兴周王朝保持着同盟国的友好关系，汉中的商代古国与周国却是敌对关系"（见孙华：《试论城洋铜器存在的历史背景》，《四川文物》2011年第3期，第33~45页）。
② 任雪莉：《中国古代青铜器整理与研究·戴家湾卷》，科学出版社，2015年，第46、47页。
③ "中研院"史语所、陕西省考古研究院：《宝鸡戴家湾与石鼓山出土商周青铜器》附录一、二，"中研院"史语所，2015年，第474~481页。
④ 任雪莉：《中国古代青铜器整理与研究·戴家湾卷》，科学出版社，2015年，第124、125页。
⑤ 曹玮：《周原出土青铜器（10）》，巴蜀书社，2005年，第2197~2201页。
⑥ 曹玮：《周原出土青铜器（2）》，巴蜀书社，2005年，第240~251页。
⑦ 高西省：《扶风近年征集的商周青铜器》，《文博》1988年第6期，第10~15页，图一-3，图版叁-6。

图4-8　𩰬文父丁觥
（采自《宝鸡戴家湾与石鼓山出土商周青铜器》，
第478页）

图4-9　狱驭觥盖后45°视角
（采自《宅兹中国——宝鸡出土铜器与金文精华》，
第111页）

图4-10　折觥
（采自《宅兹中国——宝鸡出土青铜器与金文精华》，
第108页）

图4-11　日己方觥尾部
（采自《中国青铜器全集·西周》108，第103页）

"觥"，它与所谓的觥器有着本质区别。以器身具兽首、假流等器形特征而言，守宫"觥"具有尊的色彩更为浓郁。从另一个角度而言，亦可看作是觥器的发展势头在成周范围受阻，被迫与其他器类结合。毕竟，我们尚未发现洛阳附近的其他西周铜觥[①]。丏甫觥（图4-12）之前的"传1926年出土于河南"说法未必可信。此说源自荣格的图

---

① 齐晓晓：《洛邑地区西周青铜礼器研究》，陕西师范大学硕士学位论文，2019年，第20页。

录,然原文亦有前缀"很可能"①语,推测是古董商为昂其值的一种说辞。陈梦家、罗森②均未采纳出于河南的说法。吴镇烽可能出于资料齐全起见,在其条下逐录了"传1926年河南出土"这一说明。这件觥器与山西横水1006号墓的觏爾觥(图4-13)有些近似,甚至有型式变化序列,二觥是否有些渊源也未可知。

值得注意的是,在所谓"宗周"的丰镐范围内,尚未见有觥器,甚至一件铜觥都未发现③,这一现象比较奇特。未见铜觥是否与丰镐遗址的墓葬普遍遭到盗扰有关,还是周人有意识地避免使用铜觥,现有材料较少,我们不做轻易判断。然即便丰镐地区的墓葬甚至在西周时就有盗掘④,但比照殷墟王陵区情况,我们会多少有一些感觉。殷墟王陵区大墓虽遭盗发⑤,却仍有不少觥器流散,如黄濬⑥、卢芹斋过手后归藏赛克

图4-12　丏甫觥

(采自荣格《卣与觥》图LⅢ)

图4-13　山西横水墓地1006号墓觥

(采自《山西珍贵文物档案·8》,第101页)

---

① Jörg Trübner: *Yu und Kuang. Zur Typologie der Chinesishen Brozen*(卣与觥). Leipzig: Klinkhardt & Biermann, 1929. p.31.

② Jessica Rawson. *Western Zhou Ritual Bronzes from Arthur M. Sackler Collections*. Harvard University Press, 1990, p.699, pig117.12.

③ 参见梁星彭:《岐周、丰镐周文化遗迹、墓葬分期研究》,《考古学报》2002年第4期,第381~420页。付仲杨、王迪、徐良高:《丰镐遗址近年考古工作收获与思考》,《三代考古(八)》,科学出版社,2019年,第68~74页。

④ 参见付仲杨、宋江宁、徐良高:《丰镐遗址西周时期盗墓现象的考古学观察——以2012年新旺墓葬M1和M2为例》,《南方文物》2015年第3期,第128~133页。

⑤ 参见井中伟:《殷墟王陵区早期盗掘坑的发生年代与背景》,《考古》2010年第2期,第78~90页。何毓灵:《殷墟王陵早期被盗年代研究》,《考古》2014年第6期,第92~100页。

⑥ 黄濬:《尊古斋所见吉金图》卷三页十九,国风出版社,1976年,第259、260页。

勒①的虎纹觥②（图4-14）。如无意外，这件虎纹觥极可能是出于殷墟，其时代也应在殷墟三期。在流散觥器中，属于西周早期早段以后的觥器，大概有华盛顿弗利尔美术馆藏的**区**觥③（图4-15）、纽约大都会美术馆藏丏甫觥。然而，这两件与丰镐的关系似乎都不是很大。

从上述的觥器，不难看出，周人对觥器还是持审慎的保留态度的。一来是出自周人重食的社会背景，二来是因为觥器本身性质所致，器物本身地位虽不低，但却非常规化。三周范围的觥器，是借助城洋、宝鸡内与殷人关系密切的非姬族群进入的，城、宝等地是传播的支点。而周原地区的觥器，也基本上是殷遗民使用。殷遗尽管已处于当时政治的核心范围，但尚未进入核心的高地地带，仅集中在庄白、齐家以及东部的上康、齐村，呈一个半环状，临近岐周核心区的南部。而以凤雏、召陈以及上务子等地为中心核心区域内④，并未发现有觥器。对于近年发现的凤雏3号基址⑤的性质，

图4-14 虎纹觥前45°视角

（采自黄濬：《尊古斋所见吉金图》卷三页十九，国风出版社，1976年，第259页）

图4-15 弗利尔美术馆藏**区**觥

（采自《赛克勒·西周卷》，第701页）

---

① 陈梦家：《美国所藏中国铜器集录》A650，中华书局，2019年，第929～931页。

② 此觥原无名称，与哈佛大学艺术博物馆的虎纹觥（《中国青铜器全集·商4》七八）近似，为方便称呼，故此亦名之"虎纹觥"。

③ 吴镇烽：《商周青铜器铭文暨图像集成》13652，上海古籍出版社，2012年，第487页。

④ 所谓核心区域，我们依据尹盛平先生文章中所划的"宫殿区"（详见尹盛平：《周原遗址与西周青铜器》，《上海文博论丛》2004年第4期，第20～27页），然尹文所划的区域并未包括凤雏村。

⑤ 周原考古队：《周原遗址凤雏三号基址2014年发掘简报》，《中国国家博物馆馆刊》2015年第7期，第6～24页。

学者有不同看法①，我们更倾向宋江宁对此的疑问，"尤其是在周原这个周人的都城之中，唯一最大的建筑群若不属于周王或其在周原的代理人实难令人信服"②。这也恰恰提示我们，觥器在岐周的发展受到不少阻力，虽有发现，但并未形成器用的风潮，甚至说是周人选择性的摈弃③。刘源也在商系、周系酒器中，将觥归在商系酒器，并加以说明，"西周中期以后，特别是穆王以后，在礼制变革的大环境下，殷式酒器基本式微，包括上述的觚、爵、角、斝、尊、卣、觯、彝、觥等器，均废止不用，唯一保留的酒器就是可以长期储酒的壶，可见西周中晚期形成的礼乐文明，与殷文明有很大不同，即大大减少了燕飨祭祀等礼仪场合中，酒器的使用"④。

第三节　周边地区

本节主要讨论的是殷墟、三周之外的铜觥。依单纯地理位置而论，即安阳、周原、西安、洛阳（西安、洛阳两地尚未发现有觥）之外的觥器。在前两节讨论安阳、周原等地的铜觥中，为行文通晓故，间或涉及本节所涵盖的觥器，诸如洋县牛觥、信阳觥、叶家山27号墓觥等。本节不仅将进行更为详细的讨论，更意图探讨其与王畿中央的关系。我们所依据的基础材料仍以出土铜觥为主，尽管酌情参考传世觥，但限于发掘品的随机化、碎片化等性质，所据之讨论亦恐有以偏概全之嫌疑。为尽可能将问题讨论得清晰，我们在本节依照时间关系，分为商代晚期、西周早期两个时段。显然，这两个时段也随之产生了两种地理空间。

---

① 关于三号基址的形制，有殷后裔的亳社（孙庆伟：《凤雏三号建筑基址与周代的亳社》，《中国国家博物馆馆刊》2016年第3期，第39~49页）、经周王朝允许动迁到周原的商社（张天恩：《凤雏三号建筑的祭祀遗存浅谈》，《中国国家博物馆馆刊》2016年第3期，第50~54页）、周人对先周社的改建和扩建（曹大志、陈筱：《凤雏三号基址初步研究》，《中国国家博物馆馆刊》2015年第7期，第26~38页）等观点。

② 宋江宁：《对周原遗址凤雏建筑群的新认识》，《中国国家博物馆》2016年第3期，第55~61页。

③ 参见张懋镕：《西周青铜器断代两系说刍议》，《考古学报》2005年第1期，后收入氏著：《古文字与青铜器论集（第二辑）》，科学出版社，2006年，第177~201页，"从周人建立新王朝伊始，就重视礼器中的食器，以鼎、簋为主，还有鬲、甗、盂等，摒弃或较少使用酒礼器。角、觚、觯、斝、觥、方彝、瓿等，虽行用于西周早期，但其中没有一件可以从铭文上证明是周氏族人制作的器物"。

④ 刘源：《研究殷周金文需注意的青铜器分类问题》，《中国社会科学报》2021年7月30日第5版。

一、商代晚期

商代晚期，安阳以外还发现有铜觥的地区有：陕南洋县、湖南衡阳、山东益都苏埠屯、河北定州、山西灵石、闻喜、陕北延水等地。主要涉及的器物有洋县一件牛觥、湖南衡阳包家台子一件牛觥、苏埠屯四件亚醜觥、灵石旌介3号墓兽形觥、酒务头一对兽形觥。衡阳、洋县牛觥时代较早，河北定州𢀩父癸觥为殷墟三期，其余觥器均为殷墟四期，酒务头兽形觥可能还要再晚一些。器形也相应随着演进，然器物风格亦为殷墟系统。洋县牛觥为A型的动物形状，而其他铜觥则是B型。𢀩父癸觥与殷墟刘家庄北地水井的觥比较接近，但族氏却为本地。限于资料有限，很难有进一步的认识。

旌介觥为Ba亚型的圆体觥，而其余诸觥则为Bb亚型的方体觥。也就是说，除旌介之外，周边地区的觥均为方体觥，亦可见旌介丙国是与殷墟关系密切的军事方国，甚至也不排除其铜器在殷墟定做的可能[①]。有关此觥的纹饰描述，整理者已经做得非常详细，无须多言。笔者所要提醒注意的是，在器身腹部与流相连的近乎五边形的不规则"块面"上，设置了两只明显的卷尾夔龙纹，而近流端因为位置及面积的缘故，夔龙纹转而不太明显，也与云雷地纹相互过渡。即便是两只明显的夔龙纹，因位置关系，具体形态也随形就势，有所差异。愈是这种"闲笔"处，愈能显示出制器者的巧思与技艺。目前虽未在殷墟范围内发现类似的觥，然从造型风格而言，虽不敢说必是出自殷墟工坊，但无疑是与之关系密切，从打磨精细至无范线、未见有缩孔等工艺也可以得到佐证。

依时期而论，除A型觥外，播迁到殷墟之外的B型觥大多在殷墟四期。A型觥中，湖南牛觥与上海博物馆的"凤牺觥"为一对，当无疑义。因当年发现等原因，可以判断年代的信息较少，研究者大致定为商代晚期。我们在类型研究中，将其定为AbⅡ式，理应晚于妇好墓的诸觥。不过从形态而言，牛觥器身较大，器盖开口亦较小，亦无銴，有牺尊的因素，可考虑为南方色彩。洋县牛觥亦有此色彩。如果衡阳、上博的牛觥成对确定的话，倒是与妇好墓保持一致；洋县单件牛觥可视为地方色彩，是否也有早期出土发现不全的原因。弗利尔美术馆、藤田美术馆的三足鸟兽觥也可能是这种偶出的对器。至于藤田美术馆羊觥与哈佛大学福格美术馆的牛觥是否有渊源关系，因形态较异、材料较少，我们难以遽断。上述的A型觥，多出自南方地区，一定程度上吸收了动物形牺尊等南方铜器的色彩。不过，并未有更多证据表明，妇好墓的司母辛觥与之有较大的关联。

周边地区B型觥的时代多集中于殷墟四期。因为时间关系，特别有特色的宽式圆体觥（即BaⅡ式）只见于殷墟，未曾流传于殷墟之外。能够播迁至周边地区，显然是要

---

① 山西省考古研究所：《灵石旌介商墓》，科学出版社，2006年，第207页。

在觥器发展的高峰才可以达成。此时，殷墟范围的圆体觥（Ba亚型）发展开始衰退，也就连带使周边地区更多见为方觥。旌介觥为圆体觥是少见的例子，其时代可能还会更早，多少也与殷墟的关系紧密所致。四件亚醜者女觥为晚清以来递藏、著录，属亚醜族器物，体现了晚商王畿与周边的关联。

亚醜铜器清代乾隆年间已有流传于世，这四件亚醜觥虽不在1931[①]、1965[②]年的两批发现中，但经过张长寿先生整理，这四件觥当出土于益都苏埠屯[③]。其族群性质有薄姑氏的东方方国[④]或齐国始封地[⑤]等论，为商王朝派王室成员建立的军事据点[⑥]更为合理。如果是与殷王室关系密切，也较深辟解释了为什么会在山东益都会见有四件铜觥，五期卜辞中亦有"小臣醜"的事迹[⑦]。最近，有学者将"醜"字释为"乁"[⑧]，但并未从根本上推翻"苏埠屯墓地不同规模墓葬的主人当是商王朝派往该地的高级官员及其附属或相配的低级官员、从属，苏埠屯墓地成为他们的专用墓葬"[⑨]的论述，也未曾回答严志斌提出的葬俗、铜器、陶器均与殷墟极为相似的现象[⑩]。苏埠屯与殷墟保持密切的关联性，墓葬规格体现了高等级，出土大铜钺则彰显军事权力的统辖力，使用觥也就不足为奇了。虽然我们无法获知亚醜觥的具体出土地点，然为最高等级贵族使用当无疑义，可出于特定目的（诸如在军事据点所出土）以及过高的等级，觥此种另类酒器很难流行传播。亚醜杞妇卣[⑪]似可以反映亚醜族与当地杞国通婚的情况[⑫]，但也仅限于常规酒器的交流。

与亚醜觥非常相似的𣪘觥时代略晚，然铭文末缀"亞"的族徽，二者似乎有所关联，因缺乏相关的考古佐证，很难进一步讨论。但从纹饰细节来看，𣪘觥（见图4-3-1）或由其演变而来。𣪘觥流部不规则块面上的龙身较水平，仅扩大龙首填充，未如亚醜觥的龙身是随形就势。𣪘觥腹部纹饰为分段式的，上下两层为夔龙纹，中部为竖棱

---

① 祁延霈：《山东益都苏埠屯出土青铜器调查记》，《中国考古学报（第二册）》，商务印书馆，1947年，第167~177页。

② 山东省文物考古研究所、青州市博物馆：《青州市苏埠屯商代墓发掘报告》，《海岱考古（第一辑）》，山东大学出版社，1989年，第254~274页。

③ 殷之彝：《山东益都苏埠屯墓地和"亚醜"铜器》，《考古学报》1977年第2期，第23~34页。

④ 殷之彝：《山东益都苏埠屯墓地和"亚醜"铜器》，《考古学报》1977年第2期，第23~34页。

⑤ 李零：《苏埠屯的"亚齐"铜器》，《文物天地》1992年第6期。

⑥ 郭妍利：《也论苏埠屯墓地的性质》，《三代考古（三）》，科学出版社，2009年，第247~272页。

⑦ 《合集》36419.5。

⑧ 韩雪：《青州苏埠屯亚乁族徽新释》，《中原文物》2019年第6期，第122~124页。

⑨ 郭妍利：《也论苏埠屯墓地的性质》，《三代考古（三）》，科学出版社，2009年，第267页。

⑩ 严志斌：《商代青铜器铭文研究》，上海古籍出版社，2017年，第175页。

⑪ 《集成》5097。

⑫ 孙亚冰、林欢：《商代地理与方国》，中国社会科学出版社，2010年，第405页。

纹，一改亚醜觥的整块兽面纹。尤其是后者，也有时代因素使然。我们亦从商代晚期周边地区觥器看到，高等级的人员流动能够将特殊的异形器物从中心地区带至周边地区，却囿于使用者在社会成员中的窄化范围，不利于在当地的普遍流行。

二、西周早期

无可讳言，西周觥器很大程度上是承继商觥遗绪的。其体现在，一来是使用人群多为居住在岐周的殷遗民使用。二来则是流行区域相当狭窄，三周之内，只在岐周见有觥器。三周之外，也只有极少数的发现，寥若晨星。目前比较确切知道地点的有河南周口、信阳和湖北随州、山西绛县等几处。周口鹿邑太清宫长子口1号墓出土了一对方觥和一件圆觥，其他地点所出的均为单件，似乎是地方对觥有所排斥，例如随州叶家山墓地27号墓出有一件圆觥①，是整座墓地唯一的一件觥②。山西绛县横水墓地的1006号墓出土一件觥③，即觐爾觥，时代较晚，在西周早期后段。山东高青县陈庄18号墓中的觥④，器形与守宫"觥"相近，但觥盖具兽首，开口未截至背部。

河南与湖北所发现的西周铜觥，多与周人经略南土有关。太清宫1号墓发现的一对长子口方觥、一件长子口圆觥，比较罕见，显然与墓主身份有关。关于墓主其人其族，学界有不同的观点⑤，但墓葬及其随葬物显示出较为浓郁的殷人因素是肯定的。而且与殷墟渊源也久，并非周初封国，估计是周人对殷遗民的任用。信阳发现的兽首觥，因墓葬遭到水毁，现在只依器物讨论。觥盖发现在河道中，推测是河流冲毁墓葬⑥，带入河道，而且觥身佚失。觥盖虽然没有铭文，但根据纹饰风格等因素，整理者将其归入父乙器组。同组器物共有7件：簋、卣、觚、尊、角、彝、觥（彝与觥均仅见盖），酒器为多，似乎也存在尊、彝、角的组合模式。器物组合与周人铜器组合有

---

① 湖北省文物考古研究所、随州市博物馆：《湖北随州叶家山西周墓地发掘简报》，《文物》2011年第11期，第27、38、39页，图三四。
② 参见欧阳怡婷：《西周时期曾国青铜器研究》，陕西师范大学硕士学位论文，2013年。
③ 刘树满：《霸国、倗国青铜器整理与研究》，陕西师范大学硕士学位论文，2013年，第48页。
④ 山东省文物考古研究所：《山东高青县陈庄西周遗址》，《考古》2010年第8期，第27~34页，图六-3。山东省文物考古研究所：《山东省高青县陈庄西周遗存发掘简报》，《考古》2011年第2期，第3~21页。
⑤ 韩维龙、张志清：《长子口的时代特征及墓主》，《考古》2000年第9期，第24~29页。王恩田：《鹿邑太清宫西周大墓与微子封宋》，《中原文物》2002年第4期，第41~45页。林欢：《试论太清宫长子口墓与商周"长"族》，《华夏考古》2003年第2期，第64~67、104页。杨升南：《商代的长族——兼说鹿邑"长子口"大墓的墓主》，《中原文物》2006年第5期，第50~54页。
⑥ 信阳地区文管会、信阳县文管会：《河南信阳县狮河港出土西周早期铜器群》，《考古》1989年第1期，第10~19页，图版壹4。

些差异。而觥首额头部，有一菱形突出，日己方觥、犾驭觥以及弗利尔美术馆兽面方觥①等均有相似的纹饰，折觥却没有。研究者所持"觥盖与扶风法门乡黄堆村出土的觥盖，以及折觥、1196号兕觥等大同小异"②的断语，过于粗略了一些。考虑到地理空间，我们推测是出于周王室的南土经略，对殷遗的任用，或有容忍使用异类酒器的可能。信阳铜器的制作精美程度甚高，比肩于周王畿所见的器物③，倒不见得说是器主与周王室关系密切，反而显现的是制器者多为殷遗民的族源关系。当然，被周人允许使用是一前提。

湖北叶家山的铜觥与上述河南情况略有不同。叶家山墓地发现的铜觥（见图4-7），是目前所知出土于姬周墓地中的特例。然仔细分析后，则发现其与长子口、信阳有些趋近之处。觥器出于叶家山27号墓，其墓有与26号墓、28号墓两种不同的组合关系意见④，然27号墓为女性墓葬是没有异议的，甚至被认为是曾侯夫人⑤。27号墓的埋葬器物非常杂乱，多种不同来源的器物拼凑⑥，有"分器"的现象⑦。这件觥虽然没有铭文，但考虑到一些器形细节，如虽是Ⅳ式的圆觥，但腹部较侈，其上亦有比较繁复的兽面纹，殷遗所制的概率极大。同墓的罐、双耳簋等陶礼器也有明显的殷墟文化渊源⑧，或许是一侧证。姬姓曾国帮助王室获取矿藏及土地资源，成为第一等诸侯国⑨。在这种功绩下，觥器被特许为夫人或其一系使用。然并未成为主流，可见周人对觥这种器物已经做了自己的取舍，允许使用是出于不同的策略。所以，叶家山27号墓出现的觥不足为奇，与周口、信阳两地的铜觥同有殷遗民的色彩，均是周王室经略南

---

① 中国青铜全集编辑委员会：《中国青铜器全集·西周1》一〇五，文物出版社，1996年，第100页。
② 信阳地区文管会、信阳县文管会：《河南信阳县浉河港出土西周早期铜器群》，《考古》1989年第1期，第19页。
③ 信阳地区文管会、信阳县文管会：《河南信阳县浉河港出土西周早期铜器群》，《考古》1989年第1期，第19页。
④ 张昌平：《论随州叶家山墓地M1等几座墓葬的年代以及墓地布局》，《中国国家博物馆馆刊》2012年第8期，第77~87页；后收入氏著《商周时期南方青铜器研究》，商务印书馆，2016年，第163~181页。
⑤ 方勤：《曾国历史与文化——从"左右文王"到"左右楚王"》，上海古籍出版社，2019年，第32页。
⑥ 朱凤瀚：《湖北随州叶家山西周墓葬笔谈》，《文物》2011年第11期，第68页。
⑦ 任雪莉：《叶家山曾国墓地"分器"现象与墓葬年代另探》，《陕西师范大学学报》（哲学社会科学版）2015年第6期，第23~44页。
⑧ 张昌平：《论随州叶家山墓地M1等几座墓葬的年代以及墓地布局》，《中国国家博物馆馆刊》2012年第8期，第77~87页；后收入氏著《商周时期南方青铜器研究》，商务印书馆，2016年，第178页。
⑨ 张懋镕：《再论随州叶家山西周墓地》，《江汉考古》2016年第3期，第74~79。

土史事的曲折反映。

无论是商代晚期还是西周早期，周边地区的觥器发现数量都比较少。这一认识，我们主要基于考古发现而来，若考虑到流散觥器，数量虽可能会有所增加，但基本框架不会有根本性改变。我们在具体论述中，也酌情论及传世铜觥。整体来看，周边地区的铜觥受到殷墟的影响，也是在殷墟四期，为觥器繁盛时的扩散结果。进入西周后，也多为殷遗民在使用流传。周边发现的铜觥，均不同程度地带有殷遗色彩。西周早期后段之后，觥器首先在周边地区委顿，周边地区绝少使用铜觥。

小　　结

铜觥是比较另类的铜容器。就其发现来说，流散觥器较多，考古发现的铜觥只占一定比例，且出土地点也比较集中。基于这种情况，以往我们采取分区统计、演算比例的研究方法，就有一些局限，甚至会有以偏概全之嫌。即使是采用，也需要加入"权重"考察，但因流散铜觥的地点大多比较含糊，很难对区域进行讨论。故此我们不予使用常规的方法，而改用以点代面，由个别到区域来考察青铜觥的地区发展。

诚然，这种方法也可能会有些偏颇，例如研究者的主观视角，不过，这种写作更有助于推动铜觥的区域性的研究。为此，我们宁愿承担相应的研究风险。但鉴于当时人们行为活动的复杂性、器用选择的偶发性以及现在发现的断片性，这点风险还是值得的。更让我们感到惊喜的是，通过我们利用区域切口深入之后，也有一些发现。铜觥多发现于商周王畿区域，西周时期的铜觥多为殷遗民所用，丰镐及其成周未见有常规的觥器。周边地区的铜觥应被视作中心地带的传播影响所致，特别是西周时期，更带有一些特定的目的，允许殷遗民使用，也就是在殷墟、周原两地发现铜觥较多的原因。在西周整体社会的"重食"器用思想下，尽管对觥器有所使用，但并不广泛。带斗的觥器，如費引觥、山东陈庄觥是一种异常使用。至于洛阳守宫"觥"，辄转为其他器物，铜觥遂成"潜流"。西周中期之后，觥器逐渐消亡。

第五章 青铜觥的器类研究

在梳理铜觥研究史时,我们就发现关于觥器定名是一个非常棘手的问题,也是研究觥类器物的关键。定名问题不仅涉及如何纠正宋代以来著录中的器类分属谬误,更要着眼于今后的学术研究,例如若归入酒器或水器,也就代表不同的器用文化。我们认为水器虽然从功能上与酒器近源,但从器用文化上讲,则更倾向于食器,是食器的附属。目前学界对觥的定名存而不论,虽然是照顾到学术史,但客观上也对觥器研究造成消极影响,相关器类研究比较滞后,至少是落后于其他器类研究的。

任何事物都不是截然独立的,青铜觥的称谓、形制以及功用有着密不可分的关系,并且是互相联动的"根系"影响,甚至能够延伸至背后的社会文化。例如,我们可以借助其形制的演进,来探讨青铜觥的起源,或许能够对当时人们创制这种器物的动因进行一些探索。因此,我们在本章将对觥器的判定以及其他相关器类进行讨论,对容易混淆之处加以析理,从而在器物形制上归纳出青铜觥器的判定标准。这些以往学界虽有涉及,但未有根本性突破。我们希望有所进展,并借以深入研究觥器这一较为特殊的器类。

第一节 青铜觥的判定及其标准

本节主要讨论何谓觥及其判定标准,有些内容我们之前也涉及了。但随着我们对青铜觥研究的逐步深化,尤其是经过了类型、年代、区域等研究后,再进行如何判定的讨论将更为精准。在铜质觥类器物的诸种形态中,我们试图找出最为本质的代表性器形,并归纳出几项判定的标准。诚然,器物形制与其功用实无法截然分割,我们亦通过功用来反视其最为稳定的标准形态。在双向度的分析中,亦可检验我们所划分的标准。

一、何谓觥

觥之称谓出现的时间很早,南宋赵九成《续考古图》即为使用。但鉴于他将鼎名之为匜,将匜器却名之为觥等等的错误,我们无法认为他对觥器甚至铜器有何等深刻的认识。容庚亦评价说,"试将此书图识与《博古》等书比较,便可确知此书失真情况"①。其"觥"之谓，也与现在所称有本质不同，尽管他也收集了两件所谓的"兕觥"。后来的金石著录家多又将觥器再次归为匜类，而将角形的觥称之为"兕觥"，是在原有系统下，吸收了赵九成的分类（Catalogue），将两种系统合二为一。而将角形之"觥"称之为"兕觥"，是以文献学为本，其说并没有什么大的不妥，但终究没有解决现今所谓觥器的问题。而后诸家著录虽不尽相同，但不离其彀，亦多存有古文献而来的观念。在此种知识背景下，亦很难将觥与匜真正厘清。

王国维亦从文献出发，虽以个别器物为据，但整体方法也很难说是铜器的器物学研究，仍属于文献梳证。但他的贡献在于将旧在匜类的一些器物剥离，建立另外一类，尽管名之觥类有所不当。客观来说，王国维的研究方向是正确的，将匜器中的一种类型分出，是他的贡献。陈梦家曾说，"王氏将觥从匜中分离出来，极是"②。这批器物虽然外形近似匜类，但却具备一个独立或半独立的腔体；匜器的椭腹虽然也可以容留液体，但容量较小、开口较平，不宜较长时间贮放酒液，一定是别的用途。王国维使用文献辩证的方法来证明己见，不免有些单薄，亦囿于文献，沿用文献中的称谓而名之为"觥"，也受到一些学者的质疑。孔德成、屈万里、容庚等先生对王国维的观点及论证方法有所批评，可谓是研究的推进。不过，他们又不同程度限于"兕觥"的文献说法，批评也多集于此，认为酒器"觥"名称不太合适，甚至林巳奈夫有较为苛刻的攻讦。

平心而论，他们多对"兕觥"文献辨源，批评王氏之说与历史文献的记载不能吻合，却未看清此中关钥。在纠正王说的同时，亦将角状器认为是觥器。这一认识虽没有错误，但将其推广到其他所谓的觥器，亦沿袭王氏之误，仍欲将文献中的"兕觥"，硬性要找到类似觥类器（即从原有匜属分出那类）加以对应。换言之，既然王国维找出的一批器物名觥不合适，他们也要找出一些能够称之为觥的器物。而从原有匜类所分出的这类器物，如何处理则没有得到妥善解决。一如林巳奈夫，仍将其复归匜类。另外如大多数学者，将错就错，虽继名之"觥"，并不纠结文献成说。这两种方案都有一些局限，仅就第二种来说，就将两种差异较大的器物均统称为"觥"，容易忽略细节，难以进行更深入的研究。马承源、朱凤瀚等先生试图有所拓展，对该类器物的命名有所思考，但由于没有其他确凿证据来修改王国维的说法，只是遵从约定俗成，沿用王氏之说。

我们认为，在青铜器综合研究中，不宜再纠缠于定名正误，而注重对器物类型以及器类关系展开研究。这才是更为紧要的问题。像匜，张懋镕先生就提出是由原来的

---

① 容庚：《宋代吉金书籍述评》，《颂斋述评》，中华书局，2012年，第13页。
② 陈梦家著，王睿、曹菁菁、田天、孙莹莹译：《中国铜器综述》（General Study of Chinese Bronzes, 1947），中华书局，2019年，第149页。

图5-1 守宫"觥"

（采自《中国青铜器全集·西周1》106，第101页）

酒器转化为水器，而形成新的器类①。对于先前的器类，我们亦采用学界通常的惯例，将这类具盖且有一个较大腔体的器物暂名为"觥"。但我们并不止步于此，第一，不再以文献的说法为首要关联。文献中记载的觥应是角状器，且多为饮器，与我们所讨论的"觥"器名同而实异。故此，我们对这类角状器虽加以讨论，但不再纳入到类型序列中。第二，对这种所谓觥器进行集中的类型研究，更加以研判。第三，对剔除觥类以外的相关器物，并进行补充说明。例如旧称为守宫"觥"（图5-1）的器物。

二、青铜觥的判别标准

我们梳理觥器研究时，发现以前多是从文献出发进行命名别类的，很少能着眼于器物，从器物形制、样式等入手，来进行判别的。仅就笔者目见，当属陈梦家较早且较明细地提出了七条标准。

（1）广口，一侧外伸为流；

（2）渠状流；

（3）单把；

（4）椭方形或椭圆形腹；

（5）凹底或平底；

（6）椭圆形或长方形高底座，有的带缘；

（7）常有扉棱②。

朱凤瀚先生也做了洗练的概括，"现时通称为觥的青铜器，其一般形制是：椭圆形腹，圈足或四足，前有短流后有半环状鋬，皆有盖，盖作有角兽首形"③，可以说是比较准确的。经过我们对觥器全面地收集以及最大限度的类型研究，可以看到陈梦家先生的七条标准有些不是必要条件。我们归纳一下，可能有几个显著的特征，第一，有较阔的流，且具有实用功用。第二，椭方形或椭圆形的器腹，具有一定的容积。第

---

① 张懋镕：《夷曰匜研究——兼论商周青铜器功能的转化问题》，《故宫学术季刊》第25卷第1期，2007年秋季；后收入氏著《古文字与青铜器论集（第三辑）》，科学出版社，2010年，第155～163页。

② 陈梦家著，王睿、曹菁菁、田天、孙莹莹译：《中国铜器综述》（General Study of Chinese Bronzes, 1947），第217页。

③ 朱凤瀚：《古代中国青铜器》，南开大学出版社，1995年，第100页。

三、多有鋬。这些器形特征势必是与功用有所联系的，其器应多用于祭祀场合，故此具鋬，便于洒酒行祭，也有特殊情况，如早期南方的动物形觥，就无鋬。不过，后面的觥器无一例外都带有鋬，以至于容易与匜相混淆。我们亦不妨补充第四条特征，即带盖，而且盖上要有兽首，意即器盖相合才能构成完整的动物形象（图5-2）。

图5-2 父乙觥全形拓片

（采自《赛克勒·西周卷》p705上）

我们梳理觥器的研究史，发现青铜觥在历代的研究中都存在错用混用的现象。王国维《说觥》一文指出，"传世器中无兕觥乎，曰有兕觥之为物。自宋以来冒他器之名，国朝以后又以他器冒兕觥之名。故知真兕觥者寡矣"①。其中"冒"字，说得恰如其分，以文献中的器物称谓与考古实物对应，是多少会有这样问题的。我们提出的四条标准，主要是从器物着眼，以期解决王国维未尽之问题。将之名"觥"，在一定程度上造成了文献记载与实物发现的错位现象。

除此之外，在器物类型中，出现不同器类的过渡形态也是常见的现象，如果不找到最为核心的区别，划分标准很有可能随器而变，以至于诸家曾在青铜觥划分上，出现与匜、鸟兽尊或爵等器混淆的状况。

我们主张，先不纠结文献上的说法，径以器物入手，建立器物学标准。明确觥的概念，不仅能够有助青铜觥进行的统计，也能推荐接下来的研究工作。我们提出的四条标准也并不是截然而断，而是提供多重维度的检视，以便能够在线性与横向的器物发展中，标清某一觥器的具体位置。所谓线性，是指的器物发展演进的历程。而横向，则是说铜器作为人类手工制品，它存在一些临时性突发地向周边器物或人群学习模仿的迹象。但无论如何，我们试图建立的标准，首先应是器物方面的。

第二节　青铜觥的功能和用途

关于觥的器用及功能，势必是与其定名联系起来的。赵宋以来的金石著录普遍将其归入匜属，也就自然认为是水器，使得真正的器物功用没有得到正确的理解。王国维《说觥》发覆其用，虽然受到一些批评，但将觥作为酒器，从匜属水器中分出，则是此文的价值。现在看来，依然熠熠生辉。尽管某些特定的器类有功能混用的现象，如盉、壶等酒器，也可用来盛水。然在觥器，则是用以盛酒的专器。一则，因为觥器铭文普遍带有"彝"或"尊彝"字（图5-3），显然是与酒有关的礼器了。二则，需要

---

① 王国维：《观堂集林·说觥》，中华书局，2004年，第147页。

图5-3　狱驭觥盖铭文

（采自《宅兹中国——宝鸡出土青铜器与金文精华，第110页》）

结合觥的具体功用来说明。关于觥到底是饮酒器还是盛酒器的问题，学界有不同的说法。目前对于觥的功能有三种观点：①饮酒器；②罚酒器（饮酒器的一种）；③盛酒器。我们采取文献记载和考古材料互校的方法，尝试辨析觥作为酒器的具体功用。

在一些文献中，对觥有所记载。例如，《诗经·豳风·七月》"朋酒斯飨，曰杀羔羊，跻彼公堂，称彼兕觥，万寿无疆"，其中"称"应该释为举之意，就是举酒杯的意思。类似说法也见于《左传》，有"举兕爵"之谓①。除具体酒器不同外，其动作应该是相近的。因此，《诗经》所谓的"称彼兕觥"，应该是拿起兕觥来喝酒，其兕觥应该是饮酒器。但是《诗经·周南·卷耳》中有"我姑酌彼金罍"及"我姑酌彼兕觥"等字辞，觥又似乎是取酒器。孔德成先生有所解释，"酌彼金罍"可以理解为取酒于彼金罍中，而"酌彼兕觥"意义则不同，可以释为盛酒以入彼兕觥之中。觥应为饮器，与爵、觯相同。"酌彼"两字虽用法相同，但意义却不相同②。我们认为，《诗经·卷耳》之辞有诗体的重复赋兴的性质，不必过于纠结。

觥作为饮酒器中的罚酒器的观点主要来自文献。郑笺曰："觥，罚爵也。享燕所以有之者，礼自立司正之后，旅酬必有醉而失礼者，罚之亦所以为乐也。"许慎按语曰："觥罚有过，一饮而尽，七升为过多。"③汉以觥为罚爵，则有可能上引自《周礼·地官·闾胥》及《春官·小胥》等中觥为罚器的记载。先秦酒宴通常分为礼饮和乐饮的两个阶段，礼饮阶段的礼仪非常烦琐。礼饮中的酒器组合为二爵，二觚，四

---

① 《春秋》昭公元年传，"穆叔、子皮及曹大夫兴，拜，举兕爵"。
② 孔德成：《说兕觥》，《东海学报》6卷1期，第19页。
③ （汉）许慎撰，（清）段玉裁注：《说文解字注》"觵"条下，上海古籍出版社，1988年，第186、187页。

觯，一角，一散。在正礼的酒器组合中虽没有觥，但也没有先秦文献说明觥专做罚爵之用。与爵、觯相比，角、觥多是比较大的酒器，一爵容一升，角则容四升，而有记载说"觥七升"。但不能以容量大小直接断之，段玉裁在《说文解字》中说："盖觥多用于罚，而非专用于罚"，似乎对此有所注意。觥为罚酒器并未得到学界的广泛认同，或者可以说觥虽然做过罚酒器，但并没有证据表明它专门作为罚器。

至于觥作为盛酒器的说法，则在近来的青铜器研究中屡有谈及。马承源《中国青铜器》、朱凤瀚《中国古代青铜器》等论著均在谈到觥的时候，认为觥为盛酒器。从某种意义上来说，盛酒器的看法是饮、罚两种用途的调和。我们认为，这种说法来源于该器的祖型，应该是用牛角所做的觥器，不改初用；至于用青铜合金做出这类器物，中间用途出现了变化。从饮器变为盛器，桃花者村的龙纹"觥"是其中的过渡形态（图5-4）。

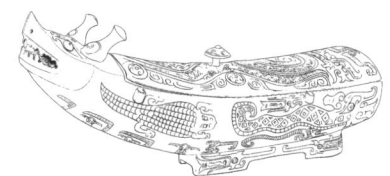

图5-4　龙纹觥线图

（采自《山右吉金——山西商周青铜器纵览》，故宫出版社，2019年，第30页）

文献中所言的"兕觥"是直接饮用的饮器，而将其改变为横置的所谓"觥"器，放置方式发生变化，容积也渐随发生变化，古人亦因此衍生出罚器的说法。较之罚器，我们认为马承源、朱凤瀚等先生的觥为盛酒之器的说法更为可靠。出土觥的出土情况也能够佐证，費引（弘）觥、其与斗同出，形成组合，亦有可能是用斗在觥中挹酒。当然，功用已潜然有所转变，当每一种功用发展到极致的话，另一种功用即应运而生。例如守宫"觥"，亦与斗同出，但在其腹腔还有隔断，很有可能是存放不同性质的酒液。守宫"觥"更可能是用来调酒的盛器，所以它的流就变成了假流，不起到实际的功用。反观觥器的功用，器流与体腔当结合来看，就其较大容积而言，是无论如何不能当作罚爵的。

觥器的功用之所以一直没有定论，主要因为长久以来没有将两类形制不同的觥进行区分。我们这次大胆将所谓的角形觥排除类型研究之外，其他的觥器的功用就显而易见，即祭祀中用来行礼的彝器。侯家庄所出的角形铜器无论是不是文献中的觥，从器形而言，其为饮酒器是可以确定的。其形制近乎角形，在器物宽口的一端有系，用来穿绳便于携带，是饮宴场合上使用的一种特殊饮器。这样的器物看起来较为怪异，主要原因是铜器直接模拟角器，中间缺少陶器的环节。也就是说，无论是"兕觥"的角形器，还是现在所谓觥的铜酒器都不源自陶器，没有陶器的模型化阶段，使得器物演进路线变得模糊，不得不吸收其他的因素。作器者开始糅合各种动物形象，并借鉴了其他器类的特点，将这种角形器发展成颇有视觉感染力的兽形觥。由此出现的觥器，因为器形厚重、纹饰精美，逐渐成为祭祀彝器，地位得到抬升，并成为高等级贵族的随葬品。

第三节 青铜觥与其他器类的关系

本节主要讨论的是觥器与其他相关器类的关系，较之第四节觥器与其他器类之间为并列关系，即铜觥与其他器类处于同一层级的关系。例如，接下来我们所要讨论的觥与匜，二者不存在派生、更替等类似的包含的关系[①]。虽然之前这类觥器被置于金石著录中的匜属，但实际上他们是两种不同的器类。本节主要是拟析理此种相关器类之间的纠葛，首当其冲的就是觥与匜的关系，其次是与兽形尊以及爵的关系。其中有些并不完全是实物的形制，但与觥器未有陶器初型亦不无关系。

一、觥与匜的区别与联系

觥与匜的关系由来亦深，其实多因最初著录时，将近似匜的一批器物归入匜属。这一误会始见于北宋宣和年间《宣和博古图录》，书中收匜16件，其中7件为觥。鉴于当时铜器研究特别是器类研究的水平，情有可原。不过客观来说，也给此后造成了器物分类上的混乱。《续考古图》又将两件匜形器著录为觥，使得觥匜关系更错综复杂。所幸《续考古图》的影响不大，未形成更大程度的混乱情况。《西清续鉴》（甲编）虽然把兕觥划为一个器类，但所著录的觥是角形的兕觥，而所收录的匜类，亦有不少圈足觥或四足觥。王国维虽然将其从匜属中分出，"案自宋以来所谓匜者有两种，其一器浅而钜，有足而无盖，其流狭而长。其一器稍小而深，或有足或无足，而皆有盖（其无盖者乃出土时失矣）"。不过，他受《诗经》等文献的影响较深，将其名之为"觥"，又造成新的误会。此后诸家纠缠于名称，对器形研究亦少。因此，有必要对匜与所谓的觥器的关系进行讨论。

王氏认为匜、觥非同类器物，并指出觥和匜的三个区别，"匜有自名，觥无自名；'匜乃燕器，非以施之鬼神'，而觥为孝享之器；匜为沃盥器，觥有盖为酒器"[②]。后世学者的批评主要集中于前两个观点，我们也着眼时代更替上，提出有无自铭的不同意见。至于第三点，以有无盖来区分匜、觥，似要比罗振玉更进一步[③]。不

[①] 关于器类之间的派生、相生、更替关系，参见张懋镕：《试论中国古代青铜器器类之间的关系》，《华学（第八辑）》，紫禁城出版社，2006年；后收入氏著：《古文字与青铜器论集（第二辑）》，科学出版社，2006年，第133~141页。

[②] 王国维：《观堂集林·说觥》，中华书局，2004年，第147页。

[③] 罗振玉：《古器物识小录》"古器有盖"条，"古礼器多有盖，传世者多佚失之。平生所见鼎、敦、簠、簋、尊、壶、觯、角、兕觥之有盖者，凡数十器"，《罗振玉学术论著集》，上海古籍出版社，2010年，第354页。

过，也出现了反例，如㒼匜，其器形当无疑义，却具有盖。我们认为，盖是一个判定觥匜的方面，但标准需要进一步深化，不能仅仅依据有无来遽断之。因为觥与匜不仅器形有一定相似，其功能也比较接近，以至于林巳奈夫完全不同意王氏的观点，仍将觥归入匜属。我们认为，不仅需要将觥从匜器中分出，更要讨论二者是不同的器类，并不是孔德成所谓的"早期之匜"。尽管觥匜之间的功能有一定的继承关系，但毕竟已然判若两类，有学者指出在觥的发展过程中，它的功能发生转化，最终导致现在所见水器匜的产生。其中，最大的证据就是，两者的流行期不同，一个是商代晚期，一个是西周中后期，几乎没有交错时间，即便是有少量的器物，其相互的影响亦微弱，尤其是后期，匜单独发展。

至于器物演进中出现的某种特殊器物，只能说是革新式的特殊情况，如夷曰匜。张懋镕师指出夷曰匜（图5-5）的器形介于觥和匜之间，"一方面它像觥，是一件十分周正的享孝之器，一方面又像匜，器物组合关系已经表明；一方面它又不像觥，西周中期未见有四足觥，一方面它又不像匜，西周中晚期匜皆作长流瓢形状"①。我们可以认为，夷曰匜出现的时间正处于觥衰落和匜产生发展的交替阶段。但并不等于说，觥与匜之间存在某种器类间的关系。觥和匜之间有很多相似之处：有四足或圈足两种形制；皆有流有鋬且流的开口位置相似；皆做盛装液体之用。但是两者之间也有着明显的区别：

图5-5　夷曰匜

（采自《故宫西周金文录》，第134页）

（1）功能属性不同。觥为酒器，已经为学术界所公认，虽然在饮酒器还是盛酒器的问题上还有争论，但青铜觥为酒器无疑。这一点也能从实物上得以证明。上海博物馆藏的貴引觥，与斗同出。而青铜匜为水器，亦无疑义。《左传》僖公二十三年有"奉匜沃盥"的记载，"沃"的意思是浇水，"盥"的意思是盥洗清洁。"奉匜沃盥"就是古时行礼前的重要一项，匜就是用来进行盥洗的器具。

出土于墓葬的匜器，多与盘形成器物组合。"盘匜"作为水器组合最早见于西周晚期，东周成为比较固定的组合，然在西周中期，与盘形成器物组合的多是盉器②。如果从另外一个角度来看，匜器制造出来，就是被当作水器来使用的。从盘盉的组合来

---

① 张懋镕：《夷曰匜研究——兼论商周青铜器功能的转化问题》，《故宫学术季刊》第25卷第1期，2007年秋季；后收入氏著《古文字与青铜器论集（第三辑）》，科学出版社，2010年，第155~163页。

② 张婷、刘斌：《中国古代青铜器整理与研究·青铜盘卷》第六章"青铜盘的组合变化"，科学出版社，2015年，第65页。

看，盉器由酒器过渡到水器。基于这个逻辑，觥器很可能是不被作为水器的。东周以后，则需要一种专门的水器与盘相配，匜就应运而生了。虽然它在觥消失之后出现，但因为是注水而不是存贮酒液，器盖就变得意义不大，随之取消。由此而言，匜为水器专用的器物。反而推之，觥专门为酒器的可能也极大。

（2）器物形制不同。在功能上，觥、匜有明显的区别，因此在形制上也出现了一些的差别。在器物尺寸上，匜的器高一般较低，大多数在15厘米以下，器腹随之变浅，容积也较小。觥器的体形要大一些，平均高度也在20厘米以上，基本是高于15厘米的，甚至还有更大器形的，司母辛四足觥，通高36.5厘米。与之形成的容积也较大，可以满足觥以暂贮酒液的功用。

在有无盖上，两者也有明显区别，匜为水器，用于沃盥，为方便起见，多为无盖。觥为酒器，基本都设以盖，以满足贮酒的功用。更有甚者，觥不仅具盖，而且多在盖上置有兽首，器身结合成一体，以达成牲器的动物意象。

此外，匜器多为三足或四足，鲜少有圈足①，这是因为匜作为水器，使用过程较短，即注即用，对放置的稳定性并不看重。而觥则在祭祀场合盛祭，而后注灌于地，需要有一定的放置陈酒的阶段。故此，除了少数动物形觥是四足外，大多数的觥器则为圈足，或者是高足，甚至下还有方座。两者在器形上不存在更替关系。

（3）器铭差异。如果是有铭文的觥器，绝大多数带有族徽。族徽的出现有时代关系，觥器流行于商代晚期和西周早期，也是族徽出现比较多的时期，族徽出现在此类器物上的概率很高。通过觥器上的族徽，我们了解到器物多为高等级贵族所用，司母辛觥、妇好觥的情况自不待言，而举父乙觥、黽父乙觥等的使用者也非比寻常。举族商末时居于山东，在西周早期，地位也颇高，且直接服务于周王室②。另外，还有一些带有"亚"铭的觥器，学界之前有宗庙之形、职官、内服诸侯、爵称等多种讨论③，雒有仓认为是含有官称的族徽④，亦是融合之说。学界通行说法，亚为武将性质的职官，亚铭铜觥的器主多为掌握军事权的贵族，或者是军事长官，并带有一定的祭祀职责。因为带铭铜觥常在铭末有"彝"字，推测其用于祭祀场合，甚可认为是某一方国的首领或其上层贵族在祭祀中使用的特殊酒器。

匜器的铭文中却鲜见族徽。虽然主要原因是时代早晚的关系，愈是晚近，族徽出

---

① 阴玲玲整理过铜匜，有分类出圈足匜（甲类C型），但形制有商榷的地方，兹不详论。如无足的匜，多半为平底匜。（参见阴玲玲：《两周青铜匜研究》第二章"青铜匜的类型学研究"，陕西师范大学历史文化学院硕士毕业论文，2008年，第16~34页）
② 何景成：《商末周初的举族研究》，《考古》2008年第11期，第54~70页。
③ 详见严志斌梳理，《商代青铜器铭文研究》，上海古籍出版社，2017年，第157~160页。
④ 雒有仓：《商周青铜器族徽文字的综合研究》，黄山书社，2017年，第198页。

现的频率就愈低。但此现象的根本原因则是，商人使用族徽、而周人不用①的大历史背景。然在其间，器类对族徽也有一定的选择，像匜等偏于实用的器物就不太会有族徽。而春秋早期的冉父辛匜②（图5-6），虽然带有日名，但铭文存疑，很有可能为器真铭伪。倗匜虽是比较确凿的较早一件匜器（图5-7），时代在西周中期，但也没有出现族徽。在匜更为多见的东周时期，也就势难再有族徽了。故此，我们基于年代坐标，认为在相近器类中，觥器上多出现有族徽。匜器上没有族徽，但却有自名，多作，为匏形指事之意。此铭的功用非常形象，也成为匜器的判断标准之一。觥器则没有出现专名的铭辞，这也被一些学者认为是觥匜之别的标准。

图5-6　冉父辛匜

（采自吴镇烽：《商周青铜器铭文暨图像集成》

14860，上海古籍出版社，2012年，26册，第242页）

图5-7　倗匜

（采自《陕西青铜器》，第245页）

（4）所属时代不同。考古发现的铜觥最早出于妇好墓，明确时间坐标在殷墟二期。在殷墟三四期，铜觥发展非常活跃。西周早期后段，铜觥已经逐渐衰落，中期以后，铜觥基本绝迹。甚至我们也可认为，铜觥是带有殷文化色彩的酒器，而匜则是在西周中后期出现。在时代上，两者很难有共存关系。而匜大规模使用，且形成固定组合则要更晚了，"匜作为水器并取代盉的地位，开始与盘组成盘匜组合是在西周晚期

---

①　张懋镕：《周人不用日名说》，《考古》1995年第9期，第835～840页；《周人不用族徽、日名说的考古学证明》，《金文与青铜器国际学术研讨会论文集》，2016年，收入《古文字与青铜器论集（第五辑）》，科学出版社，2016年，第223～250页。

②　吴镇烽：《商周青铜器铭文暨图像集成》14860，上海古籍出版社，2012年，26册，第242页。

以后。此时盘匜组合在大中小墓葬中皆有发现"①。

基于功能、形制、铭辞乃至时代等多方面因素，我们认为觥与匜是完全不同的器物类别。当然，如果从时代的衔接来看，觥消失于西周中期，而匜最早出现在西周中期，是否可以作为同一器类的不同发展阶段，中间只不过出现比较明显的形制变化。我们认为，这种可能微乎其微，一则是形制变化过于大，一般这种阶段性变化，器形的改变都是渐变的，仍然保留了内核因素。比如同样都具有流，觥的流更上扬一些，即流与器身的角度要更大，而匜的流的角度则要平一些，因为是盥器，出水会要缓一些。更为重要的是觥与匜所构成的器物组合不同。关于觥的器物组合，我们将在第六章详细论述。综上，我们认为，觥、匜在器物形制上有着显著的差异，应视为不同的器种，尽管其发展有一定的传续因素。

二、青铜觥和鸟兽尊的区别

铜觥中的带足觥，也就是我们所分的A型，尤其是Ab亚型，动物形态比较明显。在一定层面上，它们容易与鸟兽尊混淆。有必要对两者的关系加以讨论。

所谓鸟兽尊的名称，来源于《周礼》。如《周礼·春官·小宗伯》载："辨六彝之名物"，郑玄亦有注："六彝：鸡彝、鸟彝、斝彝、黄彝、虎彝、蜼彝。"而"春官"条下的司尊彝，具体职责就是"掌六尊、六彝之位，诏其酌，辨其用与其实，春祠、夏礿、祼用鸡彝、鸟彝，皆有舟；其朝皆用两献尊，其再献用两象尊，皆有罍，诸臣之所昨也……凡四时之间祀、追享、朝享、祼用虎彝、蜼彝，皆有舟"②。《尔雅》亦载，"彝、卣、罍，器也"，郭璞注："皆盛酒尊。彝，其总名"，邵晋涵正义："此别大小酒尊之异名也。"③可见，无论从内容的鸟、兽，还是名物的彝、尊，都有连称的可能。故此，容庚在引论《周礼》等说法后，亦有"鸟兽尊"之谓④。陈梦家亦对"鸟兽尊"有一个解释，"整个器体为鸟形或兽形，器盖位于鸟兽的背部或头部，有脚"⑤。而后，鸟兽尊这一说法通行起来⑥。当然，也有学者深度梳理文献中

---

① 阴玲玲：《两周青铜匜研究》，陕西师范大学历史文化学院硕士毕业论文，2008年，第74页。
② （清）孙诒让撰，王文锦、陈玉霞点校：《周礼正义》，中华书局，1987年，第1513、1514页。
③ （清）邵晋涵撰，李嘉翼、祝鸿杰点校：《尔雅正义》，中华书局，2017年，第401、402页。
④ 容庚：《商周彝器通考》，上海人民出版社，2008年，第325、326页。
⑤ 陈梦家著，王睿、曹菁菁、田天、孙莹莹译：《中国铜器综述》，中华书局，2019年，第219页。
⑥ 杜廼松：《论青铜鸟兽尊》，《故宫博物院院刊》1995年第S1期，第174～186页。朱凤瀚：《古代中国青铜器》，南开大学出版社，1995年，"附 鸟兽形尊"，第98～100页。

尊、彝的说法，对"重考古轻文献倾向"提出批评①。但从知识生成而言，文献中的尊、彝是一种连称或并称，并没有专指，那么彝尊上既有鸟，也有兽之谓。在器物研究中，鸟兽尊的称呼也是可行的。考古发现的鸟兽形尊这种器物，其上铭文并没有出现专名，大多用"尊彝"统称。因其器物形态常模拟一些动物的形状，如牛、羊、虎、象、鸟等，所以称其为"鸟兽尊"，亦当为学界惯例之举。

目前所见最早的鸟兽尊为安阳殷墟妇好墓出土的鸮尊（图5-8），而时代较早的带足觥也是出现于妇好墓。因出于同一墓葬，两种器物产生可以比对的关联性。A型之带足觥的起源可能与鸟兽尊有些关系，或受其一些启发。妇好墓的鸮尊共出土两件②，为一对，整器造型及纹饰亦试图在拟形，但在造型的完成度上，要比司母辛觥高。比如腹

图5-8 妇好墓鸮尊

（采自《中国青铜器全集·商3》——三，第114页）

部盘蛇纹以及外接的多层云雷纹，是对鸮这种禽类大膀羽的强调。类似的手法还用在足、尾上，有不少学者已注意到这点，兹不赘述。可以说，整件器物不考虑到盖的因素，已然构成完整的鸮形。口颈部的夔纹，"颈两侧各饰一身两头的怪夔一条，一头向下，张口，一足前屈；另一头向上，钩喙有角，足前身"③，其实是构建了鸮的眼睛及口部，再以口沿部的粗大扉棱充为钩喙。可以说，无论有没有盖，鸮形都很完备。也因为这样，盖顶的固定部分虽然与喙连接，但可以另外做兽面纹。

反观四足的司母辛觥④，非常逼真地做出四蹄足，也是在模拟兽形，不过须得与盖一起才能形成一个完整的动物形象。换言之，因为盖上做出了头、角、睛及脊线，一旦去掉，觥器只变成一架器具，很难称为在模拟动物形。将盖取下的妇好圈足觥图片⑤，亦印证了我们的说法。这也从另一方面证明了觥与匜的区别，觥是一定要具盖的。

鸟兽尊与A型觥（其中的一类）在器形上，都注重拟形，有的鸟兽尊如牛尊、羊尊与带足青铜觥就有些相似，强调写实感。妇好墓的同出关系，还容易判断一些。如

---

① 张雁勇：《关于〈周礼〉鸟兽彝尊形制研究的反思》，《史学月刊》2016年第3期，第21~33页。

② 中国社会科学院考古研究所：《殷墟妇好墓》，文物出版社，1980年，第56、59页，图三六。

③ 中国社会科学院考古研究所：《殷墟妇好墓》，文物出版社，1980年，第59页。

④ 中国社会科学院考古研究所：《殷墟妇好墓》，文物出版社，1980年，第59页，图二五-3~6，图四〇、四一，彩版九，图版二五。中国青铜全集编辑委员会：《中国青铜器全集·商3》一四九，文物出版社，1996年，第150页。

⑤ 中国青铜全集编辑委员会：《中国青铜器全集·商3》一五一~一五三，文物出版社，1996年，第152~155页。

果是单独器物，就会有混淆的情形。其中另外一个原因就是，这两类器物一出现就已经非常精美，故此很难通过工艺加以区别，而且演进的脉络也或有交错。我们拟再用具体的个案说明之。

湖南衡阳出土的一件牛觥①，其定名就有一些意思。公布者名之为"牺尊"，有些学者沿用此称②，也有学者认为是觥③。刘一曼先生认为是尊，其理由有三：①流也可以出现在尊上，②外形更像水牛，③尊可以作为酒器的共名④。平心而论，这三条均不能作为尊的理由，也没有涉及器形讨论的关键，我们不同意将湖南衡阳出土的这件器物称之为觥形牛尊。

通过对青铜觥的整体梳理，我们认为，这件器物当是觥。原因如下：第一，衡阳这件牛觥的流部与牛颈部相连，将盖拿掉以后，流部则取消了肖形的功能，只是承担了具体器用的部件。这一特征与觥的用途有关，觥主要是在祭祀时向祖先敬酒使用。花园庄东54号墓出土的牛尊⑤的盖仅作一个小方形，且开在牛背上；而流也借助牛口设置，一切均是最大限度减少对牛形的破坏。这无疑是郑玄所言的"牺牲，毛羽完具"的实际体现。第二，我们具体来看刘一曼先生的第一条理由，"《西清古鉴》中的牛尊亦有短流，以牛首和牛背为盖。可见是否有流，不一定是区别觥与尊最重要的区别"⑥。可是，《西清古鉴》中的这件"牛尊"应为觥。它与衡阳出土的觥近似，我们亦将这件器物归入青铜觥的A型。我们认为它为觥的理由则同第一条，盖布全身，流非拟形。朱凤瀚先生归之为尊⑦，但它与之同型的李峪牛尊差别明显，时代先后也不能完全解释，恐怕还是器类的差异吧。第三，刘先生文中所言，"此器与花园庄M54出土牛尊相比，尺寸较小，重量也轻，但外形上均像水牛。两器中的牛眼、角、腹部及蹄足（足后部都有凸起的小趾）最为相似。应属同一类器物"。刘先生认为尊的标准在于"逼真"，有些偏颇。类似造型逼真的青铜器有很多，觥器的逼真程度并不亚

---

① 冯玉辉：《湖南衡阳市郊发现青铜牺尊》，《文物》1978年第7期，第88页，图版捌。

② 高志喜：《论中国南方的商代青铜器》，《中国考古学会第七次年会论文集》，文物出版社，1992年。王恩田：《湖南出土商周铜器与殷人南迁》，《中国考古学会第七次年会论文集》；后收入氏著《商周铜器与金文辑考》，文物出版社，2017年，第229~244页。

③ 陈佩芬：《凤牺纹觥》，《湖南文物（第三辑）》，湖南大学出版社，1988年。朱凤瀚：《古代中国青铜器》，南开大学出版社，1995年，第675、676页。施劲松：《长江流域青铜器研究》，文物出版社，2003年，第115、116页。

④ 刘一曼：《殷墟新出牛尊小议——兼论衡阳出土的牺尊》，《考古》2009年第4期，第52~57页。

⑤ 中国社会科学院考古研究所、安阳市文物考古研究所：《殷墟新出土青铜器》65，云南人民出版社，2008年，第159页。

⑥ 刘一曼：《殷墟新出牛尊小议——兼论衡阳出土的牺尊》，《考古》2009年第4期，第52~57页。

⑦ 朱凤瀚：《中国青铜器综论》，上海古籍出版社，2009年，第183页。

于此。例如藤田美术馆的羊觥,整体做大卷羊角形,盖顶又以小龙和小鹰为纽,有四蹄足。美国福格博物馆藏的水牛形觥,通体虽没有纹饰,但造型也十分逼真,连眼部造型也栩栩如生。故此,评判尊、觥的标准并不在于逼真与否,而是看器物形制。藤田羊觥、福格牛觥与衡阳牛觥的盖、流设置原理近同。较早的研究中,由于青铜觥的发现数量较少,著录者对这类器物不是特别了解,常常有将觥和其他器类混记、错记的现象,以至于在很长一段时间内青铜觥都没有专门的器类名称,而被误归入匜或尊类。

而刘先生引以为据的花园庄东54号墓的牛尊,器盖只是在顶端做了1/4开口,其设计理念与妇好墓的鸮尊相同。唯一差别在于,鸮尊钩喙实体,未作流置,而牛尊的牛口中通,借以开流。无论如何,二者都是最大限度来保全动物形象。这样说来,无论是牛尊还是鸮尊,都与衡阳牛觥迥异。刘先生的第二条证据不攻自破。事实上,大多数动物形尊都是这种设计思路,如出土鸟尊、象尊、貘尊[①](图5-9)。

此外,有无錾也不能作为判断器类的标准。尊、觥器中,均有例外出现。鸟兽尊大多有錾,只有部分器物无錾。如湖南湘潭船形山出土的豕尊[②](图5-10),可以看出錾的退化趋势,体表虽无錾置,却在前后肘部各设立一圆管。刘敦愿先生认为,是在祭祀中便于搬运这件39.5千克重的酒器[③]。这样说来,錾的功能就改置为隐蔽状态。湖南出土的几件象尊没有錾,可能与其体量较小有关。觥器,大多是有錾的,但Aa亚型中的南方出土的觥器,就无錾,正如湖南衡阳牛觥,可能与其体量有关。可见,鸟兽尊、觥等器上关于錾的设置都不是截然而断的,不能将有无錾作为两者的标准,需要根据器物综合处理。

尊与觥之间原本不太可能出现混淆情况,但出于《周礼》等文献旧说以及之前研究中的疏谬,以至于造成一些不应有的误解。客观来说,觥类中的Aa亚型,其起源可

图5-9 宝鸡茹家庄墓地貘尊

(采自《中国青铜器全集·西周2》172,第167页)

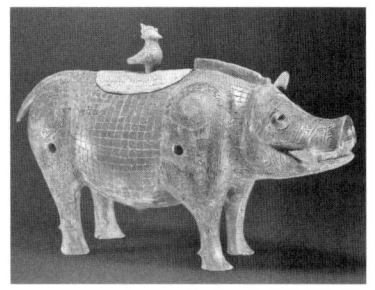

图5-10 湖南湘潭船形山出豕尊

(采自《中国青铜器全集·商4》135,第132页)

---

① 卢连成、胡智生:《宝鸡强国墓地》,文物出版社,1988年,第293～296、372、373页。
② 何介钧:《湘潭县出土的商代豕尊》,《湖南考古辑刊(1)》,岳麓书社,1982年。
③ 刘敦愿:《漫谈湖南湘潭出土的商代豕尊》,《中国农史》1983年第2期,第43～45页;《论湘潭商代豕尊》,《故宫文物月刊》总第95期,1991年2月,后以《湘潭豕尊与古代祭祀用豭》为题收入《刘敦愿文集》,第199～206页。

能会受到鸟兽尊的启发。现在各类铜器的发现数量都比较丰富，我们主张不应该囿于文献成说，以文献来印证器物，或是以实物来驳斥文献，都是不太正常的。"器以藏礼"固然不错，但器物，或器具，更大程度是以人类使用为原则加以演进的；而礼虽是规范人际关系或活动，但礼书或礼学的色彩更为崇古，二者会有许多相悖的地方。我们进行的青铜器综合研究，以器物学为基本，参校文献，具体到觥、尊的判别，首先应该看其流与器身的关系、盖的位置以及开口大小。

三、觥与爵的区分

觥与爵的区分，其实只是一个小问题，我们在此简要谈及。虽然同为酒器之属，觥和爵在功用和形制上还是存在差别的。但是觥类器没有自名，这类器物也就常被归入其他器类之中。而将这类器物被规定称为"觥"后，又因为没有统一的分类标准，其他器物如爵器也被当作觥器来看待。这显然受到《诗经》等知识影响，如《诗经》"兕觥其觩，旨酒思柔"等说法，就需要找到一些能够被当作"觥"的器物，用来"旨酒"。聂崇义的《三礼图》也有推波助澜的效应，以至黄以周也未能全然通融，"觥容五升……饮酒惟觥多连兕言，盖以兕角为之。其它觯觚诸器不以角，而字从角者，盖上古食鸟兽之肉，而取其角以饮，饮之始也……聂氏引先师说，觥亦以木为之，其形如兕，盖非"[1]。

图5-11　子楚爵

（采自Bronze Vessels of Ancient China in The Avery Brundage Collection, 1977, p.59.）

所以，一些金石著录中就出现将带盖的角或爵称为觥的现象，显然是以经学起家的金石学者需要为文献所言的酒器找到某种实物。他们要更熟悉文献一些。例如商晚期的子楚爵[2]（图5-11），又称子爵，吴大澂[3]、吴式芬[4]、刘体智[5]、邹安[6]、罗振玉[7]都把它误认为觥，其中不乏有因袭转录的缘故。金石耆老更注重对

---

① （清）黄以周撰、王文锦点校：《礼书通故》，中华书局，2007年，第2454页。
② 吴镇烽：《商周青铜器铭文暨图像集成》8567，上海古籍出版社，2012年，第17卷，第115页。
③ 《愙斋集古录》21·11·1-2。
④ 《捃古录》（二）1·35·3。
⑤ 《小校经阁金文拓片》5·43·1。
⑥ 《周金文存》5·71·1-2。
⑦ 《殷文存》下32·1-2。

铭刻的誊抄传拓，很少去研判器物。现在来看这件铜爵①，可能因为带盖且有兽首的装饰，这与觥盖比较近似，也就被误认为觥器。爵带盖情形比较罕见，当为特例。若从整体器物形制上看，两者还是有明显区别的。子楚爵器身为卵腹，三刀形足以及流、尾等爵器的特征都比较明显。尽管牛首盖的制法如同觥器，即器盖合一构成牛首，但尾端亦照顾到爵器的尾部，亦做成尖状。这是觥器中所不可能出现的。

普遍而言，爵为酒器，大多无盖，子楚爵为比较特殊的例子。若只看重特异，忽视掉子楚爵中的爵器共性，认识也就自然会有所偏差。爵器的核心特征是前流后尾。在接近流的位置常有两柱，鋬在腹部侧面，而足部配合器腹，一般为成刀形的三足，又因足部较高，多呈外侈状。这些特征都是在配合前流后尾，亦服务于爵器的功用的。觥器的差别就在于有流无尾，鋬就能从腹侧改置于器物正后，随之带来的就是使用上的差别。铜觥无柱，却有盖，也是与功用互为因果。形制上的异同是与器物的用途及功能分不开的，爵虽可兼作温酒器，但饮酒器应该是其主要功用②，尽管有些不同意见，如温酒③、浇酒敬神④，甚至太过关注像鸟的图腾⑤，就与器之本用相去甚远了。之前学者讨论颇为热烈，但却忽视了一个较为关键的问题，即为何在腹侧设鋬。曹峻注意到"鋬手与流口呈90°的器具，应是专为将液体迎面倒入饮酒者口中而设计"⑥。鋬与流的90°设置一定有专门用途，为特意制作，因为制作变得复杂，诸如在鋬底要用活体范⑦。我们不能以爵形的复杂程度就否决其饮用的功能⑧，从流、鋬的核心设置来看，似乎更便于饮用。觥的鋬在器物的后端，显然是更便于倾注内液于他器了，甚少直接饮用的，"这些不直接用来饮用的器具，无一不是鋬手位在与流口相对的一面，也就是二者呈180°而非90°"⑨。由此看来，觥器，最为可能且主要的功用是作为可以倾倒的盛酒器，至于是倾注他器还是地下，则另当别论。在器形设置上，是需要满足觥器这一功用的，例如流鋬的位置。基于核心设置，它与爵还是比较容易区

---

① René-Yvon Lefebvre d'Argencé. *Bronze Vessels of Ancient China in The Avery Brundage Collection*. 1977, p.59.

② 杜金鹏：《商周铜爵研究》，《考古学报》1994年第3期，第263~298页。

③ 贾洪波：《爵用新考》，《中原文物》1998年第3期，第36~41页；《爵用平议——兼与〈青铜爵的功用、造型及其与商文化的关系〉一文商榷》，《江汉考古》2003年第1期，第52~58页。

④ 李少龙：《青铜爵的功用、造型及与商文化的关系》，《南开学报》1999年第1期，第77~83页。

⑤ 吕琪昌：《从青铜爵的来源探讨爵柱的功用》，《华夏考古》2005年第3期，第83~90页。

⑥ 曹峻：《小议青铜爵的功能》，《三代考古（七）》，科学出版社，2017年，第333、334页。

⑦ 黎海超：《试论商周铜爵铸造传统与形制演变的关联》，《江汉考古》2018年第1期，第50~73页。

⑧ 朱凤瀚先生曾论，"这种饮器有三足，较宽的长流，口缘上又有双柱，并不便于饮酒"（《古代中国青铜器》，第89页）。

⑨ 曹峻：《小议青铜爵的功能》，《三代考古（七）》，科学出版社，2017年，第333、334页。

分的，两者功能和形制都存在很大的差异。

我们对觥器的相邻器类做了一些辨析，有很多是学术史上遗留的问题，如觥、匜的区别，也有因为器物的近似所带来的一些误解，如动物形觥与鸟兽尊，以及与爵的关系。实际上，他们之间没有特别多的器形演变上的亲缘关系，尤其是与爵，只是早期研究中的误判所致。我们在梳理数者关系的同时，得以再次确认动物形青铜觥的标准：①有流，多借用动物造型的颈部。②具盖，且能将流密闭，或者说流与盖可以形成一个整体，共同构建某一个动物形态。③绝大部分有鋬，意图模拟具体的动物形象。铜觥的形制有着"借形"的理念，随之影响到其纹饰的特点，常采用多种动物形象，并经想象糅合而成，且多与器物的形状有所结合。当然，将某类器物名之为"觥"，也是我们的人为规定。但这个在器物形态上，是与其他相近器类有着较大差别的。所以，判断具体的器物是否为觥，还要根据器物本身的特点来加以研判。

第四节　觥器范畴内的器物辨析

在上一节中，我们主要辨析青铜觥与其他相邻器类的区别。本节对觥器内的有些类别进行区分，例如可视之为"兕觥"的角形器，还有曾经被认为是觥的一些器物。前者的角形器，我们在第二章类型研究中已有区分，但限于该章的整体研究目的，有些问题未能深入，亦在此有所延伸探讨。后者主要是守宫"觥"，我们不认为是觥器，将其单列出来，称之为觥形尊。实际上，它们与觥已是不同器类，是觥与尊相生出来的一种特殊新型器种。不过因为之前他们被称为觥，所以也就在本节讨论。

一、兕觥的博物考辨

1. 兕觥探源

觥的得名，出自古文献中常称的"兕"觥，而大多数学者认为"兕"就是常说的犀牛。如此说来，古文献中所说的"兕"觥可否就是犀牛角制成的角状饮酒器。屈万里先生有所质疑，"犀牛只有一个角或者一大一小两个角上下排列，而牛角则是左右并列的，兽形觥的觥盖做牛首而非兕首"[①]。以屈先生的观点看来，觥称为"兕"觥是不合适的。那么，文献中的"兕"觥究竟指的是什么。我们发现，有的学者将所谓觥器直接称之为"兕"觥，给研究带来一些困扰。而屈先生的质疑则在于，将"兕"解释为犀牛是否准确。关于这一问题，我们接下来会详细讨论。文献中所言的兕觥，

---

① 屈万里：《兕觥问题重探》，《"中研院"史语所集刊》第四十本第四分，"中研院"史语所，1971年。

"兕"为材质,"觥"为器形,当为牛角制成的器物,或者用其他材质模拟牛角而成的器物。也就是说,觥或为此种器的专名,但将"兕"觥理解为犀牛角制品或形似犀牛就不太准确了。

我们现在将带有器足、鋬、流以及更大体腔的酒器称之为觥,也是迁就学术界的误会,不得已而为之的。至于有无真正的铜觥器,答案是肯定的。安阳西北冈侯家庄1022号墓出土的一件角形器①(图5-12),很可能就是铜质的觥器。这件器形仿肖牛角,粗端有盖,尖端截断取平,李济认为是"独一无二的真正牛角形的青铜酒器……它的青铜仿制品可能是饮器中最早的角形器"②。类似形状的角形器在著录类文献中也有记录,《西清续鉴》甲编著录的一件名为"周兕觥"③的角形器,与殷墟侯家庄的角形器近似,也可以明显看出角形的状态。1959年,山西吕梁市石楼镇出土了一件龙纹"觥"④(图5-13),器物呈角状,有点近似《西清续鉴》中兕觥的曲线,但器形却发

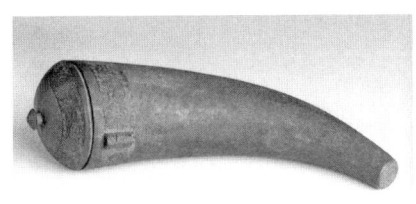

图5-12 安阳西北冈侯家庄1022号墓角形器

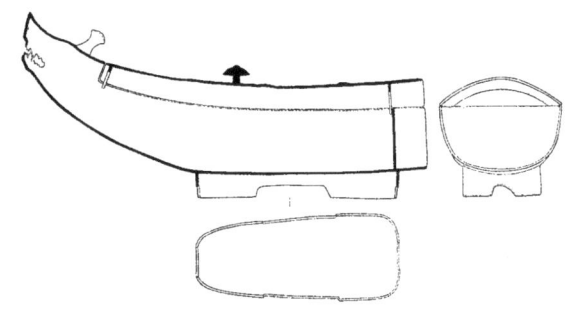

图5-13 龙纹觥器形线图

(采自《山右吉金——山西商周青铜器纵览》,

故宫出版社,2019年,第31页)

---

① 石璋如:《侯家庄第十本·小墓分述之一1055、1022等八墓与殷代的司烜氏》,"中研院"史语所,2001年。

② Chi, Li, The Tuan Fang Altar Set Reexamined. *Metropolitan Museum Journal*. Vol. 3 (1970). New York: Metropolitan Museum of Art. 1970,pp.51-72. 李济、张光直译:《端方柉禁诸器的再检讨》,《李济考古学论文选集》,文物出版社,1990年;《李济文集》(卷三),上海人民出版社,2006年,第671~693页。

③ 王杰:《西清续鉴》(甲编)卷十二,页十七,乾隆五十八年敕编,宣统三年涵芬楼石印宁寿宫写本影印本。

④ 谢青山、杨绍舜:《山西吕梁县石楼镇又发现铜器》,《文物》1960年第7期,第51、52页,图版50-5。

生较大的改制。一则，将盖变底，成为器物的一个侧边。其次，将盖开在器物顶面，下置椭方形圈足，这样一来，就将之前的角形器改为横置。将原来"酌彼兕觥"的直接饮器改为可以陈列的礼用器，其前段的龙首开口，"龇牙咧嘴"[①]开流，以供倾倒酒液。这些改制可视之为角形器的演进，但与我们所谓的觥器亦有着较大距离，而角形器，或能称之为"兕觥"的祖形，是直接模拟角器的。安阳侯家庄的角形兕觥在形制上最接近兕角，只是在其一端加上盖，一端设纽可拴绳，便于携带。为了形制美观，有的角形器在两端加以纹饰修饰。山西石楼出土的龙纹"觥"，增加圈足，更方便放置，整体器物显得更加稳重。

　　推测当时应该是有兕角制成的饮器，所以称之为"兕"觥。后来中原地区兕开始绝迹，相关器物的材质被替代，器物形象也有所变化，器名也随之发生一些转变，不再以"兕"称，而觥的名称却保留下来。"兕"这种动物在殷商早期数量较多且容易捕杀，所以用兕角做成的饮器使用比较广泛。但随着后来环境的变化，"兕"这种动物的活动范围慢慢南移，在中原地区日趋少见。另兼及角器为有机物，我们发现当时的实物比较困难。况且，当时使用的原始状态多为随身携带，随身饮用，侯家庄的铜角形器有一小系，即为证明。侯家庄角形器可谓是对牛角器的直接模拟，而桃花者村的龙纹觥则有一些演进。兽形的带足觥的形制，则是在这器物演进路线上的异化，借鉴了其他的器类，并糅合了许多的动物形象，其中一个原因就是兕或兕角开始变得罕见。我们现在所称之为觥的器物，绝大部分有三足、四足或圈足，盖做兽首状，流部一直延伸到背上，錾不是放在器物腹部的两侧而是置于尾部。这种造器精神，一举改变了之前的内涵。侯家庄角形器不能放置，虽然烟墩山的角状器可能放置，但器物较为原始。而山西石楼的龙纹"觥"器长且弘曲上扬，有一定的角形的感觉，但整体握持感较差，像是横陈的角，与侯家庄角形器也有较大的差别。我们将错就错，将这种有流带錾且有腔体的酒器以"觥"称之，却把最像"兕觥"祖型的角状器排除在外，虽有点矫枉过正，但也不得不如此处理。因为觥或兕觥的源流甚过复杂，需要严束枝蔓，方能集中力量，来研究数量更多的那一类器物。

　　商代早中期时，兕这种动物在华北及其中原乃至晋陕地区则比较常见，所以用兕角制成的饮酒器也比较习以为常。而随着气候的变化，兕逐渐在这些地区消失了。因兕角而产生的仿制铜器，经过了几次重大的器物改造，很难再看出当初仿照兕角的情状。初代原型的侯家庄角形铜器则更为实用，容易被湮留在铜器演进之潮中。而觥的器物形制一旦出现，必然是有了更大程度的演进，已与肇始的角形"兕觥"判若而殊。但是，觥的名称却沿用了下来。这就让我们对器物认识有了不少迷惑。新出现的觥器更深受王室成员的喜爱，多用以祭祀等场合，后又能随葬于上层贵族的墓葬中。

---

① 韩炳华：《晋西商代青铜器》，科学出版社，2017年，第252页。

2. 兕非犀牛考

传世文献中，关于"兕"的记载不在少数。《说文》："兕，如野牛而青"①。《山海经·南山经》："天虞之山，其下多水，不可以上。东五百里，曰祷过之山，其上多金、玉，其下多犀、兕，多象"②，《海经新释》中将两者分别解释，而郭璞注曰："犀似水牛，兕亦似水牛，青色，一角，重三千斤"③，亦是犀、兕混淆之始。当时的人们对犀、兕都已经不大熟悉，袁珂谓兕"中古代中国南方，固有此凶猛之动物也"，亦不确。值得注意的，《山海经》出现五处"兕"的记载，有四处是犀、兕并列而记的，如："女床之山……其兽多虎、豹、犀、兕"④。在《国语·楚语》中也有类似的记载，"巴浦之犀、犛、兕、象，其可尽乎？"⑤。古人多次将犀、兕并列而书，说明犀和兕并不是同一种动物。在以往研究中，仅据文献记载，将文本与器物简单的系联，认为兕觥为犀牛角器是有失偏颇的。近来学界也检讨这种研究方法，徐坚认为是穿凿附会，即"指建立考古学遗物和文献记载之间的一一对应关系"⑥。《说觥》一文被人质疑，也是出于此种的原因。

出土文献方面，唐兰对甲骨文字■释读为"兕"⑦，是没有问题的，也得到学界的公认。《说文》《尔雅》将兕释为牛类⑧，亦无疑义，商承祚亦认为牛属⑨。但学界对兕的解释却有不同的意见。董作宾认为兕为白麟⑩，则不可信。丁山释读为犀，认为兕犀为一声之转⑪。姚孝遂、肖丁以为兕、犀为古今字⑫，另只据获兕数量较少的卜辞，得出"盖兕为较稀少之动物，不易猎获"的模糊认识。此后，古文字及古史学界，普

---

① （汉）许慎撰，（清）段玉裁注：《说文解字注》"兕"条下，上海古籍出版社，1988年，第458、459页。
② 袁珂校注：《山海经校注》，巴蜀书社，1992年，第17、18页。
③ 袁珂校注：《山海经校注》，巴蜀书社，1992年，第322页。
④ 袁珂校注：《山海经校注·西山经》，巴蜀书社，1992年，第40页。
⑤ 徐元诰撰，王树民、沈长云点校：《国语集解》，中华书局，2002年，第505页。
⑥ 徐坚：《新郑李家楼：从盗宝私藏到学术公器》，《器物学与艺术史》，中西书局，2019年，第59页。
⑦ 唐兰：《获白兕考》，《史学年报》1卷4期，1932年。
⑧ （汉）许慎撰，（清）段玉裁注：《说文解字注》，上海古籍出版社，1988年，第458、459页。陈梦家：《殷墟卜辞综述》，科学出版社，1956年；中华书局，2004年，第555页。
⑨ 见于省吾：《甲骨文字诂林》，中华书局，1996年，第1603页。
⑩ 董作宾：《获白麟解》，《安阳发掘报告（第二期）》，"中研院"史语所，1992年，第287~235页。
⑪ 丁山：《商周史料考证》，中华书局，1988年，第175页。
⑫ 姚孝遂、肖丁：《小屯南地甲骨考释》，中华书局，1985年，第150~152页。

遍倾向于兕为犀说了，以至出现"实际上今天统称为犀牛。中国古代以兕为犀牛为两种不同的动物，完全是一种误解"①这种以非为是的说法。更甚者，陈梦家先生曾明言"卜辞的兕当为野牛"②，却被诬为"陈梦家《综述》五五五以为卜辞的兕就是出土骨骼的犀牛，这是对的"③。孙机虽以名物视角梳理了后世文献中关于兕、犀的说法，如郭璞、刘欣期认为兕为独角犀，陈藏、张世南认为兕为雌犀，但是，却仍旧认为兕觥是犀角所制④。兕觥为犀牛角器也逐渐成为定说，其谬渐深。然近年来，学界逐渐清理了"兕为犀"的习见。

法国神父兼学者雷焕章较早认为，兕、犀为两个不同的字，而兕为野水牛⑤。黄家芳曾经对中国古代犀牛有过系统的研究，并对"兕"做了名物上面的辨析，"晋以前有大量关于'兕'的客观记载，而晋以后就没有相关的客观记载。可以推断，'兕'这种动物可能在晋以前就消失了。因而导致了后人在不知道'兕'为何种动物的情况下，对前人记载的'兕'加以猜测，从而出现了对'兕'的不同认知。"⑥黄家芳又明确指出，兕与犀是有区别的，兕是一种外形似牛，大独角、皮厚且易捕杀的群居动物，但在晋朝时在中国境内已经绝迹⑦。守彬也认为兕非犀类，而是牛类⑧。杨杨明确指出，宰丰骨并非犀骨，而兕则为野生的圣水牛⑨。台湾学者也对此习见有所清理。张之杰对雷焕章的研究做了补遗⑩，一方面肯定了兕非犀说，另一方面认为兕字从商到晋有衍变，指代物种野水牛到野牛。杨龢之梳理《墨子》《战国策》《考工记》文献，"犀兕麋鹿满之""犀甲七属、兕甲六属"等记载，兕所指物种不一，认为先秦时对

---

① 姚孝遂：《甲骨刻辞狩猎考》，《古文字研究（第六辑）》，中华书局，1981年，第52页。
② 陈梦家：《殷墟卜辞综述》，科学出版社，1956年，中华书局，2004年，第555页。
③ 姚孝遂：《甲骨刻辞狩猎考》，《古文字研究（第六辑）》，中华书局，1981年，第52页。
④ 孙机：《古文物所见之犀牛》，《文物》1982年第8期，第80~84页。
⑤ 〔法〕雷焕章（Jean A.Lefeuvre）：《兕试释》，《中国文字》（新八期），美国艺文印书馆，1983年，第84~110页。〔法〕雷焕章著、葛人译：《商代晚期黄河以北地区的犀牛和水牛——从甲骨文中的𠂤和兕字谈起》，《南方文物》2007年第4期，第150~160页（原文发表Monumenta Serica, Vol.XXXIX, 1990~1991, pp.131~157）。
⑥ 黄家芳：《中国犀的演变史》，陕西师范大学西北环境与发展研究中心硕士论文，2007年。
⑦ 黄家芳：《"兕"非犀考》，《乐山师范学院学报》2009年第3期，第81~84页。
⑧ 守彬：《说"兕"》，复旦大学出土文献与古文字研究中心网站，http://www.gwz.fudan.edu.cn/Web/Show/544（发表时间2008年11月6日18：50：31），最后登录时间2019年12月9日10：33。
⑨ 杨杨：《田猎卜辞中的动物》，《郑州师范教育》2017年第1期，第83~86页。
⑩ 张之杰：《雷焕章兕试释补遗》，《中华科技史学会会刊》第七期，2004年，第1~9页。

兕的观念多歧，战国时与犀混为一谈①。陈元朋亦对犀牛进行了全面的梳理②，有助于我们认识关于犀牛的博物史。

我们认为，兕并非是犀牛。不以前述古文字或博物学为据，仅以事理逻辑揆之，有三点疑虑。若兕为犀的话，为何能获兕百只以上③，而且获兕卜辞近三十条，有不少是大量获兕的记录，如"获兕七十一"④"获兕三十六"⑤，可见兕应该群居动物。这与犀牛独居的习性大大违背。二则，如果兕为犀，为何殷墟所见的犀骨极少。陈炜湛根据卜辞说"武丁时常见逐兕"⑥。杨钟健、刘东生统计过，殷墟犀牛估计在十只以下，而圣水牛可达千只⑦。近年的安阳动物考古工作，犀骨也极为零星，占比极低⑧。张兴照整理了获兕地为37处，不在少数，有些亦出于殷墟之外，然商代殷墟以外遗址却几乎不见犀牛骨⑨。况且兕这种动物在西晋之后仍然存在的话，为何后世出现大量关于犀牛的形象，却不言"兕"？其三，兕不仅有白兕，也有宰丰骨上的"戠兕"⑩，若兕为犀解，则红色的犀牛又作何解释呢？虽然岛邦男将"戠"释为"臌"，为大块祭肉意，但也是一家之言，否则王晖先生也不会强解为犀牛身上的红土⑪。这一说法比较牵强，其田猎地为济南到淄博的一处山麓⑫，当地虽有红色土，但多为粉状，不是带有黏性的胶土，附于牛身的可能微乎其微。

---

① 杨龢之：《中国人对"兕"观念的转变》，《中华科技史学会会刊》第七期，2004年，第10~18页。

② 陈元朋：《传统博物知识里的"真实"与"想像"：以犀角与犀牛为主体的个案研究》，《"国立"政治大学历史学报》第33期，2010年，第1~82页。

③ 陈梦家：《殷墟卜辞综述》，科学出版社，1956年，第556页。

④ 《乙编》2507。

⑤ 《屯南》2857。

⑥ 陈炜湛：《甲骨文田猎刻辞研究》，广西教育出版社，1995年；中山大学出版社，2018年，第16页。

⑦ 杨钟健、刘东生：《安阳殷墟哺乳动物群补遗》，《中国考古学报》第四册，商务印书馆，1949年，第145~153页。

⑧ 袁靖、唐际根：《河南安阳市洹北花园庄遗址出土动物骨骼研究报告》，《考古》2000年第11期，第75~81页。

⑨ 张兴照：《商代地理环境研究》"甲骨文猎物擒获地"表、"商时期遗址所见动物遗存"表，中国社会科学出版社，2017年，第182~185页。

⑩ 商承祚：《殷契佚存》518，金陵大学中国文化研究所丛刊甲种，1933年。《合补》11300。中国国家博物馆：《中国国家博物馆馆藏文物研究丛书·甲骨卷》261，上海古籍出版社，2007年，第129、265页。

⑪ 王晖：《宰丰骨柶刻辞与功能考释》，《中国国家博物馆馆刊》2011年第12期，第56~61页。

⑫ "田于麦麓"之麦地，经赵庆森先生考证，在济南至淄博一带，详见赵庆森：《卜辞之曾地望考》，《中原文物》2015年第4期，第40~45页。

上述三问虽无法圆满解答，但已足证黄家芳的论定可信，"兕"应该是一种温顺的、外形似牛的群居动物。在殷周时期的中原地区，气候适宜这种动物的繁衍生息，兕在当时数量非常多，而且不难捕杀①。而文献中经常出现关于兕和用兕角制成的饮酒器的记载，如《诗经·豳风·七月》："朋酒斯飨，曰杀羔羊，跻彼公堂，称彼兕觥，万寿无疆"，《诗经·周南·卷耳》："我姑酌彼兕觥，维以不永伤"，就与犀角无碍了。《桑扈》中所谓的"兕觥其觩"，"觩"为弯曲的意思，乃至角形的牛角，而非犀角。

在后世画像石上，有一些关于犀牛的形象，多作前冲抵角相斗状②，刻画得比较有动感，多少也看出凶猛暴躁的性格，这与牛还是很好区别的。同样都是南阳地区的画像，有作为牛郎星的特征，刻画出牵牛形象③；也有所谓的斗牛的场景，即便是斗牛④，看起来都是比较温和的形象。其中犀与牛主要区别为，犀头上长着锐利的独角，而牛则是双支角。这是汉时人们对牛、犀的认识，与商周情形相去亦不远。我们所看到的兽形觥，动物形象较为温和，也多为双角。犀的形象见诸商代铜器小臣艅犀尊，形象非常明确。无论是独角或前后两角的犀牛，其形象均未出现在所谓的觥器上，觥这种酒器与犀角并无关联。兕显然不是性情较烈的犀，而是种性格温和的动物，才会在卜辞上有"王往逐兕"⑤的记载，后面坠车只是一个意外情况，与狩猎本身无涉。

本小节，我们通过对兕觥探源、兕非犀牛考两方面的讨论，再次证明本书所讨论的铜酒器与兕觥或觥关系不大，尤其是在器物演进方面。这一点，侯家庄的角形铜器是比较有力的证明。兕非犀的结论，一方面对侯家庄角形器的来源有所佐证，其起源于角质酒器。当时的人们整治常见易得的牛角，充以酒器，诗经中"兕觥其觩"就是这个情况。因为牛角易得，铜器的仿形较少，目前只见侯家庄等少数几例。出于金石学家将文献与器物一一对应的习惯，王国维把本书主要讨论的酒器名之为觥。后来，孙机等名物学家仍然坚持将兕认为犀，主要原因是意图与后世的犀角杯建立联系。事实上，后世出现的犀杯是中外交流的产物⑥，与古文献的"兕觥"是两回事⑦。

---

① 黄家芳：《中国犀的演变史》，陕西师范大学西北环境与发展研究中心硕士论文，2007年。
② 南阳市博物馆：《南阳汉代画像石刻》16，上海人民美术出版社，1981年。
③ 南阳市博物馆：《南阳汉代画像石刻》2，上海人民美术出版社，1981年。
④ 南阳市博物馆：《南阳汉代画像石刻》4、11，上海人民美术出版社，1981年。
⑤ 《合集》10405正反。中国国家博物馆：《中国国家博物馆馆藏文物研究丛书·甲骨卷》056，上海古籍出版社，2007年，第165~171页。
⑥ 参见王子今：《说犀角杯——一种东西文化交流的文物见证》，《四川文物》2008年第1期，第41~48页。
⑦ 详见王子今：《秦汉名物丛考》"角杯·犀角杯"条，东方出版社，2016年，第143~156页。

二、守宫"觥"新论

上一小节,我们从器物、文献两方面探源,重申了将侯家庄角形器、石楼龙纹"觥"清理出去的必要。青铜器整理,是在做"加法",尽量收集可能的材料;而在研究层面,则更要注重"减法"①,才能更加认清器类的本质。本小节主要讨论守宫"觥",属于个案研究。我们主张,将这件器物清理出觥器,因为该器与觥器貌合神离,在器形上有着较本质的差别。从器类之间的关系看,守宫"觥"可视为是觥、尊共生而来的特殊器形。

通过第三节的讨论,我们确立了觥器的三条标准,兹不再论,其中有两点造器核心之处,即①兽首铸于觥盖上,②具流,且承担实际功能。亦陈梦家谓,"皆有盖作牛首形"②。如果不符合这两点制器精髓,即便外形酷似,亦不宜称之为觥。守宫"觥"就是这样的例子。

守宫"觥"为拉斐尔·柴德(Ralph M.Chait)旧藏。拉斐尔是英国剑桥大学菲茨威廉姆博物馆(The Fitzwilliam Museum)东方艺术馆馆长,后来该器也就被该馆收藏。守宫"觥"传为1929年出土于河南马坡,最早公布在《伯灵顿杂志》——一份关于古代艺术学术期刊上③,亦在1935~1936年的中国艺术国际展览上亮相④。后来,容庚注意到《伯灵顿杂志》,并在《商周彝器通考》收入(图5-14),为觥类第十六器,描述较为简略⑤。陈梦家亦收录在觥器类,但注意到器物的最大特征,"是唯一的腹由中分的两部分组成的例子"⑥。林巳奈夫将之归入"匜"类⑦,不过按照他的分类标准,此器与所谓的觥器当为一类。其余诸家均将此

图5-14 守宫"觥"
(采自《商周彝器通考》图六八五甲,第761页)

---

① 关于加法、减法等说法,参看徐坚:《新郑李家楼:从盗宝私藏到学术公器》,《器物学与艺术史》,第32~69页。

② 陈梦家:《中国铜器概述》,《陈梦家学术论集》,中华书局,2016年,第354页。

③ The Burlington Magazine, June, 1934. pp. 253-254. 因笔者暂未查阅该杂志,推测容庚《商周彝器通考》中的守宫"觥"诸图亦是取自该杂志。

④ 《中国展览——中国艺术国际展览会纪念图册》253。

⑤ 容庚:《商周彝器通考》,上海人民出版社,2008年,第325页。

⑥ 陈梦家著,王睿、曹菁菁、田天、孙莹莹译:《中国铜器综述》,中华书局,2019年,第219页。

⑦ 〔日〕林巳奈夫著,〔日〕广濑薰雄、近藤晴香译,郭永秉润文:《殷周青铜器综览——殷周时代青铜器之研究》匜30,上海古籍出版社,2017年,第205、206页,图50(3)。

器认为"觥"属,并未有其他意见。

如果沿着陈梦家先生的视角再深入探讨,就会发现一些问题。所谓器腹中分两部分,其实就造成两个迥异的形制,即①兽首不在器盖前端,改为与器身相连。②流为假流,不承担实际功能。此两项特征为连带而成,尤其是第一点,兽首改为器身,可能会降低制作工艺的难度。此仅为笔者的猜测,未经模拟实验证实,不过从苏荣誉先生公布的藤田羊觥X光片来看①,因盖处于平面与立体之间,加之有一定的曲面,再浑铸兽首,合范当费些周章。退一步言,这一变化也有违于陈氏所列的觥之七条标准,并没有"渠状流"的出现;也与盖作牛首状迥异。守宫"觥"的盖是从兽首耳根后而截,仅作一段曲面,与器相扣合(图5-15)。另外,盖上另做一穿系,这也是觥器不常见的,显然是为了方便取合之用。

除盖的变化外,守宫"觥"还有两个的变化。第一,盖后端有缺,可以方便放斗,斗柄从这一缺口处伸出。第二,器内腹有一横置隔板,将体腔分为前后两格②(图5-16)。这些特征都是觥器所未见的。器内腹有隔板的也另见于盝方彝、师遽方彝两器③。其斗柄为两曲,并带有圭状的尾,斗首为圜底罐状,在器内状态为柄部一曲架在隔板上,前腔恰能将将容纳斗首。林巳奈夫"这两个格子中应该装两种不同的液体,用枓把一种液体放入另一种液体中进行勾兑,然后从流倒出"④的说法,就值得商榷

图5-15 守宫"觥"盖

(采自《商周彝器通考》图六八五乙,第761页)

图5-16 守宫"觥"盖侧面及勺

(采自《商周彝器通考》图六八五丁,第762页)

---

① 苏荣誉:《藤田美术馆藏四件商代青铜器研究》,《中国青铜技术与艺术》(丁酉集),上海古籍出版社,2019年,第190页,图113.1、113.2。

② 容庚:《商周彝器通考》,上海人民出版社,2008年,图六八五丁。

③ 参见冯峰:《论西周青铜器中的尊、方彝(尊、方彝、觥)组合——兼谈其与尊、卣组合的关系》,《三代考古(八)》,科学出版社,2019年,第281~307页。

④ 〔日〕林巳奈夫著,〔日〕广濑薰雄、近藤晴香译,郭永秉润文:《殷周青铜器综览——殷周时代青铜器之研究》匜30,上海古籍出版社,2017年,第139页。

了。退一步讲，也不过是他的猜想而已。然而，单论斗的用法，更多是挹取之用。据文献以及考古所见的斗及器物组合①，似乎是从此器向彼器挹取液体。之前，王帅在其中分出斗形器，认为为祖先、上帝献酒之器②，究其功能仍然是有挹取色彩的。亦基于此点，我们不禁要进一步考虑，较为厚重的斗器在简单隔梁两边是否便利。在守宫"觥"的正面有一椭方形的开口，可能如林氏所言"从流倒出"，但觥的渠状流到如此小的孔，反差未免太大了些。如果倾倒的话，是否顺畅，腹内的斗又置于何处？显然，盖设缺口是为了更稳妥地安置斗。苏荣誉考察羊觥时有论，虽有流出的设计意图，但并未真正实现③，守宫"觥"是否亦如此呢。那么，守宫"觥"的具体用法，很可能是合盖陈祭，开盖，用斗挹取酒液祼祭。

种种迹象表明，守宫"觥"并非是纯粹的觥器，若结合其形仍存模拟动物的意图，可认为是觥与尊的共生之器。主要体形保持觥形的大概，然其细节，甚至使用，都已悄然向鸟兽尊变化，"凿顶及背，以出内酒"④。这样的话，守宫"觥"的尊彝系统色彩就更为浓重。朱凤瀚先生用此器来佐证水野清一持彝为盛酒的容器之说⑤，亦师出有名。守宫器组中，有守宫鸟尊、守宫卣等器，然未见有传统的尊器，可见守宫"觥"假流的设置，乃因原本承担了传统尊器的功用。亦因此，守宫"觥"与守宫鸟尊的关系要更为微妙，"在形制上的模仿与借鉴，也足以使二者相互靠近"⑥。守宫"觥"的改制，反映这觥、尊以及鸟兽尊交错影响，共生出尊形觥新器类。正是由于这一共生制器，可以促使组合中的器类减少。不过，也因其出现目的，是为对常规组合（如彝尊觥组合）的简省，故而发展不昌，甚至是昙花一现。关于组合问题，我们将在下章详论。我们考虑守宫"觥"是相生出的新品种，主张将其清理出觥属，仅以觥形尊而论。此前讨论过的烟墩山的鸟兽尊，我们也不以觥器视之，应是在觥形尊属。

以上是我们对守宫"觥"的新探讨，或许在不是问题的问题上，强以为解。不过，我们是以深入研究为初衷的。我们对器物个案探究的线索正是守宫"觥"的斗。费引觥亦带有斗，但并无守宫"觥"诸多器形细节上的变化。山东陈庄18号墓的觥，

---

① 参见吴正英：《商周青铜斗初步研究》第二章"青铜斗的功用"，陕西师范大学硕士学位论文，2019年，第23～32页。

② 王帅：《略论考古发现中的青铜斗形器——兼说伯公父爵与"用献用酌"之礼》，《古代文明》2008年第4期，第40～46页。

③ 苏荣誉：《藤田美术馆藏四件商代青铜器研究》，《中国青铜技术与艺术》，上海古籍出版社，2019年，第186页。

④ 容庚：《商周彝器通考》"鸟兽尊"，上海人民出版社，2008年，第326页。

⑤ 朱凤瀚：《古代中国青铜器》，南开大学出版社，1995年，第103页。

⑥ 张懋镕：《试论中国古代青铜器器类之间的关系》，《古文字与青铜器论集（第二辑）》，科学出版社，2006年，第135页。

出土时也与斗紧邻①，似乎也是组合关系，却也没有凿背置盖的迹象。故此，我们大胆认为，守宫"觥"在器形上有关键性的变革，已然是新的品种。

小　　结

本章对觥器的判定标准，做了比较明确的认定，相应对匜、鸟兽尊的相近器类做了一些梳理，也顺带对兕觥进行文献学、器物学的溯源。关于兕觥问题，我们在学术史的梳理中已有大致涉及，而觥器命名这则公案，或能通过兕觥以及角形器等问题加以勘明。通过器类研究，使我们对觥类器物有了更加明晰的认识，亦可见分型定式、分期、分区都不是最终目的，真正认识器物本身才是我们的初衷。当然，之前的类型、区系等研究，是我们得以深及肌理的框架与坐标。

觥器的出现，与青铜制作水准不无关系，其后也有着商人重酒的社会风尚。社会需要的促发，技术得以实现，使得青铜觥得以涌现，并在发展过程中吸收借鉴了其他酒器的造型。作为新出现的器类，受到其他器形的影响较大，以至长久以来器名、器类的问题夹缠不清。而觥对其他器类的影响虽微，但也不是没有，如子𧢻爵，前流后尾、卵圆形腹，两侧有兽首鋬，下设三棱锥足。该爵最大的特点是具盖，盖前端作牛首形，另在腹部有三条扉棱，所以，在很多著录中就被误为觥。它和觥的造型有相似之处，皆有盖且做兽首形，下有三足或四足，有流。然从器腹、鋬的位置来看，为爵更为妥善。当时工匠可能也受到觥类器形的启发，并用到爵上。不过，两者的功用还是有些具体区别的。很多情况下，所谓的青铜觥不做以饮器，尤其是贵引觥这样带有斗的器物。如前揭之论，其斗为挹取酒液之用，则觥多非直接倾倒之器。虽然兕觥及其拟形的角形器，其功用当为直接饮用；但在所谓的觥器上，这一功用已经"名存实亡"，具体功能发生转变，不再作为饮器使用。尤其是觥与尊、彝配合成套之后，便构成另外一套器物组合，开始承担另一种的功用。

---

① 山东省文物考古研究所：《山东高青县陈庄西周遗存发掘简报》，《考古》2011年第2期，第3~21页，图六。

第六章 墓葬及器物组合研究

铜器与墓葬的关系非常紧密,通过墓葬中的位置及层位关系,可以认定出铜器群落,乃至进一步确定铜器组合。这在认识某类铜器,或器类关系上,都有本质上的助益。这也使得青铜器研究进入到另外一个层面,摒别单纯依靠文献陈说来研究铜器。我们借助考古学,不是仅仅在通过考古发掘而获得铜器材料,还要汲取考古学的方法以及思想。考古材料可以成为我们研究的主要对象,也不应排斥对考古情境的追究。墓葬状态、器物组合是构成情境的主要内容,也自然成了我们铜器研究的一部分。

在我们研究铜觥的过程中,发现这类铜器存在着定名、器类、功用等一系列问题,我们也试图加以解决。在器物的类型研究、文献的文本细读以外,本章意图分析出土觥类铜器的墓葬,通过对相关墓葬尺寸、等级、葬制以及出土器物的研究,将觥器重置于整体墓葬情景中。需要指出的是,墓葬出土铜觥的数量并不多,我们收集到的相当一部分铜觥为传世品。原因之一为早期殷墟范围的铜器流散所致,有不少流传于世的铜觥失去了墓葬信息。此外,西周觥器也有部分为窖藏出土,较之墓葬,窖藏出土的铜觥的信息维度偏窄,例如铜器组合关系等因,是否是强联系亦有待讨论。这些均使我们的研究产生一些困难,我们尽可能最大限度地使用这些材料,包括来自窖藏中的铜觥及其同出器物。

第一节 出土青铜觥墓葬分析

本节主要分析出土有觥的墓葬,将器物置于墓葬的原境之中。如前所言,出有觥器的墓葬多经盗扰,我们收集到相对比较完整的墓葬,共有10座,基本集中在商代晚期,其中殷墟二期2座,属于殷墟三期的墓葬1座,四期有3座,另外有2座为西周时期的墓葬。因墓葬数量偏少,我们不做分期,仅以时间顺序依次而论。

一、殷墟二期墓葬

殷墟二期,出土铜觥有两座墓葬,均位于河南安阳殷墟区内,一座是小屯5号墓(妇好墓),另一座是花园庄54号墓。需要说明的是,正如许多出自殷墟的流散铜觥一样,它们所在的墓葬也遭到破坏。实际上,出土有铜觥的墓葬并非仅有这两座。

小屯5号墓，位于小屯村的东北地，在宫殿宗庙区的西南侧，墓主通常认为是妇好①，武丁的配偶。墓口尺寸南部长5.6、东西宽4米，向下5.7米，墓底略小于墓口，南端有收缩。墓室的平面面积不算太大，为22.4平方米，但不能按照张明东的划分原则，仅按面积大小就将5号墓归入第三等级，还要根据位置、出土物品综合判断。5号墓位于东北向，距宫殿区的丙组基址200余米②。在宗庙宫殿区，墓葬发现不少，是否另有原因不得而知③，但妇好墓显然是较高等级的。墓中随葬器物是逐层放置，具有较强规划性的，铜礼器多在椁室内发现，墓中出土铜器众多，达468件，计有鼎31、簋5、瓿53、爵40、斝12、罍2、尊10、瓿3、觥10、卣2、盉6、盘2、壶4、方彝5、觯2、觚8、盂1、缶1、钺7。上述只是出土器物的统计，并不是相应的器物组合。妇好墓铜器的来源较多，故而存在多种组合形式。如借助组合进行研究的话，出土位置是需要首先考虑的。

因为早期报告的简略，妇好墓的8件觚，只有一部分能够知道出土位置。一件圈足觚（327）出土于墓室底部的东段，在妇好方罍的东侧，北端为两件方尊，南端为两件鸮鸮尊。另外的两件圈足觚出土于墓底东壁北段的大方尊与妇好鸮尊之间④，其余觚器的位置不详。然从两件圈足觚的出土位置来看，大体位置在前述圈足觚（327）的附近，所以报告中的位置图不甚详尽⑤，对这几件觚的位置容易造成误解，即在罍、尊之间，只放置了一件觚器。事实上，这些觚器应该是放置于其他几种酒器之间。可见，觚器出现的初衷可能是要增加酒器品种的。从这个位置关系看，显然没有必要为了迁就之前的学术史，将这种器物被归入匜类水器，甚而强解匜类器也有酒器的功能。然而，这八件觚的详细位置语焉不详，我们依照器物形态，暂且认为是成对偶出。

花园庄54号墓在妇好墓东南500米，亦为长方形土坑墓，墓口长5.04、宽3.23～3.3米，墓底长6.03、宽4.15～4.4米，为上窄下阔，最大面积约为26平方米。墓制为熟土

---

① 小屯5号墓出土的"帚好"铭的铜器，张政烺先生认为是帚好是累世相承的世妇之器（《帚好略说》，《考古》1983年第6期，第537～541页）。然将墓主定为妇好，以及与卜辞中的"妇好"联系起来，主要依据王宇信等先生等意见（详见王宇信、张永山、杨升南：《试论殷墟五号墓的"妇好"》，《考古学报》1977年第2期，第1～22页）。近年石璋如（《殷墟妇好墓的五点疑问》，《纪念殷墟甲骨文发现一百周年国际学术研讨会论文集》，社会科学文献出版社，2003年，第635～636页），张素凤、卜师霞[《也谈"妇好墓"》（《中原文物》2009年第2期，第41～44、80页）]对墓主有所质疑，张素凤、卜师霞认为只是巫觋神职人员。关于这一观点，韩江苏有针锋相对的意见（韩江苏：《殷墟妇好墓主身份辨——与张素凤、卜师霞商榷》，《中原文物》2010年第1期，第99～104页）。

② 中国社会科学院考古研究所：《殷墟妇好墓》，文物出版社，1980年，第2页。

③ 岳洪彬、岳占伟、何毓灵：《小屯宗庙区布局初探》，《三代考古（二）》，科学出版社，2006年，第328～343页。

④ 中国社会科学院考古研究所：《殷墟妇好墓》，文物出版社，1980年，第12页。

⑤ 中国社会科学院考古研究所：《殷墟妇好墓》，文物出版社，1980年，第14页，图七。

二层台、有腰坑，葬具为一椁一棺，棺盖四周饰金箔，椁底铺朱砂，另有殉人15具、殉狗15只。青铜礼乐器43件，多在椁棺之间的南北端，即墓主的头脚向，且北端为食器、南端为酒器有规划地放置。南端放置了一件觥，器物组合如下：爵9、方尊1、方罍1、方彝1、盉2、罍1、觥1、甗1以及9件觚中的6件。另外3件觥在墓室的西北角。南部的铜觥出土时，器盖分解，盖在较正北端，压于盉（157）下，旁边有爵、方罍。器则在东南角，旁边杂列三件觚（120、192、237）。推测是椁室塌陷所致，觥的位置可能要以器身为主，后来整理者亦说"青铜觥位于120号青铜觚的东面"①。觥出于觚间，也应该不是直接的饮器。从花园庄54号墓来看，这时觥器虽然出现，但尚未进入到器物组合序列中，其位置被置于墓室东南一角，整体组合仍以觚、爵为主。然从觚的位置看，觚爵组合有所松动。这时方尊、方罍、方彝逐渐形成了固定的方器组合，而觥处于具足阶段，与上述方器的器足不够协调，尚未能进入到组合中。从器铭"亚长"辞来看，墓主应是"长"族的首领，9套觚爵和7件大钺，也说明墓主人是集王室成员与军事职官为一身的贵族。因为35岁的墓主非正常死亡，且生前有多处征战所致的伤口②，是否因此下葬了当时不太常见的觥器。这件亚长觥的制作者在纹饰使用上颇费心思，大象纹、蝉纹、鸟纹、龙纹等动物纹饰多次出现，又形态各异，力求呈现一些区别。器足作锥状，略外侈，此种足部的设计在青铜觥上也是首例。器物形态初看起来既不像同时代的司母辛四足觥，也不像妇好圈足觥，但细看之下似乎又都有相似的部分，像是两种觥的融合，可见做器者花费了很多心思。

殷墟二期出有觥的墓葬，已知的较为完整墓葬就是小屯5号墓、花园庄54号墓。至于陕西洋县张村所发现的牛觥③，可惜遗址单位情况不明，虽有可能是墓葬，然稳妥起见，学界多称之为铜器出土点。即便如此，我们仍不知道更多的考古信息。湖南牛觥可能出自山埠高地的祭祀坑，洋县牛觥是否也有类似情形，我们很难做以更进一步的讨论。小屯5号、花园庄54号墓均有比较特殊之处。出土位置近邻宫殿基址，出土器物较多，殉人亦多，且出有铜钺，妇好墓就出土7件较大型的铜钺。所以，不能单纯依墓室面积来划分等级，甚至将其列入第三等级④，这样有降低觥器的等级之虞。除社会等级之外，墓主的身份也应加以考虑，小屯5号墓、花园庄54号墓的墓主有着相当的军事色彩，且可能具有一定的行巫的神权，铜觥的出现会不会与此有关，尤其是此时仍是以觚爵为核心的酒器组合。像觥这种特殊的酒器，不大可能作为等级较低的人员用器而发明出来。

---

① 中国社会科学院考古研究所：《安阳殷墟花园庄东地商代墓葬》，科学出版社，2007年，第91页。

② 中国社会科学院考古研究所：《安阳殷墟花园庄东地商代墓葬》，科学出版社，2007年，第75~77页。

③ 赵丛苍：《城洋青铜器》，科学出版社，2006年，第176页。

④ 张明东：《商周墓葬比较研究》，中国社会科学出版社，2016年，第67页。

二、殷墟三期墓葬

属于殷墟三期的带觥完整墓葬有一座，为河北定州北庄子67号墓①。需要说明的是，本期铜觥数量不在少数，且多为河南殷墟出土，但未见有比较完整的墓葬，盗扰流散程度严重。颇有意思的是，出土角形器的侯家庄1022号墓亦在本期。此外，刘家庄北地31号水井中亦发现有一件觥盖②。

北庄子商代墓群位于定县城西北，整座墓群共有42座商墓，大致分为东、西两区。1991年春，对整片墓区做了重点发掘，67号墓亦在其中。虽然考古发掘工作被遴选为1991年的"全国十大考古发现"，然至今仍然只公布一份比较简略的考古简报③。67号墓的面积、葬制、葬具不详，只知道基本器物组合：鼎2、簋2、觥1。如果从觥器角度来看，在同时期殷墟以外的带觥墓葬甚为少见，67号墓所出的铜觥高17、长19.5厘米，虽然小于传世的殷墟三期享非觥，但与刘家庄北地觥盖的尺寸相当，与后者的型式也更为接近。遗憾的是，我们暂无法从墓葬的层面对其讨论。不过，从组合来看，鼎、簋、觥比较奇特。觥器流入该地区后，有所改造。可从形制上看，地域特点不是特别浓厚，无论是造型还是纹饰都与殷墟青铜器相似。可有意思的是，觥的铭文为"🐾父癸"，其族徽"🐾"，研究者认为属定州当地。器形带有浓厚的商文化的因素，属于殷墟风格，盖与刘家庄北地的觥盖比较近似，盖首上扬角度不大，长度不甚长，且尾部的弧度比较圆润。而鼎、簋、觥组合，如未经盗扰，酒器方面则为觥器担纲，比较特殊，显然是当地使用上的变化。此外，是否还有墓主性别、身份等因素，限于材料公布情况，我们很难进一步讨论。

带"🐾"族徽铜器，除前代著录外，也有考古发现，1974年河南安阳轧钢厂商墓（M2 : 1）出土🐾爵④、1965年陕西长安沣西出土的史🐾父丁卣⑤。考虑到"🐾"族铜器的集中发现，北庄子墓群应是其家族墓地，且与商王畿联系密切。通过"🐾"族，殷王朝与冀中南地区保持着紧密的政治与文化联系，觥器也就带进此地。不过，较之殷墟，觥的具体功用可能发生了转变。至于"🐾"族是否是当地方国，甚或封地是燕亳之地等说法，我们所能见到的材料有限，亦无从谈起。

---

① 河北省文物研究所、保定地区文物管理所：《定州北庄子商墓发掘简报》，《文物春秋》1992年第S1期，第230~240页。

② 中国社会科学院考古研究所安阳工作队：《河南安阳市殷墟刘家庄北地2008年发掘简报》，《考古》2009年第7期，第24~38页。

③ 河北省文物研究所、保定地区文物管理所：《定州北庄子商墓发掘简报》，《文物春秋》1992年第S1期，第230~240页。

④ 《集成》07498。

⑤ 《近出》580。

目前对殷墟考古工作，在三期墓葬中，未见有觥器，郭家庄北区160号墓就未见有觥。殷墟三期，考古发现与流散铜觥出现了一些矛盾，其主要原因缘于盗扰、流散。殷墟刘家庄北地的31号水井中发现一件觥盖，水井年代为殷墟三期。根据同出铜器残片，可判断同出有爵、觚、罍、卣等器[①]。说明此时仍是觚、爵组合，觥器只是从属器物。需要说明的是，不能依据所出遗址单位的性质，就将觥认为有水器的可能。何毓灵认为，由于战争原因，器主出逃之前，将水井作为窖藏来埋藏铜器[②]。

此外，角形器出土于侯家庄HPKM1022，时代亦属殷墟三期。这座墓葬的墓室面积为2.07平方米，为小型墓葬，出土器物有觚2、爵2、觯1、卣1、斝1、方彝1、角形器1[③]。可见，有2套爵觚组合，未见有鼎簋食器。这说明该墓为殷系统浓重的中小贵族，而墓中酒礼器数量较多，且组合较为完备。这件角形器很可能就是实用性质的饮器，此与觥器作为某类礼器的情况有所差异。

三、殷墟四期墓葬

本期出有觥器且比较完整的墓葬有三座，郭家庄53号墓、花园庄9号墓以及山西旌介3号墓。此外，还有苏埠屯墓群，可惜破坏流散程度很大，河南鲁山、林县所见的觥也很可能出于墓葬，但遭到不同原因的破坏。林县商墓多半为旁边桃园河发水所毁。近年征集的山西酒务头的铜觥也应出自墓葬，但除器物外，其他信息阙如。

郭家庄53号墓位于整体墓群北区的南部偏中位置，墓群北距宫殿区1.5千米。因早期编写报告简略，墓群只重点公布了160号墓的资料。我们只能大概知道，53号墓墓室长2.4、宽1.2、深2.7米，腰坑、二层台上皆有一具殉狗，出土器物有鼎1、簋1、甗1、觚2、爵2、卣1、觥1、斝1、尊1、觯1，以及戈4、矛2、镞10、铃2、三角形器6。从器物组合来看，异常重酒器，且酒器种类比较齐备。郭家庄53号墓的规格不大，但出土器物上有"亚址"族徽，如觥内底有7字铭文"朕乍（作）母丙彝，亚址"。墓群第二大墓160墓亦出土33件亚址铭的铜器，在整个墓群中仅有这两座墓出土亚址铜器，值得注意。需要说明的是，墓地最大且带有一条墓道的172号墓，因为被盗，铜器几乎不存。在现有材料看，除160号墓随葬最多青铜礼器外，53号随葬青铜礼器数量要次之，且出现2套爵觚组合及大量兵器，在一定程度上表明了M53墓葬的级别要高于一般的贵族墓葬。不过问题来了，160号墓的墓室面积要大于53号墓，等级也要高，却并不见铜

[①] 中国社会科学院考古研究所安阳工作队：《河南安阳市殷墟刘家庄北地2008年发掘简报》，《考古》2009年第7期，第24~38页。

[②] 何毓灵：《殷墟刘家庄北地青铜窖藏坑性质探析》，《南方文物》2014年第1期，第96~100页。

[③] 石璋如：《侯家庄第十本·小墓分述之一1055、1022等八墓与殷代的司烜氏》，"中研院"史语所，2001年。

觥，反而在次一级的53号墓中出现。

殷墟二期，青铜觥首次出现在妇好墓中，已然昭示了它的身份，是被高等级贵族所用。此一说法，是以小屯5号墓的墓主是妇好为前提的。即使器物本身等级不高，也是被用于高规格的祭祀场合的。一下出现8件觥器，非同寻常，至少这类器不是突发地灵光一现，而是有意推出的。故此，在殷墟三期，也维持着这种高规格标准。处于殷墟三期的160号墓显然是级别不够，郭家庄墓群也没有处于殷墟核心区域。殷墟四期，青铜觥处于器物发展的高潮期，可能此时也对其使用有所松动，开始被等级稍低的贵族墓葬使用。相应的，殷墟以外的铜觥也多是在殷墟四期。即便如此，53号墓的眂觥也相对简略，通体素面，仅在盖的兽首的立角和眼眉部位使用了一些简单的纹饰。这些多少是对觥盖兽首的示意，表明其为牲器的属性。综合眂觥本身，以及所在墓葬等级、年代等因素，即使是商代晚期后段，器物有所普及，但仍然维系着一个等级化的标志，虽然被一些等级不高的贵族所用，但在器物上有所简省，有一定的折中处理。

安阳花园庄9号墓及其墓群在洹河南岸，该墓处于1991年发掘区的中部偏南，为最大的一座①。9号墓有南北两个墓道，为中字形，墓室呈长方形竖穴，口大底小，上口长8.9、宽8米，墓底长5.1、宽4.4米，深10.7米，仅按墓底数据，墓室面积就已达22.44平方米。墓室中有熟土二层台，高度为2、宽度在0.6~1.35米不等，上有13具殉人。另有"亞"字形椁室，椁高2米。南墓道距墓室1.6米处，有一疑为耳室的长方形浅坑，部分受盗洞破坏，11件铜器亦在盗洞发现，友束觥盖即在此内。另外10件铜器为鼎1、方彝1、方爵2、爵1、钺1、矛3。铜礼器与兵器混杂出于若此小空间，估计是盗墓所致，友束觥器身亦因此散失。

友束觥盖长29.1、高13.7厘米，尺寸不小，亦可想见整器的体量当不会小，颇为可观。加之有云雷地纹及正脊扉棱（图6-1），这件觥的等级绝不会低。9号墓的中字性质以及墓室面积，在整个后冈墓区是等级最高的一档，仅有1933年冬所发掘的大墓可比肩②。这座大墓亦有南北两条墓道、亞形椁室，墓室底部"南北长五公尺五寸，东西宽4公尺二

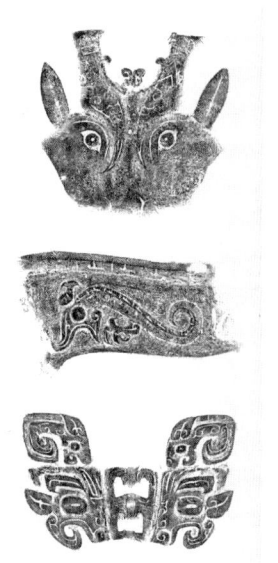

图6-1　后冈9号墓觥盖全形拓片
（采自《殷墟新出土青铜器》，第363页）

---

① 中国社会科学院考古研究所安阳队：《1991年安阳后冈殷墓的发掘》，《考古》1993年第10期，第880~901页。

② 石璋如：《河南安阳后冈的殷墓》，《中央研究院历史语言研究所集刊》第十三本，中华书局，1948年，第21~48页。

寸",较9号墓小,但有28个殉人头骨。可惜墓室被盗,随葬器物几乎洗劫一空,仅余金叶、铜片、车器以及零星兵器及其他小件,无从与9号墓的器物比较。不过,从9号墓的规格、友束觚(盖)的等级上,也能印证我们对郭家庄53号墓的推论。花园庄9号墓的时代在殷墟四期偏晚,这时的觚爵酒器组合开始松动,甚或消退,为日后彝、尊、觚的组合导其先路。墓内出现的方爵亦正处于过渡转型期。因为盗扰关系,我们也不能仅依据现存器物,就认为其组合为方彝、方尊、爵、觚。但是,若细观友束觚盖尾部,圆润转角下,末端接近较平的直线,有可能已是Bb亚型的方觚。

位于晋中盆地南部边缘的山西灵石县旌介村商墓,是本期殷墟之外少数发现觚的地点之一。兽形觚所在的3号墓1976年被当地群众修建窑洞取土发现①(图6-2),在其南部的1、2号墓则是1875年因烧砖取土发现②,其中2号墓距3号墓50米。1985年又在20米处发现一座小墓和一座车马坑③。3号墓口部长3.9、宽2.1米,底部东西长3.45、南北宽2米,以底部计算为6.9平方米,深7米。葬具为一棺一椁,椁长2.85、宽1.28、残高0.7米。死者骨架有扰动,部分铜器也有散佚,所余16件铜器置于棺椁间的南侧空档,计有鬲鼎1、方鼎2、爵3、觚1、尊1、卣1、觚1、觯1以及

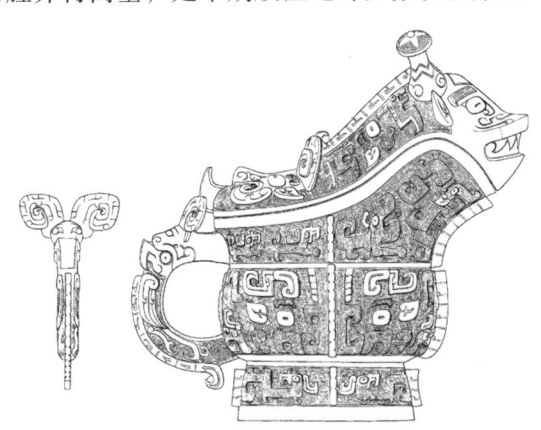

图6-2　山西旌介3号墓觚正面线图

(采自《山右吉金:山西商周青铜器纵览》,第80页)

戈3、钺3④。1、2号墓的面积与3号墓相差不多,但随葬铜器要多于3号墓。其中1号墓有41件铜器,23件为容器;2号墓69件铜器,18件容器。可见,3号墓的铜器有相当程度的散佚,其组合形式不太好说,整理者亦避而不谈,只着重讨论过1、2号墓的组合关系⑤。

从葬制、器物等因素来看,3号墓与殷墟关系更为密切,且3号墓要早于1、2号墓,在文丁时期。这时丙族(或方国)受殷墟影响较深,故而有觚的出现,葬制也是一椁一棺。丙国首领与商王国贵族是同宗族的关系,丙国乃是由商王朝分封的王室

---

① 戴尊德:《山西灵石县旌介村商代墓和青铜器》,《文物资料丛刊(3)》,文物出版社,1980年,第46~49页。
② 山西省考古研究所、灵石县文化局:《山西灵石旌介村商墓》,《文物》1986年第11期,第1~18页。
③ 山西省考古研究所:《灵石旌介发现商周及汉代遗迹》,《文物》2004年第8期,第29~37页。
④ 山西省考古研究所:《灵石旌介商墓》,科学出版社,2006年,第145~195页。
⑤ 山西省考古研究所:《灵石旌介商墓》,科学出版社,2006年,第203~204页。

成员建立的，学界多认为是商王室在晋南灵石一代所设立的军事据点①。丙国对物质拥有水平可能和商王朝接近。在3号墓中出土了3件青铜钺，可见墓主具有一定的军事权力，应为丙国的高级贵族，多半是军政合一的将领。此时的丙族所在的当地力量亦强，如3号墓的鬲鼎上的双身夔纹就是殷墟罕见②，故而能在此后的1、2号墓时期，非商文化因素增强③。这是1、2号墓未见到觥的原因之一。此外，旌介商墓中的觚爵组合比较稳固，也很难有觥器的容身之处。丙族与商朝关系并不疏远，但在之间路线上横亘着太行山脉，文化传播有一定障碍，这也是时间较短范围内3号墓见有铜觥、另两座墓却无觥的原因。同时旌介丙族又受到关中西部文化的影响④，进入西周后，很快臣服于周人，尽管可能中间也有遭受重大打击的情况⑤。但无论出于何种情况，觥器亦不大可能再在丙族中使用。

苏埠屯商代墓群位于山东青州市东北20里苏埠屯村的埠岭上，其中1~4号墓及一座车马坑为1965~1966年发掘⑥，5~12号墓为1986年发掘⑦。整个墓地盗扰严重，仅7、8号墓保存完好，其余均遭破坏，随葬品所剩无几。规模最大的1号大墓，有三个早期盗洞直达椁室底部，重要器物已遭盗逸。1号墓平面为十字形，有四条墓道，最长最宽的主墓道朝南，南、东、西三条墓道呈斜坡状，北墓道为阶梯形，与殷墟王陵相同。特别是十字形四墓道是安阳时期殷墟之外的仅有之例。墓底长26.1、宽2.7~3.2米，面积在70平方米以上。椁室为正方形，长宽均为4.55米，高0.13米，椁室西、北、东三面有熟土二层台，且与墓道相连。墓内有48具殉人、6只殉狗。

我们认为，张长寿先生辑录过的四件亚醜者女方觥，很有可能出自1号墓。理由有二。其一，依据铜铭"亚醜者女"，以及方器器形，可知有一组方器组合，方爵1件、尊1件、罍2件、方觥4件⑧，加之一件圆形觚，如果按照张长寿先生说法，有"亚醜"铭的1件方爵、1件方尊、2件方罍可以与"者女"器为原本一组的话，那么，酒器组合即为爵2、尊2、罍4、觥4的形式。在1号墓中也发现了方鼎的残片，酒器组合再

---

① 殷玮璋、曹淑琴：《灵石商墓与丙国铜器》，《考古》1990年第7期，第621~631页。
② 韦心滢：《灵石旌介商墓研究——考古学资料所见商后期王国西部边域状况》，《中国国家博物馆馆刊》2011年第4期，第106~117页。
③ 山西省考古研究所：《灵石旌介商墓》，科学出版社，2006年，第207页。
④ 孙华：《安阳时期商朝国家的政治版图——从文化分域和重要遗存的角度来考察》，《古代文明（第10卷）》，上海古籍出版社，2016年，第134~178页。
⑤ 何景成：《商周青铜器族氏铭文研究》，齐鲁书社，2009年，第140页。
⑥ 山东省博物馆：《山东益都苏埠屯第一号奴隶殉葬墓》，《文物》1972年第8期，第17~30页。
⑦ 山东省文物考古研究所、青州市博物馆：《青州市苏埠屯商代墓发掘报告》，《海岱考古》（第一辑），山东大学出版社，1989年，第254~273页。
⑧ 张长寿先生的看法比较审慎，"未见图像的一件觥和另一件罍也很可能是方的"（《山东益都苏埠屯墓地和"亚醜"铜器》，第28页）。

加上鼎1、甗1，就构成一组非常完备的酒、食器组合。其二，1986年当地考古工作，对埠岭做了全面勘查，可以说整座墓地只发现了12座墓葬。至于1931年发现的两批铜器①，虽有可能来自12座以外的墓葬，但从发现及流传情况看，不大可能为亚醜觥的容身之处。尽管尚未找到相关居址，但墓地性质如孙华先生所言"具有保守性的遗存类型"②，故能出觥之墓恐怕没有几座。再考虑到觥器本身的性质及存世量，通高31厘米的觥极有可能出自墓室面积达70平方米的大墓中。

四、西周墓葬

西周铜觥数量不多，出土觥器18件，大部分是方体觥，且较为重要的器物则为窖藏出土。我们固然可以凭据铭文及其器物风格，判断组合，但情景信息终究比较微茫。我们能够讨论的，之前似乎只有长子口1号墓了，幸而近年清理的山东陈庄18号墓、湖北叶家山65号墓、山西横水1006号墓等处均发现铜觥，给我们提供了不少新的信息。戴家湾、信阳所出的觥器，很可能也是出自墓葬，但遭到人为或自然的破坏，难以进行更为深入的研究。

河南周口市鹿邑县长子口1号墓出土了一对方觥，以及一件圆觥。墓葬为中字形格局，有南、北两墓道，南墓道为主墓道，长21.5米，另有四个柱洞，可能墓道有建筑。南墓道可直通墓底，墓室为长方形竖穴，口部长9、宽6.63米，底长8.1、宽5.6米，口大底小，底部面积达37平方米。除有生土二层台、腰坑外，墓室上部正中还有一直径6米的夯土圆台。葬制为一椁多棺，墓室预留生土四角与椁板构出四间椁室，用来放置器物。关于三件觥的出土位置，报告有混乱且矛盾之处，"三件铜觥（M1∶85、M1∶86、M1∶92）也都出自北椁室"，"墓葬中的铜方形器除方鼎外都出自于西椁室……其他的方形器有方爵、方觚、方觥等"③。经核查出土器物位置图④，可知，两件方觥，一件（86）⑤出于北椁室，一件（225）在西椁室，圆觥（92）出于北椁室。基本可以确定，两件方觥分开使用，同在北椁室的方觥与圆觥也处于不同的器物小群落。

---

① 祁延霈：《山东益都苏埠屯出土青铜器调查记》，《中国考古学报》第二册，商务印书馆，1947年，第167~177页。
② 孙华：《安阳时期商朝国家的政治版图——从文化分域和重要遗存的角度来考察》，《古代文明（第10卷）》，上海古籍出版社，2016年，第142页。
③ 河南省文物考古研究所、周口市文化局：《鹿邑太清宫长子口墓》，中州古籍出版社，2000年，第18页。
④ 《鹿邑太清宫长子口墓》图八"长子口墓葬（M1）出土随葬器物总平面图"，第13页。
⑤ 此阿拉伯数字为原始器物编号，以下同。

通常状态下，处于不同椁室可视之为硬性分组，因为存在现实空间的区隔。事实上，长子口1号墓的椁室也呈现出功能的区分，北椁室为主椁室，放置器物最多，达160余件；西椁室多放置酒器，南椁室为车马器，东椁室则为兵器、乐器。在特意放置器物的用意下，具体到每个椁室中，位置相邻的器物的关系很有可能就更为亲密，可视为软性分组。北椁室的两件觥分置两处，圆觥周围器物比较杂乱，有4或5件瓷豆，另有四耳簋、带盖鼎。考虑到随葬方式为分层放置，即铜器在下层、陶器在上层，仍然不能确认组合关系，但圆觥与鼎、簋关系应更近些。再加之整理者认为圆觥是实用物，是否具体功用有所移动呢？

同椁室的方觥就有些不一样，紧邻爵、觯以及2件觚，特别还有一件方卣在西南处，与方觥紧靠。可见，这一时期方觥仍然是酒器的性质，而且不同程度呈现了尊、彝或卣与方觥的组合关系。这在特意放置酒器的西椁室更为明显，在方觥周围放置方罍、方斝以及方觚、方尊各2件。在诸多方器中还间陈2件圆形卣和1件圆觚，特别是一件卣（219）还处于两件方尊（8、125）之间。从上述器物的摆放位置，我们大致可以感觉出，此时的方器在竭力地构建出某种等级表帜。方器虽然出现时间很早，在殷墟一期的小屯331号墓就见有方形爵、卣。依据刘一曼先生的"方形器皿统计表"①，我们大致认为殷墟四期之前，方器只是起到辅助抬升等级的作用。而四期之后，特别是具体到酒器，则是更多利用方器来尝试某种组合，用来适用于更复杂多样的礼用场景。然具体以何种形式，还没有固定化，在罍、尊、斝、觥以及卣上都进行尝试。在这种尝试下，还依稀存续之前的觚、爵酒器组合系统，如整座墓中出现方爵、方觚各4件。

长子口墓的时代虽然进入到西周，但因为族属、等级关系，器物的演变有迟滞性，以至于此墓仍有圆觥的身影。此外，墓形、葬制以及器物组合都极具殷人色彩。至于墓主身份，诸家颇有争讼，前已略有引论，不再重述。我们比较同意唐锦琼的观点，不宜将铜器出现的"长子"与具体某一位历史人物直接联系，而应从地理方位来考虑②。之所以会在进入西周之后，还会存在殷人风格极为浓郁的大型墓葬，主要是在豫东南地区。周人本位文化尚未企及，也让这座墓室面积达37平方米的大墓，增加了出现觥的可能。"长子"能够享有大墓的资格，也可能与臣服周朝并为之守卫东大门有关③。

---

① 刘一曼：《安阳殷墓青铜礼器组合的几个问题》，表二"方形器皿统计表"，《考古学报》1995年第4期，第395~411页。

② 唐锦琼：《鹿邑太清宫"长子口"墓国属问题的一点思考》，《三代考古（二）》，2006年，科学出版社，第472~482页。

③ 韩维龙、张志清：《长子口的时代特征及墓主》，《考古》2000年第9期，第24~29页。

山东陈庄遗址位于小清河北岸，出土觥的18号墓在城址的中部偏南①，墓圹形状为长方形竖穴，长3.4、宽1.8、深5.4米②，墓室面积为6.1平方米。葬制为一棺一箱，在头端有一长1.14、宽0.66米的器物箱。箱内随葬9件铜器、7件陶器。铜器为鼎、簋、爵、觯、觥、甗、尊、卣、斗各1件。值得注意的是，斗与觥紧邻。关于城址性质，笔者同意应按前后段分别视之③，18号墓的年代较早，不晚于康王④。墓主名称有多种释法，关于其身份，齐国公族成员为主流说法。也有学者认为是与殷关系密切的东夷子姓丰国，此说尚待证明⑤。但墓中出土的陶器，有部分殷商遗风，也是不容回避的，或能解释缘何远在山东且又为齐地，却出有觥器。18号墓室只有6平方米，但距城南夯土圆埠较近，后者被认为是祭坛性质，兼之墓葬年代较早，故而墓虽小而能有觥器。

叶家山27号墓为长方形竖穴，墓口东西约长6.8、南北宽约为4.95米，面积为33.66平方米⑥。葬制为一椁一棺，有熟土二层台，东、南、北三边台上随葬器物。铜觥及其他铜器置于二层台。27号墓西12.1米处为28号墓，28号墓是整个墓地仅次于111号墓的大墓，且带墓道，27号墓被认为是其夫人墓⑦，也有认为是其北25米的2号墓之子或夫人的说法⑧。铜觥在北二层台靠近棺的一侧，其西放置一件陶尊，东向紧邻一件铜盘。铜盘似与其北位置的白生盉构成组合。铜觥北向为四件铜觯，冉觯、父癸觯、且南兽觯、守父乙觯。冉觯、父癸觯、守父乙觯为细体觯且南兽觯为粗体觯，且有斗相配，可见在昭王前后仍然都能保留旧式的粗体觯。墓内仅见有一件觚，父乙觚，其放置位置较远，几乎紧贴墓的北壁。可见，进入西周之后，觚器大为衰弱，而觯则得到发展⑨，之前的觚爵组合松动解体。在觚、觯的一降一升中，也给觥器创造了一些喘息

---

① 山东省文物考古研究所：《高青县陈庄西周遗存发掘简报》，《海岱考古（第四辑）》，科学出版社，2011年，第72～104页。几篇简报未明示18号墓的位置，但根据《山东高青县陈庄西周遗址》（《考古》2010年第8期）图二"陈庄遗址主要遗迹分布示意"及18号墓墓圹形状，初步判断。

② 山东省文物考古研究所：《山东高青县陈庄西周遗存发掘简报》，《考古》2011年第2期，第3～21页。

③ 曹斌：《山东高青县陈庄遗址性质探析》，《考古》2018年第3期，第86～93页。

④ 李学勤等：《山东高青县陈庄西周遗址笔谈》中载李学勤先生、朱凤瀚先生的观点，《考古》2011年第2期，第22～32页。

⑤ 吕茂东：《解读高青县陈庄西周遗址》，《管子学刊》2011年第4期，第100～118页。

⑥ 湖北省文物考古研究所、随州市博物馆：《湖北随州叶家山西周墓地发掘简报》，《文物》2011年第11期，第4～60页。

⑦ 湖北省文物考古研究所、随州市博物馆：《湖北随州叶家山M28发掘报告》，《江汉考古》2013年第4期，第3～57页。

⑧ 李伯谦等：《随州叶家山西周墓地第二次发掘笔谈》徐少华先生观点，《江汉考古》2013年第4期，第58～63页。

⑨ 曹斌：《青铜觯研究——商周青铜器的考古学和礼制文化研究》，科学出版社，2016年，第102页。

的空间。然因为觥器比较特殊，并不属于周人所规范的酒器（例如细体觯、饮壶）之列，很快觥也逐渐消亡了。27号墓之所以出现觥，与墓主身份等级密不可分。不过，墓主究竟何人，尚未确知。说其为强国的"公主"①，也只是一种推测，需要进一步论证。然从觥器来看，又与殷人似有较大关联。

至于出土覭爾觥的横水1006号墓，目前几篇的考古简报均未涉及觥器②，只有两部展览图录刊布器影③，后来地区整理也有刊布④，最近的出版物公布了更为详尽的图影资料及数据⑤。1、2号墓最先公布资料，人们的注意力也多集中于此，其他墓葬资料也是最近才刊发；而关于1006号墓讨论，只得暂阙。不过也不能苛责，在绛县横水镇横北村北800米的墓地，发掘了1299座西周墓葬，33座车马坑，有大量工作要做。整座墓地被认为是倗国邦墓，随着研究的深入，人们的认识也由表及里，由早先与周人关联较紧密的认识⑥，转变到倗国怀姓为九宗、有戎狄、殷人的色彩，后被晋人同化，并有维持周人宗法的动态认识⑦。需要指出的是，在最初公布横水1、2号墓信息的时候，李学勤先生就注意到其有周、殷（戎）两方面的因素⑧。因为带有殷文化的色彩，1006号墓何以出土觥器也就能够解释了，不过更深入的研究，尚待墓葬乃至整体墓地资料的公布。

需要再次申明，出有觥的墓葬材料在不同程度上有所破坏，给我们研究造成不少困难。当然，有些是人为的，有些是客观或自然原因。不过，鉴于本身材料的不完

---

① 笪浩波：《叶家山西周曾国墓地的几个相关问题》，《中原文物》2016年第5期，第23～30页。

② 关于横水墓地的简报，目前有山西省考古研究所、运城市文物工作站、绛县文化局：《山西绛县横水西周发掘简报》，《文物》2006年第8期，第4～18页；山西省考古研究所等联合考古队、山西大学北方考古研究中心：《山西绛县横水西周墓地M2531发掘报告》，《考古学报》2020年第1期，第89～122页；山西省考古研究所等联合考古队、山西大学北方考古研究中心、中国人民大学出土文献与中国古代文明研究协同创新中心：《山西绛县横水西周墓地M2158发掘简报》，《考古》2018年第1期，第15～59页。

③ 大连现代博物馆、山西博物院、山西省考古研究所：《晋国雄风：山西出土两周文物精华》，万卷出版公司，2009年，第58、59页。湖北省博物馆：《晋国宝藏——山西出土晋国文物特展》，文物出版社，2012年，第65～71页。

④ 山西省文物局：《山西珍贵文物档案·8》，科学出版社，2019年，第101页。

⑤ 山西省考古研究院、山西大学北方考古研究中心、运城市文物工作站、绛县文物局：《倗金集萃——山西绛县横水西周墓地出土青铜器》，上海古籍出版社，2021年。

⑥ 马保春：《山西绛县横水西周倗国大墓的相关历史地理问题》，《考古与文物》2007年第6期，第37～43页。

⑦ 田伟：《试论绛县横水、翼城大河口墓地的性质》，《中国国家博物馆馆刊》2012年第5期，第6～11页。

⑧ 李学勤：《绛县横北村大墓与倗国》，《中国文物报》2005年12月30日，后收入氏著《文物中的古文明》，商务印书馆，2008年，第272～274页。

整性，我们不予进行相关统计性质的数据研究。带有觥的墓葬本身数量就少，且亦遭受重点的盗掘破坏，例如殷墟大墓。在这双重影响下，数据统计一定会出现相当大的偏差。故此，我们只以时间为序，对所能收集到的有关出觥墓葬进行个案性的论述。通过梳理有觥墓葬的线性发展，我们大致可以有以下几点认识：①用觥的墓主等级较高，虽然有学者早有断语"用觥的墓主是王室成员及显赫的大贵族"[①]，但未能形成有效的证据链条。②觥的使用，是以殷墟为中心向外辐射影响的。目前为止，周边地区发现觥的数量仍然有限。主要是因为在殷墟四期之后才向周边扩散，临近商代发展晚期，周人崛起后，这些可能使用用觥的地区逐渐成为"潜流"。③觥在出现伊始，并未进入到酒器的核心组合，例如觚、爵，权为调剂补充的次要器物，出现在高等级墓葬与在器物组合的次要位置并不矛盾。随着觚、爵逐渐明器化，才在商周之际，出现了觥器组合的可能，但随着周人对酒器的抑制，方彝、方尊、方觥的组合未盛先衰，觥器也逐渐消亡。

第二节 觥器组合

上一节，我们在梳理墓葬出土器物时，也多次提及觥的组合。尤其是在结尾部分，我们特别谈到了与觥有关的组合变化，由从属于觚、爵发展到彝、尊、觥的组合。本节我们将针对觥器的组合作以重点讨论，材料也不限于墓葬。

一、觚爵之下的觥器

觥在殷墟二期时出现，出现伊始，只是作为酒器的从属器。如在妇好墓中觥的情况，尽管出土有八件觥器之多。妇好墓的随葬铜器较为驳杂，也有分层放置的现象，然"对铜器的陈放是经过一定规划的"[②]。我们所见的觥器，是出土于第六层，但发掘时墓底铜器有受压破碎现象。仅就目前所见的位置图看，墓底东侧由北向南依次为：方鼎、2件方尊、方罍，觥在罍的东南方，空间受到一定的挤压，紧靠墓东壁，接下来是2件鸱鸮尊、壶、2件方壶。摆放似有一定规律，但不够明显，似乎是罍、尊为主角，也有突出方形器物的意图，圆形器物是在陪衬，而觥则是陪衬中的陪衬。这一情况，多因等级太高的缘故。其表现在于方形器不仅多，且有意形成组合。

刘一曼先生统计过，妇好墓出土铜礼器210件，方器有23件，达11%[③]。虽然不及

---

① 刘一曼：《安阳殷墓青铜礼器组合的几个问题》，《考古学报》1995年第4期，第400页。
② 中国社会科学院考古研究所：《殷墟妇好墓》，文物出版社，1980年，第12页。
③ 刘一曼：《安阳殷墓青铜礼器组合的几个问题》，《考古学报》1995年第4期，第401页。

三期的160号墓，但也蔚然可观，且铸造甚精。妇好墓中，觚、爵数量众多，且分批成组，其中有一组觚，置于三联甗架下①，可见在妇好墓中觚、爵组合并累叠无以复加的地方，以至于有一组已有被轻视的迹象，更遑论新出现觥这种器种。这就形成一种制器中的吊诡，只有在大型墓中，多会首见新出现的器种，但墓主所拥有的器物繁多，对这种新出器种却无大可能太多注意。觚爵组合在同期等级较低的墓葬愈为凸显，例如"一觚一爵"成为小型墓的主流②。虽然从二里冈开始，殷人铜器组合是以觚、爵为核心的③，但应是有动态变化的，并非到商代灭亡后，才被爵、觯或鼎、簋组合替代。所谓核心，是指普遍性，但无法体现出高等级墓葬的个性，这也是动态变化的内驱力所在，诸如在觚、爵之外，加入偶数配列④，就是一种表现形式。而八件觥成对出现，似也是在此种复合组合用器思想下应运而生。

花园庄54号墓出有7套觚爵，但也出现了方尊、方罍、方彝的组合，形成组合中的另一种势力。只是，此时的亚长觥为三足，器形尚比较原素，难以进入到核心组合之中。因为小屯5号墓、花园庄54号墓的性质比较特殊，甚至有守护宗庙一说⑤，觥的出现及使用是否与此有关，也值得我们去考虑。殷墟三期，盛行BaⅡ式觥，即宽体圆觥，对觥器发展是一个促进。然多为流散，很难言及组合研究。与此同时，觚、爵出现的明器化趋势，对其组合也有一定消减。不过，从北庄子67号墓的鼎、簋、觥的情况判断，这一时期可能尚未形成与觥有关的较为固定的组合。酒器范畴内的重任，觥器尚不足以单独担纲，卜族只是接受了来自殷墟的器类，而对于组合未能产生影响，亦见此时觥器组合相较松散。

二、方彝、方尊及方觥组合

方彝、方尊及方觥的组合为一彝一尊一觥，且均为方形铜器，也就是说这是一组方形酒器的组合。这一组合形式，由林巳奈夫揭橥。不过受限于将觥认为匜的误区，他未能进一步深究，且以"卣、方彝、匜是盛鬱鬯"⑥强行解释之。这一说法虽能勉强

---

① 中国社会科学院考古研究所：《殷墟妇好墓》，文物出版社，1980年，第11~12页。
② 岳洪彬、苗霞：《殷墟青铜礼器组合研究》，《南方文物》2004年第2期，第29~39页。
③ 杨锡璋、杨宝成：《殷代青铜礼器的分期与组合》，《殷墟青铜器》，文物出版社，1985年，第79~102页。
④ 汤毓赟：《殷墟墓葬青铜礼器组合的新思考》，《江汉考古》2018年第2期，第68~77页。
⑤ 翟胜利：《殷墟妇好墓、亚长墓的位置及功能刍议》，《四川文物》2013年第4期，第29~34页。
⑥ 〔日〕林巳奈夫著，〔日〕广濑薰雄、近藤晴香译，郭永秉润文：《殷周青铜器综览——殷周时代青铜器之研究》，上海古籍出版社，2017年，第169页。

说通，但亦以未彰此一组合为代价，不得不说是一种遗憾。幸而近年冯峰明确提到这一组合①。方彝、方尊及方觥组合的出现，一方面是因为商代晚期铜器核心组合觚、爵的松动，另一方面是酒器自我的演进，在诸种方器予以抬升等级的同时，需要确立出一套特定组合来巩固酒器的地位。这一变化可以理解是普遍趋势与特定举措的关系，亦是为了维系背后的礼仪活动。

冯峰梳理了5组方尊、方彝、方觥的组合，㲃父辛组、丏甫组、覰尔组、折组、日己组。需要指出的是，这5组中的觥均为方觥，即Bb亚型。其中，前两组为流散器组，但可根据铭文以及器形纹饰等相近风格辨析成组。㲃尊曾被《怀米山房吉金图》著录，盖部分佚失，现原器未知其详。㲃彝、㲃觥则是分藏两地。丏甫三器也是分藏，我们之前也有梳理。

覰尔组的方尊、方彝、方觥等器出土于山西横水墓地1006号墓，墓地为倗伯墓地，很可能是怀姓九宗之一②，与殷人渊源颇深③。墓地多见有腰坑殉狗以及大量日名铜器的葬制葬俗也体现这一关联。故而，会出现带有觥的器物组合。值得注意的，器物腹部均为内卷角兽面纹，与日己器组近似。两者差别在于器形的差别。覰尔尊、彝四角为弧壁，这一特征不见于商代。日己尊、彝四壁直线，虽然是早期的器形特征，但一改早期腹部上宽，下部分收刹斜直，变为上下径一，整体器物较宽。日己觥尾部有"冕旒"的特征，属于创新样式。从这些器物特征来看，前述㲃父辛组、丏甫组以及折组尊、彝均为弧壁，制作年代在昭王晚期或穆王初年④，而日己组则不会早于昭王晚期。日己器虽然保留了早期直壁的特征⑤，但有很大变化。日己彝之所以能够保留了早期直壁的特征，主要是因为其出土地齐家村的关系。齐家村有三处建筑遗迹，村北80米发现大型建筑遗址，个别遗存柱洞的直径达12米以上⑥。出土日己组窖藏在村东北壕

---

① 冯峰《论西周青铜器中的尊、方彝（尊、方彝、觥）组合——兼谈器与尊、卣组合的关系》注3，"尊、卣加觥形成组合之例实未见于'同时制铸青铜器表'，但这种组合确实是存在的"。

② 关于怀姓九宗，可参见陈公柔：《说媿氏即怀姓九宗》，《古文字研究（第十六辑）》，中华书局，1989年，第211～217页。后收入氏著《先秦两汉考古学论丛》，文物出版社，2005年，第101～107页。

③ 田伟：《试论绛县横水、翼城大河口墓地的性质》，《中国国家博物馆馆刊》2012年第5期，第6～11页。

④ 关于几组方彝年代可参见张懋镕：《新出义方彝、义尊的年代学意义——重温李学勤先生关于西周铜器断代的论述》，清华大学出土文献研究与保护中心：《李学勤先生学术成就与学术思想国际研讨会论文集》，清华大学，2019年。

⑤ 关于尊、彝直壁早于弧壁，见于李学勤：《西周中期青铜器的重要标尺——周原庄白、强家两处青铜器窖藏的综合研究》，《中国历史博物馆馆刊》1979年第1期，第29～36页；收入氏著《新出青铜器研究》，文物出版社，1990年，第83～93页；人民美术出版社，2016年，第71～79页。

⑥ 中国社会科学院考古研究所扶风考古队：《一九六二年陕西扶风齐家村发掘简报》，《考古》1980年第1期，第45～51页。

土崖上，亦发现有可以媲美凤雏遗址的建筑基址①。甚至数批发现的窖藏，能够以建筑遗址中心，形成一个辐射圈②。遗憾的是，这些大型建筑遗址未能大面积揭露，性质不明。但从墓葬性质来看，西周早期晚段以后多为殷遗民之墓③，村北及村东北壕的大型建筑恐与殷遗关系极深。使用觥器，以及方彝有直壁遗留也就是自然的事了。值得注意的是，日己觥是这五组器组中觥器最大者，高32厘米④，是否与之也有关联呢？

折组与丐甫组同时期，在西周早期晚段，其出土于陕西扶风庄白1号窖藏，为微史家族器，同出有折尊、折彝。折尊有铭文六行四十字，同铭⑤。这不仅可以进行人名系联，更可以从同铭角度确定尊、彝、觥为一组固定的组合。当然通过人名及日名等因素分析，属于折器的还有折斝、旅父乙觥。只不过后者只能视之为同一人之器，折尊、折彝、折觥则看作一套固定且紧密的组合。以此种组合而言，西周早期后段，觥爵组合基本解体。在整组窖藏中，折器是时代最早的一组，折为微史家族的第四世，即"亚祖祖辛"。丰器、墙器、痶组依次为五世、六世、七世⑥。与折器组合相近的，丰组有丰尊、丰卣。另有一组商尊、商卣，时代与折组相近，在昭王世。由此，我们推想，尊、彝、觥为一组完整的组合，同时也有另一组合形式尊、卣，后者是觥退出组合的诱因。其表现形式就是演变成一尊二彝组合，取消觥的存在。如眉县马家镇李村出土盠组器⑦，一尊二方彝，方彝为一大一小，似是借鉴卣器的大小相配。盠组器为穆王世，时代为中期前段⑧，与折组恰有一个承接。

在尊彝觥组合外，还另有尊彝组合形式。我们不敢断言尊彝觥组合的简省状态就是尊彝组合。这两种组合（尊彝组合，亦包含一尊二方彝形式）的流行时代是西周早期晚段至西周中期⑨，尊彝觥可能要略早一些。两种组合基本处于同时期，有很大程度地域因素而致的差别。冯峰收集了六组尊彝组合，其中三组都与洛阳有关，令组（令尊、令彝）、兓组（兓尊、兓彝）、荣子组（荣子尊、荣子大方彝、荣子小方彝）。

---

① 罗西章：《扶风县文物志》，陕西人民教育出版社，1993年，第22页。
② 曹玮：《周原遗址与出土的商周铜器》，《周原出土青铜器》，巴蜀书社，2005年，第16页。
③ 种建荣：《周原遗址齐家北墓葬分析》，《考古与文物》2007年第6期，第31～36页。
④ 参见冯峰文表一"尊、方彝、觥组合器物尺寸表"。
⑤ 陕西周原考古队：《陕西扶风庄白一号西周青铜器窖藏发掘简报》，《文物》1978年第3期，第1～18页。
⑥ 李学勤：《西周中期铜器的重要标尺——周原庄白、强家两处青铜器窖藏的综合研究》，《中国历史博物馆馆刊》1979年第1期。
⑦ 李长庆、田野：《祖国历史文物的又一次重要发现——陕西眉县发掘处四件周代铜器》，《文物》1957年第4期，第5～10页。
⑧ 张天恩：《陕西金文集成（6）》，三秦出版社，2016年，第211～221页。
⑨ 冯峰：《论西周青铜器中的尊、方彝（尊、方彝、觥）组合——兼谈其与尊、卣组合的关系》，《三代考古（八）》，科学出版社，2019年，第281～307页。

鉴于当时洛邑微妙的关系，在尊彝觥组合上推行尊彝，很难讲不是周人刻意的举措。也正因这个时代背景，才造就了守宫器的另类组合。

守宫器组为守宫鸟尊、守宫卣2件、守宫"觥"、守宫爵2件①，共6件器。吴镇烽认为守宫是官职名，器为担任此官职的某人。其中一件卣②、一件爵③无存器影，给我们进一步研究造成一些困扰。冯峰将守宫"觥"与另外一件卣④（美国哈佛大学福格美术馆藏，图6-3）排为组合。粗看纹饰，可能是这样的，器腹部都有内卷角兽面纹。但仔细辨读，守宫"觥"的兽面纹较为内敛，兽面眉、角结构性块面显得细瘦。守宫卣的兽面却有几分外放，结构性的块面也较粗壮。铭文上（图6-4），也有不同。亦如张懋镕师所指出，形制、纹饰、铭文"诸种因素在一件铜器是统一而融合的"⑤。

图6-3　守宫卣
（采自《美帝国主义劫掠我国殷周铜器集录》A612.1，第865页）

守宫"觥"器、盖同铭，皆为两行十字，书风内擫⑥（图6-5），盖铭较之器略舒展一些。守宫卣也是器、盖同铭，亦两行十字，书风外拓，盖、器铭文更接近一些。"觥"、卣铭文的差异恰与器物纹饰的区别吻合。王帅认为金文书体分类标准有三方面考虑，笔道粗细、曲直、波磔等特征，单字形体大小、轮廓体势及偏旁架构，字排的纵横间距⑦，可以说具备三重维度的考虑。除此之外，还应考虑到单字内部空间。内部空间与偏旁架构比较紧密，但又能细至笔画，延及行距。通过这些标准，我们认为，守宫"觥"反而与另一件卣更接近，更可能为一套组合，但未见器影，无法印

---

① 吴镇烽编撰：《金文人名汇编》，中华书局，2006年，第128页。

② 中国社会科学院考古研究所：《殷周金文集成》5170，中华书局，2007年。吴镇烽：《商周青铜器铭文暨图像集成》13051，上海古籍出版社，2012年。

③ 中国社会科学院考古研究所：《殷周金文集成》9108，中华书局，2007年。吴镇烽：《商周青铜器铭文暨图像集成》8492，上海古籍出版社，2012年。

④ 中国社会科学院考古研究所：《殷周金文集成》5359，中华书局，2007年。吴镇烽：《商周青铜器铭文暨图像集成》13252，上海古籍出版社，2012年。陈梦家：《美国所藏中国铜器集录》A612、R325，中华书局，2019年。

⑤ 张懋镕：《试论西周青铜器演变的非均衡性问题》，《考古学报》2008年第3期，第337~352页；收入氏著《古文字与青铜器论集（第三辑）》，科学出版社，2010年，第107~120页。

⑥ 借用书学中的内擫、外拓两种概念，见于《书学纂要》，"右军用笔，内擫而收敛，故森严而有法度；大令用笔，外拓而开廓，故散朗而多姿"。两器铭文，也有微妙的变化。

⑦ 王帅：《中国古代青铜器整理与研究·西周金文字体卷》，科学出版社，2018年，第99页。

图6-4 守宫卣铭

(采自《殷周金文集成》5359，第十册，第288页)

图6-5 守宫"觥"铭

(采自《殷周金文集成》9298，第十五册，第62页)

证，只是我们的推想，不过，若依铭文的字体书风，守宫器可能有两组[①]。A组：鸟尊（图6-6）、卣（福格美术馆藏），字体开阔，字内空间舒朗。B组："觥"、另一件卣（图6-7）、两件爵（6-8），字体收敛，字内空间紧致。铭文不同书风所形成的组合能够成立的话，守宫"觥"是觥、尊的共生器也可得以证实。不仅如此，在B组中，"觥"取代尊，与卣构成组合。若考虑到守宫"觥"内有起到分隔的隔板，类似设置仅见有盠方彝、师遽方彝。这件"觥"就成了大小二彝的化身，可谓是对尊、卣组合的解构。当时的作器者未必能够有如此复杂的考虑，但值得注意的是，铜尊在西周中期之后也极为少见[②]。

---

① 整个守宫器组大致是在同时，只是从铭文风格上有两组的可能，抑或是不同书手所为。
② 张小丽：《出土商周青铜尊研究》，西北大学硕士学位论文，2004年，第25~26页。

图6-6　守宫鸟尊铭
（采自《殷周金文集成》5959，第十一册，第156页）

图6-7　守宫卣铭
（采自《殷周金文集成》5170，第十册，第198页）

图6-8　两件守宫爵铭
（采自《殷周金文集成》9017、9018，第十四册，第240页）

小　　结

因为材料的特殊，给我们的研究带来一些困难，我们也尝试着进行一些新的突破。铜觙集中于商代晚期、西周前期，有觙墓葬较为零散。商代大墓多遭受破坏（有当时和后来两种情况），我们所能收集到的殷墟铜觙有限，材料本身就带有不完整性。"三周"殷遗的铜觙主要发现于窖藏①，其墓葬未见发现。周边发现的有觙墓也非常少，或遭人为或自然的破坏，或是墓葬资料还未公布，亦有墓主身份世系说法不一。据此而成的统计数据、表格所能反映的当时情景又有多少，值得考量。

我们认为，即使我们把现有的觙器收罗殆尽，也与当时情况存在一些出入。故此，我们在正文论述部分不以统计或表格为重，本章亦不例外。表格仅以附录形式，

---

① 主要是指周原发现的铜觙，也有铜觙发现于墓葬，但属早期发现，信息提取有限，难以进行有效的研究。

附于书后，以备参考。正文的研究工作注重对个案的分析，运用逻辑来把握觥器可能的发展趋势。尽管有些也是我们的推论，主要也在于材料的特殊性。所以，本章虽然是讨论有关觥器的墓葬及组合，也并不是自然主义的描述，而是注重动态分析。这一方法虽然有主观之嫌，但更易发现觥器材料中的相异性。比较研究是人文学科的基础方法，也是比较主要的研究法，然而新的写法更注重比较、分析两者之间的个性，也就是"异"的成分。当然，比较研究更需要将研究对象置于时空框架之内，才不至于将差异性放大。

结合铜觥的分期与区域研究，我们认为觥器在商代晚期只出于中高等级墓葬中，且以殷墟为中心进行辐射。墓圹大小只是墓葬等级的一个条件，重要但不唯一。A型到Ba型觥器未形成固定或紧密的器物组合，从属于觚爵组合，这与其特殊的功用互为因果。受到觚爵组合的压力，觥器等级虽高，但数量不多，传播力度也有限。殷墟四期之后，觚爵组合的解体，使得觥器得以与方彝、方尊形成组合。器形自然也过渡到Bb亚型的方形觥。然而，此时已过了觥器发展的高峰期，且出于西周王朝重食抑酒的策略，这一组合形成不久即受到抑制，失去发展的机会。

第七章　青铜觥的铭文研究

觥器十分特殊，其铭文也随之具有显著特点。一是，早期觥器仅标明器主。二是，铭中自铭"彝"，虽多为"彝器"的通称，但也成为我们觥、匜之判的线索。三是，进入西周后，因整体时代背景使然，觥上长篇铭文增多。故此，我们有必要对铜觥的铭文有所研究，尽管觥器数量不多，铭文字数也相对较少。然即使如此，之前也鲜少对此加以研究，只有一些整理性的工作。究其原委，更多是注意在器名器类与文献的佐证，反而忽视了器铭本身的研究。

第一节　觥器铭文概识

《殷周金文集成》收录了54件觥铭[1]，其中不乏移录金石旧著录的摹写器铭。吴镇烽先生《商周青铜器铭文暨图像集成》，不仅做了增补新出器的工作，还纠正集成漏收、误或重收觥器。如🅖父癸觥，《集成》漏收。如潘祖荫旧藏者女觥，《集成》误为甗。𢶑觥，《集成》有重（9289与5209），且误为卣。🅖文父丁觥，《集成》重（9284与5733、5734），误为尊。《铭图》收集有铭觥器65件，然根据我们研究剔除妇"觥"[2]、守宫"觥"[3]，共有63件，涵盖了出土与传世器。我们前已详细讨论过守宫"觥"的问题，而所谓妇觥，是因该器更近于带流鼎，乃将其剔除。

《商周青铜器铭文暨图像集成续编》中增补4件所谓有铭铜觥[4]。所收者女觥，据云之前未著录，但盖首手头两角做卷角，与其他者女觥的双柱角绝不类。同时期的觥兽首多为柱角，卷角之觥时代要早，在殷墟二期。同时，考虑有学者对《续编》收器的辨伪工作[5]，故我们暂不收入《续编》这件者女觥。史此觥[6]前也未有著录，并无器

---

[1] 中国社会科学院考古研究所：《殷周金文集成》，中华书局，2007年，第4885~4905页。
[2] 吴镇烽：《商周青铜器铭文暨图像集成》13601，上海古籍出版社，2012年，第443页。
[3] 吴镇烽：《商周青铜器铭文暨图像集成》13657，上海古籍出版社，2012年，第495页。
[4] 吴镇烽：《商周青铜器铭文暨图像集成续编·3》0890~0893，上海古籍出版社，2016年，第197~203页。
[5] 黄锦前：《近刊铜器铭文辨伪举隅》，《陕西历史博物馆馆论丛（25）》，三秦出版社，2018年，第54~67页。
[6] 吴镇烽：《商周青铜器铭文暨图像集成续编》0892，上海古籍出版社，2016年，第200页。

影公布，谨慎起见亦不考虑。而所谓郘公觥①与我们所讨论的觥器根本就是两类器物。因此，《续编》增收的四器，只有一件可以采纳，即陶觥。这样，有铭铜觥有64件。不过《铭图》只收录了2件亚醜者女觥铭，整组应为4件亚醜觥，而《续编》所收录的那件亚醜觥并不是张长寿先生整理的四件之一。此外，《铭图》亦未收亚洲艺术博物馆的光父乙觥②、河北定州北庄子嬰觥、曾在大阪美术馆展出过的千石唯司收藏冉觥。再加之1955年河南鲁山发现的父己觥、2020年收缴的酒务头三件觥、2021年佳士得春拍的蠱册觥（图7-1），最近公布的河南安阳殷墟棚改区发掘材料，243号灰坑中见有一件有铭觥盖，字数为两行11字③（图7-2），其时代甚可晚至西周初年，铭文记载赐贝，在觥铭中较少见。故此，有铭铜觥（含盖）实际为77件。不过，就笔者所见，嬰觥尚未公布比较详细的铭文拓片，只有一像素不高的黑白图片。严志斌《商代青铜器铭文分期断代研究》收录30件商代铜觥铭文，亦未收入此件④。而陶觥（图7-3），先前已有学者做了公布和讨论⑤。我们依据之前的工作，整理觥器铭文一览表⑥（表7-1）。

图7-1　蠱册觥铭文　　　　图7-2　243号灰坑觥盖铭文

---

① 吴镇烽：《商周青铜器铭文暨图像集成续编》0891，上海古籍出版社，2016年，第199页。

② 《殷周金文集成》9273。René ~ Yvon Lefenvre d'Argencé. *Bronze Vessels of Ancient China in The Avery Brundage Collection*. pp.66-67, fig30.

③ 常怀颖：《夏商考古：二里头庭院几处，三星堆坑坎如何》，澎湃私家历史频道，2021年5月26日，https://mp.weixin.qq.com/s/B8qqAIq7VqmibeOdy2t5RQ，最后登录时间2021年6月11日18:37。

④ 严志斌：《商代青铜器铭文分期断代研究》，社会科学文献出版社，2014年，第1660～1665页。

⑤ 朱凤瀚：《新见商金文考释（二篇）》，《出土文献与古文字研究（第六辑）》，上海古籍出版社，2015年，第121～142页。李学勤：《论陶觥及所记史事》，《出土文献（第七辑）》，中西书局，2015年，第1～3页。黄锦前：《陶觥读释》，《文博》2018年第4期，第73～75、67页。宋镇豪：《甲骨文与殷商史（新八辑）》，上海古籍出版社，2019年，第487～491页。

⑥ 本表格只是便于我们进一步的研究，仅突出铭文，相关器物信息请查阅传世、出土两表。著录情况仅标明《商周青铜器铭文暨图像集成》《殷周金文集成》以及酌情首次发现或著录的出处。时代方面，尽可能依据形制纹饰以及铭辞等特点，详细标明小时代，如无条件，则以商代晚期、西周早期。

第七章 青铜觥的铭文研究

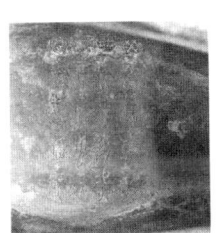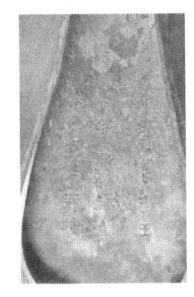

图7-3 陶觥

表7-1 觥器铭文一览表

编号	器名	时代	释文	铭文	著录
1	妇好觥（M5：802）	殷墟二期	内底2字 妇好		铭图13608，妇好墓图34.7，集成0926
2	妇好觥（M5：779）	殷墟二期	内底2字 妇好		铭图13609，妇好墓图34.8，集成09261
3	司母辛觥（M5：803）	殷墟二期	盖器同铭，各3字 司母辛	盖 器	铭图13623，妇好墓37页图25.5-6，集成9280
4	司母辛觥（M5：1163）	殷墟二期	盖器同铭，各3字 司母辛	盖 器	铭图13624，妇好墓37页图25.3-4，集成9281
5	夆旅觥	殷墟三期	盖器各1字 夆、旅	盖 器	铭图13607，美集R155a、b，A658，集成9259
6	亯🅁觥（享非觥）	殷墟三期	盖器同铭，各2字 亯🅁	盖 器	铭图13615，美集R195a、b，A652，弗利尔246页，集成9262

续表

编号	器名	时代	释文	铭文	著录
7	觥	殷墟三期	内底2字		铭图13616，西清32.13，集成9255
8	雨觥	殷墟三期	内底2字 雨		铭图13617，美集R201b、A651，集成9254
9	貯觥	殷墟三期	内底2字 貯		铭图13618，西清32.3，集成9256
10	册秣觥	殷墟三期	盖器同铭，各3字 册秣	 盖 　器	铭图13621，集成9283
11	冉觥	殷墟三期	内底1字 冉		《中国王朝の粹》8-9页
12	册觥	殷墟三期	器内底2字 册		卢泊雪（S.N. Ferris Luboshez）、蓝捷理、夏皮罗旧藏，佳士得，纽约，2021春
13	亚长觥（M54：195）	殷墟四期	盖器同铭，各2字 亚长	 盖 　器	铭图13610，花东122页拓16
14	己觥	殷墟四期	盖器同铭，各2字 己	 盖 　器	铭图13619，美集R62a、b，A653，集成9263
15	羊父甲觥	殷墟四期	盖器同铭，各3字 羊父甲	 盖 　器	铭图13625，金匮综104图1、2，集成9266
16	山父乙觥	殷墟四期	内底3字 山父乙		铭图13626，西清32.10，集成9271

第七章 青铜觥的铭文研究

续表

编号	器名	时代	释文	铭文	著录
17	丵父乙觥	殷墟四期	盖器同铭，各3字 丵父乙	盖　器	铭图13627，集成9268，山东成479
18	竟父戊觥	殷墟四期	盖器同铭，各3字 父戊弓	盖　器	铭图13631，贞松10.31.2，布伦戴奇图32，集成9276
19	天豕父乙觥	殷墟四期	内底4字 天豕父乙		铭图13642，赛克勒（商）299页49.10
20	王屰女叙觥	殷墟四期	盖器同铭，各4字 王屰女叙	盖　器	铭图13645，西清32.9，集成9287
21	贵引觥	殷墟四期	盖器同铭，各5字 贵引乍尊彝	盖　器	铭图13647，陶斋3.35，集成9288
22	寋觥	殷墟四期	盖器同铭，各6字 寋乍父丁宝彝	盖　器	铭图13649，集成9289，美集R328a、b、A662
23	眤觥 （M53:4）	殷墟四期	盖器同铭，各7字 眤乍母丙彝亚址	盖　器	铭图13651，郭家庄38页图27.1
24	甀觥	殷墟四期	盖器同铭，各8字 甀乍父辛宝尊彝牢	盖　器	铭图13652，筠清4.47.1-2，陕金2.280，集成9292

续表

编号	器名	时代	释文	铭文	著录
25	天黿觥	殷墟四期	盖内、器内底、鋬手各2字 天黿	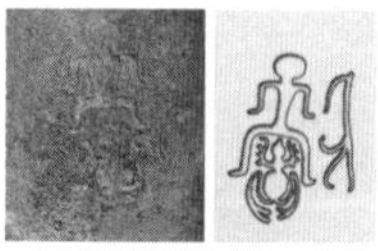	《山右吉金·闻喜》176-181
26	兽形翌觥甲	殷墟四期	1字 翌		《山右吉金·闻喜》190-193
27	兽形翌觥乙	殷墟四期	1字 翌	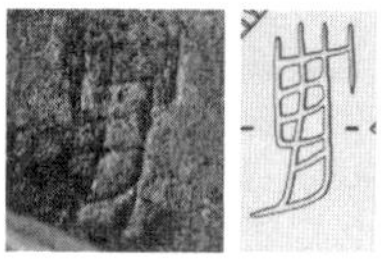	《山右吉金·闻喜》194-199
28	矢宁觥	殷墟四期	内底2字 矢宁		铭图13606，集成9258
29	嬶觥	殷墟四期	内底1字嬶		铭图13602，新收1890
30	觥	商代晚期	内底1字		铭图13603，赛克勒（商卷）168页8.2，集成9250
31	亚若觥盖	商代晚期	内壁2字 亚若		铭图13611，集成9523
32	庚夆觥盖	商代晚期	内底2字 庚夆		铭图13612，集成9264
33	友束觥盖	商代晚期	内底2字 友束		铭图13613，考古1993年10期896页图29.1
34	妇纯觥	商代晚期	内底2字 妇纯		铭图13614，捃古1之2.39.3
35	册享觥	商代晚期	盖器同铭，各3字 册享		铭图13622，玫茵堂25

续表

编号	器名	时代	释文	铭文	著录
36	父乙觥	商代晚期	盖器同铭,各3字 父乙觥	 盖  器	铭图13628,西甲14.33,山东成480,集成9269
37	父乙觥	商代晚期	内底3字 父乙觥		铭图13629,贞松10.31.1,山东成481,集成9270
38	父丁觥	商代晚期	内底3字 父丁		铭图13630,陕北铜
39	父癸觥	商代晚期	盖内3字 父癸		铭图13633,贞松10.32.1
40	天黾父癸觥	商代晚期	内底4字 天黾父癸		铭图13641,积古2.22,集成9279
41	文父丁觥	商代晚期	盖器同铭,各4字 文父丁	 盖  器	铭图13643,捃古1之3.62.1,集成9284
42	作母戊觥盖	商代晚期	内壁6字 乍母戊尊彝		铭图13648,考古1978年1期72页图2
43	者女觥	商代晚期	盖器同铭,各9字 亚醜者女曰大子尊彝	 盖  器	铭图13654,捃古2之1.75.2,日精华3.262,集成9295
44	者女觥	商代晚期	盖器同铭,各9字 亚醜者女曰大子尊彝	 盖  器	铭图13655,捃古2之1.76.1,陶斋3.34
45	者女觥	商代晚期			

续表

编号	器名	时代	释文	铭文	著录
46	者女觥	商代晚期			
47	文嬕已觥	商代晚期	鋬下1字 内底17字 丙寅子赐贝用乍文嬕已宝彝才十月又三		铭图13663，博古20.34，集成9301
48	嬰觥	商代晚期	不详	未公布	《定州北庄子商墓发掘简报》，《文物春秋》1992年增刊
49	父已觥	商代晚期	3字 父已		《鲁山县发现一批重要铜器》，《文物参考资料》1958年第5期
50	戍父辛觥	商末周初	内底3字 戍父辛		铭图13632，集成9278
51	仲子贔洿觥	商末周初	盖器同铭，各12字 中子贔洿乍文父丁尊彝镂叞	 盖 器	铭图13659，日精华3.264，布伦戴奇图31，集成9298，山东成482
52	贔觥盖	商末周初	盖2行11字		常怀颖：《夏商考古：二里头庭院几处，三星堆坑坎如何》
53	王子耶觥	西周早期	内底3字 王子耶		铭图13634，集成9282
54	天父丁觥	西周早期	内底3字 天父丁		铭图13635，集成9275
55	父丁尊觥	西周早期	内底3字 父丁尊		铭图13636，集成9274
56	爵丏父癸觥	西周早期	内底4字 爵丏父癸		铭图13644，博古20.29，集成9285

续表

编号	器名	时代	释文	铭文	著录
57	聲觥	西周早期	盖器同铭,各4字 聲乍宝彝	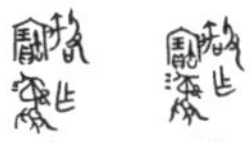 盖 器	铭图13646,博古20.25
58	父辛觥	西周早期	内底6字 父辛宝尊彝		铭图13650,西清32.14,商旧34,集成9290
59	觥	西周早期	盖器同铭,各10字 册乍父乙宝尊彝 戈宁	 盖 器	铭图13656,集成9296
60	般觥	西周早期	内底15字 王令般貺米孖搵丂 用賓父己来		铭图13660,西清32.11,集成9299
61	光父乙觥	西周早期	内底3字 光父乙		集成9273,布伦戴奇图30
62	狀驭觥盖	西周早期	内铸16字 吴狀驭弟史馈马弗 左用乍父戊宝尊彝		铭图13661,文物1972年7期11页图7,集成9300,周原铜10.2201
63	告田觥	西周早期	盖器同铭,各2字 告田	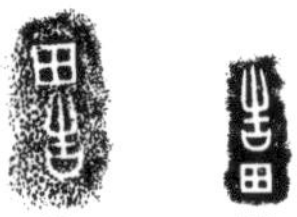 盖 器	铭图13605,考与文1991年1期11页图6.10,集成9257
64	句父庚觥	西周早期前段	盖器同铭,各3字 句父庚		铭图13637,集成9277
65	长子口觥 (M1:92)	西周早期前段	盖器同铭,各3字 长子口	 盖 器	铭图13638,长子墓107页图88.1、4

续表

编号	器名	时代	释文	铭文	著录
66	长子口方觥（M1∶86）	西周早期前段	内底3字 长子口		铭图13639，长子墓90页图71.4
67	天黽父乙觥	西周早期早段	盖器同铭，各4字 天黽父丁	 盖 　器	铭图13640，集成9267
68	丰觥（M13∶3）	西周早期早段	内底11字 丰啟乍毕且甲齐公宝尊彝		铭图13658
69	癸万觥	西周早期前段	内底2字 癸万		铭图13620，美集R200b、A664，集成9265
70	𤉲觥	西周早期前段	盖器同铭，各8字 𤉲乍父乙宝尊彝亞	 盖 　器	铭图13653，泉博108，集成9293
71	陶觥	西周早期前段	盖器同铭，各40字 癸亥小臣甫赐百工王乍册殷友小夫丽赐圭一璋一璜五陶用乍上祖癸尊彝佳王曰司册才九月或	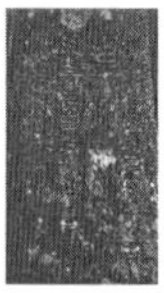 盖 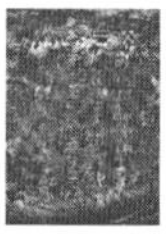　器	铭图续893
72	丏甫觥	西周早期后段	盖器同铭，各2字 丏甫	 盖 　器	铭图13604，美集R278a、b、A665，集成9252
73	覷爾觥	西周早期后段	盖器同铭，各16字 覷爾乍父丁宝尊彝子子孙孙其永宝戈	 盖 　器	铭图13662，晋国雄风58页

编号	器名	时代	释文	铭文	著录
74	作册折觥	西周早期后段	盖器同铭，各42字 佳五月王在庠戊子令乍册折既望土于相侯赐金赐臣扬王休佳王十有九祀用乍父乙尊其永宝木羊册	盖 器	铭图13665，文物1978年3期10页图10，周原铜3.564、565，集成9303
75	日己觥	西周中期前段	盖器同铭，各20字 乍文考日己宝尊宗彝其子子孙孙万年永宝用	盖 器	铭图13664，考古1963年8期414页图2.1，周原铜2.250、251，集成9302

通过上表，我们大致了解觥器铭文的情况，也能够把握一些趋势。商代觥铭多短铭，常常指标明器主，愈是早期愈是如此。早期多铸于器底，之后多为器、盖同铭。殷墟四期之后，会有器名、日名及族徽。器名多为通称，如"彝""尊彝""宝彝"等，并延续到西周早期。我们对觥、匜之判也是以此通名为据的。商代末期，出现10字左右铭文，进入西周后，有所加强，但多为器主+祭者+器名的结构，少见纪事、赏赐以及纪年（月）形式。殷觥、犾驭觥盖、文嫌己觥上有商末或周初少见的纪事或赏赐铭辞。觥器的长篇铭文绝少，仅有陶觥、作册折觥、日己觥几例，字数分别为40字、42字、20字。

上述是觥铭的特点，亦可归纳两点，①均为通称，未见有专名。②多为短铭，长篇铭文罕见。之所以会有这些情况，一是因为觥器为偶发的造器，未有相类似的陶器祖型亦是证明，不及给予专称。后又受制于觚、爵等常规酒器之下，没有得到更广泛的发展，也就没有必要做出长铭。二是器物较特殊的形状，盖形多曲折，器底多窄长，不便铸造较多的字数。另外，青铜礼容器上出现专名的时期，觥器已经衰落，自然也未见有专名。

第二节　觥铭族徽与家族

上节中，我们提到觥器上绝少有纪事铭文，短铭更为常见，且多有日名、族徽。故此，若对觥铭有一个全局了解的话，应该先以其族徽入手。青铜觥铭文上出现的族徽文字有：亞址、亞长、长、⟨字⟩、亚醜、⟨字⟩（𨽻）、告田、⟨字⟩、⟨字⟩、⟨字⟩、⟨字⟩（冉）、木羊册、⟨字⟩⟨字⟩等。下面以地区和墓葬为根据进行具体研究。

一、与亞及相近族徽有关的觥

带有亞字族徽的觥器有：亚长觥、舥觥、⟨字⟩觥、者女觥等器物，以亚长觥为时代最早。

1. 花园庄54号墓的亚长觥

亚长觥出土于花园庄54号墓，前文已有论述。觥的器盖及器底内壁有铭文"亚长"。一般来说，"亚"是商代有军事色彩的职官名，出于家族担任的习惯，"亚"亦可视作准族徽[1]，至少不代表具体的的族氏[2]。冯时有亚为小宗的说法[3]，严志斌利用"亚"与"小子"不吻合，倾向于职官[4]。"长"应当为族徽。二者的结构，亦如何景成所指出的为上下结构，亚形在上，下为族徽[5]。根据54号墓的规格及随葬品，墓主应是"长"族之长。

虽然这件亚长觥铭中"长"字与河南鹿邑长子口墓的"长"字的书写非常相似，但"长"与"长子"是否为一族，不可以此遽断。"长"族之名不见于甲骨卜辞，且与后来的长由也没有太多联系[6]。故此，仅就现有材料，我们对"长"族的情况仍不清楚，只是大体可知，其广泛参与军事活动，且有相当的等级，墓中出现的9套爵觚组合和7件青铜大钺是明确的证明。墓主等级与觥的使用，是一对互证关系。在材料有限的情况下，互证并不是所谓的循环论证，而是承认认识的空白，亦好过如学者有所论述，"'长'姓大族从殷墟早期一直延续到商末周初，在商王朝鼎盛时期，'长'姓氏族深得商王器重"[7]。现有材料，亦不支持54号墓墓主可能与"长子口"属于同一大族的说法。

---

[1] 张懋镕：《试论商周青铜器族徽文字独特的表现形式》，《文物》2000年第2期，第46~51页。
[2] 雒有仓：《商周青铜器族徽文字综合研究》，黄山书社，2017年，第155页。
[3] 冯时：《殷代史氏考》，《黄盛璋先生八秩华诞纪念文集》，中国教育文化出版社，2005年，第19~31页。
[4] 严志斌：《商代青铜器铭文研究》，上海古籍出版社，2017年，第162~167页。
[5] 何景成：《商周青铜器族氏铭文研究》，齐鲁书社，2009年，第47页。
[6] 参见唐锦琼：《鹿邑太清宫"长子口"墓国属问题的一点思考》，《三代考古（二）》，科学出版社，2006年，第472~482页。
[7] 中国社会科学院考古研究所安阳工作队：《河南安阳市花园庄54号商代墓葬》，《考古》2004年第1期，第7~19页。

54号墓的时代在殷墟二期以后，也有殷墟二期后段之说①，总之是晚于小屯5号墓。鉴于时代，器形虽呈现比较萌生状态，但应该考虑有等级高下的因素，觥类器物的功用及使用标准应该是一致的。54号墓的墓主被认为是长族之长，也很有可能为高等级的王室成员，但是要次于妇好。从墓主身份来看，妇好也有相当的军事首领的性质，不知是否与觥的产生有所关联。颇有意味的是，54号墓主人也参与了多项军事活动，甚至战死。当然，军事色彩更多体现在两墓中的铜钺，是否拓展体现到觥器，则需要进一步讨论。

2. 郭家庄53号墓眽觥上的"亚址"

眽觥时代在殷墟四期，郭家庄53号墓的时代也较晚，等级也低于花园庄54号墓以及同墓地的160号墓。器盖均有铭文7字，已是相对晚近的作风，"眽乍（作）母丙彝，亚址"。带有"亚址"族徽的铜器，在郭家庄160号墓中出土不少，包括33件"亚址"器、3件"亚𡧛址"器，5件"亚𡧛止"②。一般认为，160号墓为该墓地中规格最高的一座，墓主亦被认为是址族的宗子③。

我们认为觥器的使用者应具有相当高的地位，可在郭家庄墓地，觥器不见于址族宗子的160号墓，反而见于次一级的53号墓。我们推测，可能与祭者有关，眽觥是为"母丙"作器，而160号墓的相关器仅铸"亚址"或"亚𡧛址"，其用于何人不详。再者，址族的社会地位颇高④，故此会出现这一例觥。同时，也可以看出觥器等级虽高，却不拒绝使用于女性。尽管我们对"母丙"一无所知，然早在殷墟二期的妇好时代，觥器就与女性有关了。另外，我们还应该注意到，160号墓在殷墟三期偏晚，53号墓在殷墟四期偏晚，又鉴于整座墓地只有这两座出有"亚址"铜器，或许53号墓墓主为下一代址族宗子。不过，报告并未公布53号墓人骨情况，目前只是我们的假想。当然，两座墓主也有可能有内部的等级区分⑤。

基于这种假想，是能够解释觥器不见于160号墓，反而见于53号墓的。由于青铜觥在妇好墓中的出现，给它奠定了一个高规格墓葬的标准。在殷墟二期和三期，这种高标准一直延续，不能随意更改。在殷墟三期，160号墓没有能够达到使用青铜觥的级别。殷墟四期是青铜觥发展的高潮期，此时对于青铜觥的使用要求略有放松，使得其可能出现在等级稍低的贵族墓葬中。而且，还是使用于母辈的亡者。眽觥通体无纹，

---

① 中国社会科学院考古研究所：《安阳殷墟花园庄东地商代墓葬》，科学出版社，2007年，第255页。

② 中国社科院考古研究所：《安阳殷墟郭家庄商代墓葬——1982年~1992年考古发掘报告》，中国大百科全书出版社，1998年，第124、125页。

③ 朱凤瀚：《商周家族形态研究》，天津古籍出版社，2004年，第589页。

④ 何景成：《商周青铜器族氏铭文研究》，齐鲁书社，2009年，第59页。

⑤ 严志斌：《商代青铜器铭文研究》，上海古籍出版社，2017年，第174页。

仅在盖的兽首的立角和眼眉部位使用了一些简单的地纹加以装饰。这也说明，在觥器发展高潮的背景下，觥器得以出现在较低等级的墓葬中，其制作也有相应的简省。可从另一个角度来看，觥器虽然被"下降"使用，但其本身仍是重要的身份标识，所以简略制作可看作是一种折中之举。同时，也可以理解址族在商代晚期社会组织中担任了相当的角色。限于早期报告公布的信息比较有限，我们对亚址族及其铜觥的研究，也只能暂止于此。不过，对这些铜觥的分析，我们可以看到，一方面觥器似乎被"降级"使用了，器主的身份从金字塔尖下降，尽管仍处于第一集团。另一方面，所使用的社会层面有所扩大，也可以视作觥器得到发展的一个标志。这两方面，互为因果，也互有制约。

3. "亚醜"与山东益都苏埠屯

带"亚醜"铭的觥共有4件，推测出自益都苏埠屯商代墓地。亚醜器较多，张长寿先生主要针对有器物图像者，收集56件，严志斌又将范围扩大，收集亚醜104例，另有醜铭1例。可见，亚醜在商代晚期较为活跃，其地位多高可以想见。在此背景下，出现4件亚醜觥也就可以理解了。这4件觥均为方器，而"亚醜"铜器中方器也不独觥类，仅据张长寿先生的整理，可知一件爵、一件尊、一件罍是方形的，还有一件罍很可能也是方形的[①]。然而，四件方觥还是比较赫然醒目的。

"亚醜"器可以明显看出殷墟风格，例如花纹繁缛，其主要纹饰为兽面纹、夔纹、龙纹、鸟纹，多以云雷纹衬底，与小屯出土的青铜器的纹饰风格完全相同。或许可以通过这四件觥，补充在殷墟末期未见到方觥的情况。另外，考古现象中也能印证与殷墟的关系。苏埠屯一号、二号墓葬都为四条墓道的大型墓葬，墓室有棺椁，二层台还有殉人和殉狗。这类墓葬只在安阳侯家庄西北冈发现过，且为殷王陵墓。由此可见，苏埠屯出的亚醜铜器的许多特点和埋藏制度都与殷墟晚期文化因素非常相似，墓主人和商王朝有着密切的关系。不太可能为张长寿先生先前的推断，"亚醜"即历史文献中所提的薄姑氏族[②]。薄姑只是殷王国在东方的主要盟国，且存续时间可至成王初年，而方觥所反映的与殷墟的关系则要至密至近。苏埠屯墓葬的时间不晚于西周初期。李零和黄川田修先生所认为该处应该为齐国封地[③]，更不能对应到这批亚醜觥上。山东高青近出齐公觥，器形与洛阳马坡的守宫"觥"有一些连带关系。

---

① 张长寿（殷之彝）：《山东益都苏埠屯墓地和"亚醜"铜器》，《考古学报》1977年第2期，第23~34页。

② 张长寿（殷之彝）：《山东益都苏埠屯墓地和"亚醜"铜器》，《考古学报》1977年第2期，第23~34页。

③ 〔日〕黄川田修：《齐国始封地考——山东苏埠屯遗址的性质》，《文物春秋》2005年第2期，第69~82页。李零：《苏埠屯的"亚齐"铜器》，《文物天地》1992年第6期。

4. 河南鹿邑太清宫1号墓的"长子口"器

河南鹿邑太清宫1号墓所出的"长子口"器与之前所论的"亚长"不是一回事，只是附论于此。

长子口墓为"中"字型大墓，前已述论。墓中出土青铜觥3件，方觥2件（M1：86、M1：225），圆形觥1件（M1：92），皆有"长子口"的铭文。同样以"长子口"自铭的铜器，该墓葬共出48件。一个墓葬中出现如此多的自铭青铜礼器在发现的商周墓葬中应该是第一次。

在这个铭文中，"'长'为国名，'子'为爵位，'口'为私名……商朝有一个臣服于商的长氏方国，这个方国的最后一位诸侯名口，周灭商后口又臣服于商，但是由于在商生活30年以上，受商文化影响很深，所以葬俗还严格按照商代执行，但由于死于周初，随葬品中又有周初风格"①。可见，此墓主人为长国商代最后一位方国首领口。同时，结合长子口墓的地理位置来看："太清宫一带处于中原商周王朝与东夷、淮夷的交界地区，战略地位十分重要。长氏方国在商末是商的属国，臣服周后又一直担任着守卫周王朝东大门的重任。"②可见，这个长子口，不仅仅是方国诸侯那么简单，还是一位握有兵权的重要军事贵族。

此外，在此墓葬中出土的3件青铜觥中有一件特殊形制的簋形觥，是所见觥中唯一一件，也带有"长子口"的铭文。如此特殊的觥出现于此墓葬中，说明无论在商末还是周初，这位跨两个朝代存在的方国首领口的地位和王室对其重视程度，一直都是其他方国所无法匹敌的。

二、亚族以外的商代晚期带族徽的觥

1. 山西灵石旌介铜觥与"冄"族

1976年在山西灵石旌介清理出三座墓葬，其中3号墓出土了1件青铜觥③。该墓葬具为一棺一椁，椁长2.85、宽1.28、残高0.7米。出土青铜器17件，分别为：鼎3，尊1，卣1，觥1，觯1，爵1，觚1，戈3，钺3④。

---

① 河南省文物考古所：《鹿邑太清宫长子口墓》，中州古籍出版社，2000年，第56~126页。
② 河南省文物考古研究所、周口地区文化局：《河南鹿邑县太清宫西周墓的发掘》，《考古》2000年第9期，第24~29页。
③ 李伯谦：《从灵石旌介商墓的发现看晋陕高原青铜文化的归属》，《北京大学学报》（哲学社科版）1988年第2期，第15~29页。
④ 山西省考古研究所：《灵石旌介商墓》，科学出版社，2006年，第145~188页。

李伯谦先生在分析灵石旌介商墓的性质时将其随葬物品分为A、B两群，3号墓出土的青铜觥属于A群器类："旌介墓葬以A群铜器为代表，因素与殷墟相同或相近，其成分占主导地位。因此从主体看它应该属于商系文化系统。但是，并非典型的商文化，而是商文化在发展过程中吸收、融合当地及其他青铜文化的某些因素而形成的一个地方类型，也可以说是商文化的一个分支。"[①]这一观点和邹衡、张长寿等先生相同[②]。所以，在山西地区的青铜文化因素也是有着其自己的地域和文化演变特点的，亦如前文所论，丙族与殷墟有相当的关系。故此，3号墓出土的这件青铜觥仍然延续着商代觥的形制，地方性特色表现得并不明显。

　　该觥数据如下：高21.7、长24.5、腹深9.3厘米，腹长径12.9、短径8.8厘米，圈足长径10.5、短径7.2厘米，重1.955千克，容积为550毫升[③]。整器器高并不低，而器宽和器高的比缩小，整件器物看起来要更加浑圆，造器水准颇高。此觥无铭文，其同出器物多带有"⑰"的族氏铭文。邹衡先生将其释为"丙"字。从青铜铭文的资料来看，丙族是殷商时期一个比较重要的族属，而且其集中分布在山西灵石旌介地区。殷玮璋和曹淑琴两位先生认为丙族是商王室的一个重要的诸侯国，一直和商王室保持着密切的关系。丙国首领与商王国贵族是同宗族的关系，丙国就是由商王朝分封的王室成员建立的，是商王室在晋南灵石一代所设立的军事据点[④]。故此在丙族墓葬中出现了觥器，这与我们认为商代晚期觥器的传播是以殷墟为中心的观点不谋而合。尽管据现有资料，我们仍无法断定这件觥是丙族贵族所用，还是下葬时埋入的。但在3号墓中出土了3件青铜钺，可见墓主拥有一定的军事权力，这与觥器原初的使用场景也非常吻合。3号墓的墓主当为丙国的高级贵族，也多半为军事将领，使用觥器也很有可能。西周时期，丙族铜器多发现于长安一带，被认为是商亡后，丙族部分族属被迁入周人京畿[⑤]。

　　带有"⑰"族徽的青铜觥还见有⑰己觥[⑥]。大略可知，丙族在山西旌介的经营，并非只是简单的一个方国。墓葬虽表现出商文化和当地文化融合的特点，但在青铜觥上更体现为殷墟的风格。由此可见，青铜觥确为商人用器，其内涵的商式特点较之殷商时期其他器物虽要更稳固些，但使用人群相对狭窄，也使得器物生命力不强。丙族作为商王同姓宗族，在周灭商的过程中，受过较大打击，"其部分族属迁至长安一

---

① 李伯谦：《从灵石旌介商墓的发现看晋陕高原青铜文化的归属》，《北京大学学报》（哲学社科版）1988年第2期，第15~29页。
② 邹衡：《夏商周考古学论文集》，文物出版社，1980年。张长寿：《殷商时代的青铜容器》，《考古学报》1979年第3期。
③ 李伯谦：《中国出土青铜器全集·山西上》67，科学出版社，2018年，第82页。
④ 殷玮璋、曹淑琴：《灵石商墓与丙国铜器》，《考古》1990年第7期，第621~631页。
⑤ 何景成：《商周青铜器族氏铭文研究》，齐鲁书社，2009年，第255页。
⑥ 《集成》9263.1、9263.2。

带，臣服于周王朝，有部分成员还任职于周朝"①。亦可说明，旌介铜觥虽然用料精良，制作精美，但属于丙族的铜觥并不多，或能是铜觥本身为商王室较为核心成员使用的侧证。丙族为商王同宗，故有特许使用的可能。然而经略的地区已然远离殷墟，盖未能形成使用铜觥的风气。入周以后，出于地理环境与政治环境的双重制约，更是不见丙族使用铜觥。至于山西运城闻喜县酒务头村发现的一对"翌"觥②（图7-4），铜质较差，器形更为扁平。其地理位置虽较晋中灵石旌介村更南，但受太行山脉的制约更大，地方特色较为浓郁。

图7-4 酒务头翌觥乙线图

2. "𒀱"族与河北定州北庄子商墓

河北定州北庄子晚商墓群发现有墓葬42座，皆为竖穴土坑墓，可惜迄今为止尚未公布较为详细的资料。我们很难深入探研，仅知在67号出土青铜觥一件，铭文为"𒀱父癸"。除觥外，墓葬中出土的鼎、觚、觯、戈、爵的器形都见有"𒀱"的族徽，其他墓葬也见有该族徽的铜器，如65号、98号墓，推测为"𒀱"族的家族墓地。整理者亦认为"这种铭文的正宗产地当在定州"，但未对族徽文字进行阐释，仅迻录前人诸说，"《啸堂集古录》中将其释为'瞿'，《金文编正续编》将其归入图像文字，《文字源流》将其释为'𦥑'即旧体的'贤'字"③。释为瞿或𦥑，皆误，当为嬰。雒有仓整理过之前的嬰族铜器，统计有24件，带有明确地点的只有两件，河南安阳轧钢厂商墓（M2∶1）出土𒀱爵（集成07498）和陕西长安沣西的史𒀱父丁卣（近出580）④。从零星的出土地点，我们大胆推测嬰族与殷墟的关系非比寻常，毕竟在安阳出有该族铜器。北庄子商墓出土的青铜器从形制上看，地域特点不是特别浓厚，无论是造型还是纹饰都与殷墟青铜器相似。这个地区在当时应该与商王朝的联系密切，受商王朝文化的影响较深，墓葬形制也同时印证了这一点。而嬰族能到陕西，估计与当时商人的策略有关，可参照老牛坡遗址的情形。而在北庄子，应该是商后期晚段嬰族的居地，也有可能有分族情况，从殷墟中分出。

67号墓出的嬰觥也带有浓厚的商文化的因素，器形上和河南安阳郭家庄的眲觥

---

① 何景成：《商周青铜器族氏铭文研究》，齐鲁书社，2009年，第140页。
② 山西考古研究院、山西博物院、运城市文物工作站、闻喜县文物局：《山右吉金·闻喜酒务头商代墓地出土青铜器精粹》，山西人民出版社，2020年，第190~199页。
③ 河北省文物研究所、保定地区文物管理所：《定州北庄子商墓发掘简报》，《文物春秋》1992年第S1期，第230~240页。
④ 雒有仓：《商周青铜器族徽文字综合研究》，陕西师范大学历史文化学院博士学位论文，2007年，第179~205页。

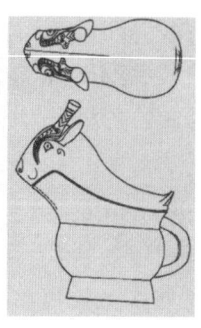

图7-5　郭家庄53号墓出土觥

（M53：4）非常相似（图7-5），只是腹部更宽且下垂趋势明显，颈部没有甥觥高长。甥觥虽为平雕兽面纹，纹饰已经趋向于简单，但还是以商晚期的主题纹饰做装饰。其腹部宽且圆鼓，矮圈足外侈，从形制上看更趋向于殷墟三期，而纹饰却没有三期丰富，出现简化的趋势。这里出现了纹饰与形制上的不一致性，张懋镕师已有理论上的说明[①]，韩巍也对西周铜器演变中各个因素发展速度不一的现象做了更进一步阐释[②]。甥觥虽然是晚商铜器，但已见形制与纹饰不一致之端倪。从北庄子墓地及其出土青铜觥可以看到，居于冀中南地区的甥家族与豫北的商王朝政治中心存续着非常密切的政治与文化联系。地理位置上说，距离相距不远，此族应该是商人的一个分支。在墓葬规制上，也保持着高等级和秩序感，"定州商代墓葬，排列有序，没有叠压或打破现象。墓坑制作规范，等级森严，普遍流行着严酷的殉人殉狗制度，随葬品亦较丰富，显然在商代非一般平民所有，应该是一处规模较大的奴隶主贵族墓群，而且是方国贵族墓群"[③]。

既然与商王朝关系密切，且等级较高，那么青铜觥的出土也就不足为奇了。不必太急于像有些学者的推测，认为此墓地可能是殷王朝燕亳或邶方国，再或者是附近其他方国的王室墓地。总之，我们知道墓主人等级不低足能解释缘何出有觥器。同时，也需要看到分支以及离开殷都的情况，甥觥略有无源之水，在形制上保留，然纹饰上却趋于简化，可以视作技术上的退步。也有可能是因为受到当地文化的影响，商文化因素弱化所产生的。在殷墟三期——这个青铜觥使用要求严格的时期，仍能在边远地区出土，足以说明商王室对于甥族的重视。

3. 冉族、宣族、黾族、◯族

冉族族徽文字的写法有🗚、🗚、🗚等42种之多，李孝定先生对形、义曾有考

[①] 张懋镕：《试论西周青铜器演变的非均衡性》，《考古学报》2008年第3期，第337～352页，后刊于《古文字与青铜器论集（第三辑）》，科学出版社，2010年，第107～127页；《再论西周青铜器演变的非均衡性问题》，《西部考古（第12辑）》，科学出版社，2016年，后刊于《古文字与青铜器论集（第五辑）》，科学出版社，2016年，第252～292页。

[②] 韩巍：《西周青铜器演变过程中的"超前"现象——新出青铜器的启示》，《青铜器与金文（第二辑）》，上海古籍出版社，2019年，第397～411页。

[③] 河北省文物研究所、保定地区文物管理所：《定州北庄子商墓发掘简报》，《文物春秋》1992年第S1期，第230～240页。

订，王恩田先生认为是"构"字之本字[①]，均略备一说。雒有仓则认为是某种器物的象形[②]。何景成收集了245件带有冉族族徽的铜器，且认为出土该族的铜器比较杂乱，他不同意李学勤认为冉族为商王族的说法[③]。不过，如该族没有足够大的声望的话，延续时间何以会较长，"至少在二里岗上层末期就已经出现，一直延续到西周中期"[④]。雒有仓统计带有冉铭文的商代青铜器共有317件，并讨论说"其中商代的青铜器占2/3，共200余件，说明冉族是商代实力强大的氏族"[⑤]。我们虽不能以简单比例作为讨论逻辑链条，但"实力强大"则是肯定的。在雒有仓后续的研究中，分析了有明确出土地的58宗冉族铜器，发现冉族有被东迁、西迁乃至南迁的现象，时间多在西周初期至中期[⑥]。若非实力强大，恐不会遭受如此分散的迁土。而有此族徽的觥也就不难想象了，像 觥（《集成》9255），上博藏 册 觥[⑦]，特别是信阳浉河冉觥，其性质比较微妙，与周人经略南土以及善后殷遗等问题或有所牵涉。

亯字常写作 、 、 ，雒有仓在对亯族铜器出土地点研究后，推测"亯地离商都不远，亯氏家族原居住地应在河南安阳一带"[⑧]，特别是在殷墟西北岗王陵区、西区都见有亯族铜器，很可能是出自王族或与王族有密切关系[⑨]。亯族虽与商王室关系密切，然所见青铜觥中此族器物一件，殷墟三期的亯 觥，也就是之前所说的享非觥（图7-6），形制比较特殊，錾做出独立的鸟形颈吻，我们在类型研究中将之归为BaⅡ式特例。亯 觥流部兽首下的兽身虽用地纹表示，錾部做出独立的鸟形，在一定程度上加强

图7-6 享非觥

（采自《美国所藏中国铜器集录》，第936页）

---

① 王恩田：《释冉、再、冓、禹、偶》，《纪念殷墟甲骨文发现一百周年国际学术研讨会论文集》，社会科学出版社，2003年，第194~200页。

② 雒有仓：《商周青铜器族徽文字综合研究》，黄山书社，2017年，第337页。

③ 何景成：《商周青铜器族氏铭文研究》，齐鲁书社，2009年，第106、113页。

④ 何景成：《商周青铜器族氏铭文研究》，齐鲁书社，2009年，第112页。

⑤ 雒有仓：《商周青铜器族徽文字综合研究》，陕西师范大学历史文化学院博士学位论文，2007年，第179~205页。

⑥ 雒有仓：《商周青铜器族徽文字综合研究》，陕西师范大学历史文化学院博士学位论文，2007年，第338~341页。

⑦ 陈佩芬在《夏商周青铜器研究》中认为冉族出于更古老的䩅族。

⑧ 雒有仓：《商周青铜期族徽文字综合研究》，陕西师范大学历史文化学院博士学位论文，2007年，第189页。

⑨ 雒有仓：《商周青铜期族徽文字综合研究》，陕西师范大学历史文化学院博士学位论文，2007年，第307页。

了兽、鸟合一的造型精神。而这一特异变化，一定是高等级社会成员才能且敢做出的变化，说其出自王族也不是没有道理。

天黾，或谓黾族，下部可视作蛙形①。曹淑琴、殷玮璋两位先生搜集相关铜器118件，且注意到铜器最早见于二里冈时期②。刘桓检讨了黾或天黾为轩辕氏的误说③，减少轩辕氏之说至今仍被相关历史学者沿袭的失误④。我们认为其是复合族徽，是天族大宗族下面的天黾分支。故此，除天黾父乙觥、天黾父癸觥等带有天黾铭文的铜觥外，还有天豕父乙觥。该族是商代就存在的大族，降周之后，保有侯的地位，是周朝的一个诸侯国⑤。之所以能够保留侯位，多半其族并非商王一族，虽曾与商通婚，但在祖庚时也有交战⑥。与商时缓时紧的关系，可能被周人视作可以借助的力量，这也解释了为何进入到西周后，还可以有天黾父乙觥的出现。

三、西周有关族徽、日名铜觥

1. 告田觥、举觥与陕西宝鸡戴家湾青铜器群

宝鸡地区地理位置比较特殊，既与"岐周"的周原毗邻，又北上能与矢国等北部戎方联络，亦可南下经城洋等地交通汉水领域。故此，宝鸡境内不仅有彊国墓地，也有戴家湾—石鼓山铜器群落。这些具有浓郁的商文化因素，但也非周人之器。之前因为早期发掘信息提取得有些粗略，甚或是盗发的破坏，我们对宝鸡地区的铜器认识不足。某种程度上，也受到附近周原的"岐周"文化的思想遮蔽，以为宝鸡亦是一周之下。实际上，宝鸡地区的文化因素更多样，特别是在晚商—周初这段，当地部族亦较活跃。例如戴家湾遗址，远比我们想象中的规模要大，"面积估计在100万平方米以上……东西长约1300米，南北宽约800米"⑦。而戴家湾的青铜器也因为四次主要提取，整体风貌较为分散地呈现给我们。这四次分别为1901年端方的收藏、1928年党毓崑的盗掘、30年代斗鸡台沟东区墓葬的发掘品以及1980年施工中发现的几件铜器，

---

① 于省吾：《释黾、黾》，《古文字研究（第七辑）》，中华书局，1982年，第1~6页。
② 曹淑琴、殷玮璋：《天黾铜器群初探》，《中国考古学论丛》，科学出版社，1993年，第298~310页。
③ 刘桓：《商周金文族徽"天黾"新释》，《历史研究》2010年第1期，第34~43页。
④ 王晖：《出土文字资料与五帝新证》，《考古学报》2007年第1期，第1~28页。则言"黄帝姓姬号轩辕氏盖均与龟黾图腾有关"，"黄帝及其部族还有浑沌、浑敦等称号。笔者认为浑沌等称号应来自天黾、玄黾，龟黾头可伸缩潜藏，潜藏时便成无面目的浑沌之状"。
⑤ 何景成：《商周青铜器族氏铭文研究》，齐鲁书社，2009年，第276、277页。
⑥ 刘桓：《商周金文族徽"天黾"新释》，《历史研究》2010年第1期。
⑦ 梁晓青：《戴家湾遗址地貌环境的考古学探讨》，《考古与文物》2000年第2期，第64页。

整理后的铜器共172件，铜容器为145件①。但是据相关资料证明，戴家湾整体铜器大致在1600件。任雪莉比较弻国、白草坡墓地的铜器数量，认为这一数量基本可信，并提出她的疑虑，145件铜容器仅占9%，不到十分之一的数量能否反映戴家湾铜器群的全貌②。

然幸运的是，在现存不足什一的戴家湾铜器群中竟然有3件青铜觥，分别为告田觥（现藏丹麦国家博物馆）、仲子貝觥（现藏美国旧金山亚洲美术博物馆）以及䜌文父丁觥（现藏美国普林斯顿大学美术博物馆）。后两件器物的器形和纹饰都十分相似，器身都有散羽大鸟纹，尺寸也极为相近，唯有一些细节差异，像兽首，仲子貝觥的兽首是咬合的，䜌文父丁则是开齿③。估计可能是同母模之器，是否是成对使用，不太肯定，但可能性很小。因为这两件器的族属不同，仲子貝觥族氏为臤镁，而䜌文父觥则是䜌族④，但奇怪的是，这两件觥祭祀的对象都是文丁，或许是巧合，或许另有原委。

在三件觥中，告田觥比较特殊，我们前文已进行一些论述，现简要补充一二。告田觥的特殊在于觥体下带有方禁。所谓方禁是宝鸡戴家湾铜器中的一大显著特色，戴家湾遗址中共发现六件铜禁，四件大铜禁用来摆放成套礼器（目前现存两件），另外两件小禁用来上置单件器物，包括这件告田觥的禁⑤。在之后发现的石鼓山铜器，也有铜禁的身影，从一些细节来看，很可能是戴家湾的自我演进。铜禁是宝鸡铜器一大特征是毋庸置疑的，目前在其他地区未见发现⑥，其创制灵感很可能与弻国墓地漆案有些关联⑦。只是有些细节，如长方镂孔位置的外范、禁承坐觥面、带顾首龙纹的范块可能运用的殷墟工艺，但早期的铜禁是否是在殷墟一带生产后输入宝鸡的，仍需要讨论的。更可不能较粗暴地说是周人"禁酒"的一个体现。中间是有一个器用转换的，由酒器的器座变成食器的器座⑧。

---

① 任雪莉：《中国古代青铜器整理与研究·戴家湾卷》，科学出版社，2015年，第29~30页。
② 任雪莉：《中国古代青铜器整理与研究·戴家湾卷》，科学出版社，2015年，第29~30页。
③ "中研院"史语所、陕西省考古研究院：《宝鸡戴家湾与石鼓山出土商周青铜器》，"中研院"史语所，2015年，第479页。
④ "中研院"史语所、陕西省考古研究院：《宝鸡戴家湾与石鼓山出土商周青铜器》，"中研院"史语所，2015年，第479页。
⑤ 任雪莉：《中国古代青铜器整理与研究·戴家湾卷》，科学出版社，2015年，第127页；《石鼓山的新发现与戴家湾的再思考》，《中国古代青铜器整理与研究·戴家湾卷》，科学出版社，2015年，第213~227页。
⑥ 张懋镕：《戴家湾铜器的历史地位》，《古文字与青铜器论集（第四辑）》，科学出版社，2014年，第132~141页。
⑦ 任雪莉：《中国古代青铜器整理与研究·戴家湾卷》，科学出版社，2015年，第85页。张翀：《弻国铜玉器及其关系研究》，中央美术学院人文学院博士论文，2018年。
⑧ 任雪莉：《中国古代青铜器整理与研究·戴家湾卷》，科学出版社，2015年，第127页。

告田觥的器为"告田",盖铭则为"田告",告田应该是告族下面的支族。告族铜器发现有31件,包括了10件告田器,此外尚有亚告器6件、告宁6件、册告1件①。单纯告族有出土地点的器物皆出于安阳殷墟,如后冈墓群②。而告某的形式,亦见于殷墟,如殷墟西区第四、七墓区中见到的告宁器,但很可能不是其族属地,出现告宁铜器多因联姻、馈赠等原因③。上也可以得到证实,通过对告田器的整理分析,任雪莉在告田觥及同墓地的田告方鼎外,还梳理出告田器7件,田告器9件④,并认为告田、田告是一回事,最后得出"在商代晚期,多称'告田',而到了西周早期,多称'田告'"⑤的结论。从中,我们大概可以窥见告或告某族氏与殷墟的渊源,那其中是否存在将觥器从殷墟带来的可能呢。而告田觥与妇好觥、郭家庄53号墓觥都有相似之处,然此次却也有器物与时空关系的问题,需要谨慎看待。

仲子貝觥、䇂文父丁觥为同批制作的方体觥,出于墓地的不同单位⑥,且祭祀对象与所用氏族也不同。䇂文丁父觥上的䇂族徽是商末周初较为常见的族徽文字,本书也收录了几件䇂族铜觥。关于䇂族所居,学界有不同的意见⑦,山东长清、河南安阳集中出土两批带䇂铜器。于是就认为䇂族的地望在山东,或是东方部族。现在看来,情况要比想象得复杂,何景成将䇂字类分出三类,值得注意。可见䇂族有历史演化、分支等情况。晚商䇂族担任"小臣",且与商王或子族关系密切,甚至与王族是亲族关系⑧,这或能说明䇂铭觥器的出现。而戴家湾的䇂文父丁觥可以和西北地区的䇂器综合考量。目前陕西西安市东郊老牛坡、沣西、麟游、扶风庄白1号窖藏以及甘肃白草坡都见有䇂铜器。特别是西周初年,之前族氏经历分族、迁移,且这两种情况又相叠发生。庄白1号窖藏出现的木羊册册的铜铭,极有可能为䇂族的分支⑨。所以,当时氏族演变迁移史,远比我们想象的要复杂,仅靠器组及出土地,很难确认其为某族铜器,或者是某族的居迁动向,尤其是与商王密切的族氏就更为错综。除族徽因素外,我们还看到器形与纹饰的不同选择,仲子貝觥、䇂文父丁觥与长子口的方觥器形近似,但纹饰却采用了散羽大

---

① 严志斌:《商代青铜器铭文研究》,上海古籍出版社,2017年,第126页。
② 何景成:《商周青铜器族氏铭文研究》,齐鲁书社,2009年,第230、231页。
③ 何景成:《商周青铜器族氏铭文研究》,齐鲁书社,2009年,第223页。
④ 任雪莉:《中国古代青铜器整理与研究·戴家湾卷》表7-3,科学出版社,2015年,第118、119页。
⑤ 任雪莉:《中国古代青铜器整理与研究·戴家湾卷》,科学出版社,2015年,第120页。
⑥ 据任雪莉的研究,仲子貝觥出于K2,䇂文父丁觥出于K3。
⑦ 详见严志斌:《商代青铜器铭文研究》,上海古籍出版社,2017年,第317~323页。
⑧ 雒有仓:《商周青铜期族徽文字综合研究》,陕西师范大学历史文化学院博士学位论文,2007年,第333页。
⑨ 雒有仓:《商周青铜期族徽文字综合研究》,陕西师范大学历史文化学院博士学位论文,2007年,第330页。

鸟纹，为当地流行，可见在商周之际文化互相影响①，现在根据我们对觥的解读，可应该看作是商周文化因素与当地土著三者的互动。从觥器可以反映，在西周早期，虽然政权鼎革，但文化有相当的延续性，在宝鸡乃至周原都可见到青铜觥这种带有浓厚的商文化因素的器物。当然，觥器的使用者也多为与商人之前有关的家族，或谓商遗民。然即便使用铜觥，也不能据此来证明此时的殷遗家族的实力或地位如何。从觥器的出土情况、器形演变以及纹饰使用，我们有种朦胧的感觉，就是青铜觥这种商人专用的祭祀礼器被这些家族使用得相当折曲，甚至隐晦。况且还存在一个"阿喀琉斯之踵"，即另外十分之九的戴家湾铜器是什么情况。如能够恢复全貌，又会新发现几件觥器呢。若无新发现，这三件觥置于整体戴家湾铜器中，又可以佐证什么呢？历史不仅仅是重大事件的编年，更是一种持续且缓慢的变化，呈现出更多向度的发展趋势。在西周初年的铜觥身上，不能简单认为其使用者的地位级别是相当高的，也不能据此认为，在西周王畿的统治区域内，这一部分商人在当地仍旧拥有很高的地位。

2. "天"族与陕西扶风齐家青铜窖藏

最晚一件觥为日己方觥，1963年出于扶风齐家一处青铜器窖藏，同出日己方彝、尊和它盘、盉以及瓦纹匜等6件铜器②。现多依据铭文，将6件铜器分为两个器组，其中觥、方彝（图7-7）、方尊（图7-8）三器为一组，且同铭，"作文考日巳宝尊宗彝其子子孙孙万年永宝用🧍"（图7-9）。铭尾族徽文字，常被视作天族。天族为大族③，且见于甲骨契文中④。其族出现时间很早，在殷墟一期，且有组合族徽的形式，如天黽。带有"🧍"氏族铭文的铜器共见有80余件。西周晚期的天盂，可见其族延续到西周晚期⑤。而器类先行消退，可见其间可能是有意识地对觥器进行规避，器形也做了一些折中处理。例如器物看起来腹部占了很大比例，腹部甚宽，腹宽和高的比很接近，这些使得觥倾向于鲁侯尊。二者都不同程度上施制冕旒状的饰件，日己方觥更有与鸟纹结合的趋势。鸟纹的运用增多，盖后部饰圆雕虎面，脊两侧饰以长冠垂尾凤鸟，其后配置长冠小鸟；圈足亦饰长冠垂尾凤鸟。纹饰皆呈浮雕状，无地纹。

当然，这些带有我们不少推测，尚需更多材料进行证明。然可以确知的是，天氏家族为非姬姓家族⑥，才可能会拥有这件觥。这不仅因为铜器上面的日名、族徽为商周

---

① 任雪莉：《中国古代青铜器整理与研究·戴家湾卷》，科学出版社，2015年，第127页。
② 梁星彭等：《陕西长安、扶风出土西周铜器》，《考古》1963年第8期，第413～415页。
③ 严志斌：《商代青铜器铭文研究》，上海古籍出版社，2017年，第334页。
④ 《甲骨文合集》20164。
⑤ 雒有仓：《商周青铜期族徽文字综合研究》，陕西师范大学历史文化学院博士学位论文，2007年，第73页。
⑥ 曹玮：《周原的非姬姓家族与虢氏家族》，《陕西历史博物馆馆刊（第七辑）》，三秦出版社，2000年，第1～9页。

图7-7 日己方彝

(采自《陕西金文集成(3)》315,三秦出版社,2016年,第182页)

图7-8 日己方尊

(采自《陕西金文集成(3)》314,第181页)

图7-9 日己方觥盖铭

(采自《陕西金文集成(3)》316,第188页)

之判①,也得到考古学上的佐证,"分布在齐家村周围的西周时期的考古学文化,当属西周时期的西周王室联姻的某个非姬姓贵族家族留下的"②,葬制亦有二层台等,这种情况与天族为大族互为因果。天族之所以为大族,与其顺应变化不无关系。复合族徽似乎是部族联合的反映,进入西周后,又似与周王室联姻,保持较高等级的社会地位。然而,觥毕竟是非常特殊的酒器,属于天族的觥器不多,除日己方觥外,尚有天父丁觥③。年代最晚的方觥能为天族所有,表明天族具有非同一般的实力。

3. "丰启"觥与山东高青县陈庄西周遗址

2008~2010年在山东淄博市高青县花沟镇的陈庄遗址清理工作,发现了一件青铜

---

① 关于日名、族徽作为殷遗民辨识的标志,可参见张懋镕先生的一系列文章,《周人不用日名说》,《历史研究》1993年第5期,收入氏著《古文字与青铜器论集(第一辑)》,科学出版社,2002年,第217~222页。《再论"周人不用日名说"》,《文博》2009年第3期,收入氏著《古文字与青铜器论集(第三辑)》,科学出版社,2010年,第23~26页。《三论"周人不用日名说"——兼答周言先生》,《古文献整理与研究(第一辑)》,中华书局,2015年;收入氏著《古文字与青铜器论集(第五辑)》,科学出版社,2016年,第185~197页。《周人不用族徽、日名说的考古学证明》,《金文与青铜器国际学术研讨会论文集》,2016年,收入《古文字与青铜器论集(第五辑)》,科学出版社,2016年,第223~250页。

② 曹玮:《周原新出西周甲骨文研究》,《周原遗址与西周铜器研究》,科学出版社,2004年,第39~50页。

③ 中国社会科学院考古研究所:《殷周金文集成》(修订增补本)9275,中华书局,2007年。

觥，是已知距离"三周"最远的一件觥，其铭为"丰启乍氒且甲齐公宝尊彝"，故称丰启觥，或齐公觥。用祭祖辈"且甲齐公"，比较少见，目前所见仅此一器。齐公用以日名，也成了其族属、姓氏乃至国别的讨论重点，且争讼不一。

作为山东地区所见最早的西周城址①，陈庄遗址非常重要，总面积约9万平方米，揭露面积为9000平方米。然迄今为止，基础资料仅为学术期刊、集刊上的两份发掘简报②，但讨论文章约50余篇③，众说纷纭，易将问题复杂化。目前，器主就有五种说法，丰启或丰的族属有两种说法，城址性质则有六种说法。公开资料中，尚未见到发掘的14座墓葬以及所出觥的18号墓的平面位置图，我们亦很难对丰启觥做出更为详尽的解读。

在能够阅读到的公共资料中，我们认为只是对城址垣墙、墓葬规制、陶铜遗物、铭刻文字等各自细节信息做了"铁路警察"式的分段提取，很难对数者的关系进行讨论④，亦难复原当时的考古情境。不过，需要注意的是，在横、宽各约180余米的仅4万平方米的"城"中部偏南，有一直径5.5～6米的祭坛，残存高度0.7～0.8米，其下的方形台基南北残长34.5、东西残宽19米⑤。此应为"城"中重要的遗址，惜乎后来简报将此信息省略，也难怪有学者将城垣内外认定为陵园性质⑥。虽然城垣及其祭坛与墓葬的关系尚不知道，但方辉认为"陈庄城址不可能是齐国都城之所在"⑦的观点值得注意。

而18号墓也较为特殊，在14座墓中，规格要次于36号、35号墓，但出土9件铜器，为鼎、甗、簋、卣、觚、觥等。而36号墓出土铜器方壶、罍、盘、戈，35号墓出土鼎、簋、壶、盘、匜以及戈、矛。另外规模小于36、35号的27号墓也出土了10件铜器，为鼎、甗、簋、觚、爵、尊、卣、盉、盘。整个墓地的情况可能要比较复杂，至少存续一段时间，而遗址族属、墓地族属以及器物族属为不同层面的族属性质，会呈

---

① 山东省文物考古研究所：《山东高青县陈庄西周遗址》，《考古》2010年第8期，第27～34页。

② 山东省文物考古研究所：《山东高青县陈庄西周遗址》，《考古》2010年第8期。山东省文物考古研究所：《高青县西周遗存发掘简报》，《海岱考古（第四辑）》，科学出版社，2011年，第72～104页。

③ 李秀亮：《高青陈庄遗址研究综述》，《管子学刊》2019年第2期，第119～125页。

④ 关于过程考古学（Contextual Archaeology）所注重的Context，巫鸿译作上下文，徐坚则称为情境，郑岩的"关系"译法要为准确合理。详见郑岩：《多相之维：考古学与美术史的跨学科观察》，《艺术学研究》2020年第6期。

⑤ 郑同修、高明奎、魏成敏、蔡友振：《山东省高青陈庄西周遗址考古发掘获重大成果》，《中国文物报》2010年2月5日。

⑥ 任相宏、张光明：《高青陈庄M18号出土丰簋铭文考释及相关问题探讨》，《管子学刊》2010年第2期，第97～101页。

⑦ 方辉：《高青陈庄铜器铭文与城址性质考》，《管子学刊》2010年第3期；后刊于《海岱考古（第四辑）》，科学出版社，2011年，第404～408页。

现出相当的错综关系，像17、18、27号墓中的某些陶器就呈现明显的晚商风格①。如执其一端，就会将细节放大。但着眼于这件觥器，笔者仍然认为其非姬姓周人所用。所谓祖甲，笔者也更倾向于曾居于东夷的商人遗裔。之所以会有姜太公师尚父的观点，乃是基于齐国公室沿用日名的认识②。然此觥铭中的"齐公"与35号墓所出的引簋中的"齐师"并不是一回事。

小　结

本章对觥器铭文进行了一些梳理，一来对有铭觥器做了一些统计，二来对觥铭中的族徽、日名问题进行一些阐释。限于笔者学力，未对铭辞考释以及长篇觥铭进行讨论。我们在觥、匜的器类区别中，也涉及一些觥器铭文，不过多借用其自名"彝"，将其作为器类的证据。本章的写作，亦多是此种方法，故更像是铭刻学（Epigraphy），很难说是古文字学，一方面是因为笔者谫陋，能力有限，另一方面是觥铭大多较短，即便出现了一两件长篇觥铭，其有效信息也比较有限。为此，我们把注意力集中在族徽日名上。至少，作为某种族别或家族的文字标识，能够通过铭文见器见人，以求能够见证一段不为人知的历史。即使只是局限于器用选择的微史，也是书写之外的原史。

---

① 吕茂东：《解读高青县陈庄西周遗址》，《管子学刊》2011年第4期，第110~118页。
② 李学勤：《论高青陈庄器铭"文祖甲齐公"》，《东岳论丛》2010年第10期，第40、41页。

第八章 青铜觥的纹饰及造型研究

觥类铜器因其出现时间较早，使用场合、所用人群等级较高，且铜觥活跃期亦处于铜器发展史的高峰，使得铜觥造型奇特、纹饰繁丽，堪称造物的精品。上述几重特征互相连带，又与造型纹饰互为表里，制作之精美程度要超过其他器类，甚至有一器一范的趋势，即便是同母范，也有精修的情形。故此，本章将对青铜觥的纹饰及造型进行重点讨论。

关于铜器纹饰的讨论，尤其是在器类研究之下的纹饰研究，虽然之前学者有不同程度的涉及，但多是利用考古类型学的方法将器物上的纹饰排队，其本质是将纹饰从器物抽绎出来，平面化。本卷不预采用此种方法，其一是因为觥器的纹饰繁多且华丽，难免只见单一细节不见其余。其二是铜觥的器形与纹饰结合程度很高，这也是觥器的特殊之处。如用纹饰排谱的方式，很难突显这一特质，不易抓住铜觥精髓。为此，我们在纹饰整理的基础上，利用问题的讨论来深入觥器的型与饰。这亦是对艺术史的继承与发展，之前艺术史的写法更注重于个案的研究，具体到铜器上，就是对单件铜器的讨论，我们也有过相关的尝试。早期艺术史研究中，铜器是一个绕不开的领域；而利用艺术史方法来研究铜器，也应成为青铜器研究乃至古史研究的一个新动向。

第一节 青铜觥纹饰整理

我们共统计了38件觥的纹饰及其部位，其中包括出土青铜觥15件，只有觥盖、器物甚残或者无法查考图录的觥暂未统计，传世铜觥也主要选取图像清晰、有彩色图片（录）公布的。因基础材料相对比较零散，我们所制分布表也只是为了展示觥器纹饰发展的趋势，不做比例统计（表8-1）。

从上述青铜觥的纹饰统计表中可以看出，青铜觥的纹饰非常繁复，使用三层"满花"的手法比较普遍，也洵为精美。较之其他器类，觥器的纹饰亦承担形状的勾勒，并非只是纹样的装点。之所以有如此情况，一则是觥器器形较为特殊，器从模拟动物形象而来。器盖始终保留相当的曲面，具流设鋬，器身较狭，很难成为轴对称的容

表8-1 青铜觥纹饰分布表

序号	出土地点	时代	器名	盖部	颈部	腹部	足部	鋬部	有无扉棱	是否满花
1	河南安阳小屯5号墓	殷墟二期	司母辛四足觥	牛首形状，牛角，怪兽纹	云纹	鸟翅状纹饰+卷尾龙纹	前足饰卷曲夔龙纹，后足细密鳞纹	兽首鋬	背部和颈部有2庳棱	满花
2	同上	殷墟二期	妇好圈足觥	兽首大卷角羊耳+夔纹	虎纹四肢	虎纹和鸟纹	蟠虺纹	兽首鋬	背部和颈部有2扉棱	满花
3	同上	殷墟二期	妇好觥	龙首状+蟠龙纹	夔纹	夔纹	无	有鋬无兽首	无扉棱	雷纹打底
4	陕西洋县张村铜器点出土	殷墟二期	牛觥	整体作牛头盖，盖前后立两兽出双角+变形蝉纹，龙纹+变形蝉纹	变形兽面纹+夔龙纹	夔纹+大卷尾龙纹	龙和鸟的爪部	无鋬	外沿部分处有扉棱	通体饰夔纹 云雷纹 涡点纹
5	安阳花园庄54号墓	殷墟二期	M54觥	整体作兽形，立柱后卷出双头，龙纹+变形蝉尾龙纹	扬鼻象纹鼻头下卷，卷曲龙纹+蝉纹+展尾小鸟纹	分解兽面纹，龙纹角一字眉	变形兽面纹+变形蝉纹+龙纹	扁平鋬，凹槽上有兽头	腹部中央及流下的腹部有3扉棱	满花 云雷纹 打底
6	山西灵石旌介3号墓	殷墟三期	觥	兽首纹 立耳	卷尾夔龙纹	兽面纹	回首卷尾夔纹	浮雕兽面纹下有小勾耳	4道扉棱	浮雕 雷纹打底
7	河北定州铁路货场商墓	殷墟三期	八父癸	兽首立耳		平雕兽面纹		无鋬有短尾	平鋬 无兽首	
8	湖南衡阳市郊	殷墟三期	凤纹牺觥	牛首状+鱼形纹	夔纹	内卷长冠大鸟纹	饕餮纹	无鋬有短尾	无扉棱	满花
9	1933年河南安阳殷墟大司空墓出	殷墟四期	象首兽面纹觥	象鼻兽面+夔纹	龙纹	兽面纹	虎纹	兽首鋬有小耳	腹部圈足各2扉棱	满花

第八章 青铜觥的纹饰及造型研究

续表

序号	出土地点	时代	器名	盖部	颈部	腹部	足部	鋬部	有无扉棱	是否满花
10	山东益都苏埠屯	殷墟四期	者女方觥	兽首立耳+夔龙纹	鸟纹	夔纹带和兽面纹	鸟纹	兽首鋬	颈盖、腹部皆有扉棱,7道	满花云雷纹底
11	河南安阳郭家庄53号墓	殷墟四期	肌觥	兽首有立耳	无	无	无	无	鋬无兽面	素面无纹
12	陕西扶风庄白1号窖藏	西周早期	折觥(H1:72)	龙纹+象、蛇、鸮、蝉等动物	卷尾顾首龙纹	兽面纹+夔纹	回顾式龙纹	龙角兽首,中部为鸷鸟,下为垂卷的象鼻	透雕的扉棱式脊	满花三层纹
13	陕西扶风齐家村	西周中期前端	日己觥	长尾凤鸟纹	回首夔龙+小鸟纹	上卷角兽面纹	圈足饰小鸟	无鋬有鸟尾遗迹	四隅有透雕扉棱	满花无底纹
14	河南鹿邑县太清宫1号墓	西周早期前段	长子口方觥	龙首形,后大兽面,兽耳高耸	夔纹	兽面纹	夔龙纹	兽首鋬下有耳	腹和圈足的四角和四壁中部有矮扉	云雷纹打底,满花
15	河南鹿邑县太清宫1号墓	西周早期前段	长子口盘形觥	盖饰蟠龙纹,龙身饰鳞纹,龙后饰二夔	三角叶纹和圆涡夔纹	兽面纹	夔纹	兽首鋬	无	无底纹满花
16	宝鸡戴家湾	西周早期	仲子真觥	龙头形大兽面	鸟纹、象纹、夔纹	花冠垂尾凤鸟纹饰带+棱纹带	圈足饰鸟纹	圆雕鸷鸟形鋬,下有勾状垂耳	通体8道扉棱	均以云雷纹填地,满花
17	宝鸡戴家湾	西周早期	貯文父丁觥	盖前端作龙头形,后端有大兽面	鸟纹、象纹和夔纹	花冠垂尾凤鸟纹饰带+棱纹	圈足饰鸟纹	圆雕鸷鸟形鋬,勾状垂耳	通体8道扉棱	均以云雷纹填地,满花

续表

序号	出土地点	时代	器名	盖部	颈部	腹部	足部	鋬部	有无扉棱	是否满花
18	宝鸡戴家湾	商晚	告田觥	龙首形+长龙纹	无	饰长上卷尾龙纹	圈足饰夔纹	兽首鋬，下有钩状耳	无	云雷纹打底
19		殷墟四期	冀父乙觥	浮雕兽头+牛角兽面纹		垂冠大鸟纹，分尾	长分尾凤鸟纹	浮雕兽头	无	无地纹
20		殷墟三期	𢺊册凡觥	龙首+卷尾龙纹+内卷角兽面纹		长尾鸟纹+外卷角兽面纹	环柱角兽面纹	浮雕+立雕外卷角兽面纹	3条	三层满花
21		殷墟四期	龙首觥	臣字目+立雕兽耳		弦纹一道	无纹饰	立雕兽面	无	否
22		商代晚期	鸟兽纹觥	内卷角兽面+浮雕兽头+虎象鱼纹		鸮纹后腹饰兽面	人首蛇身	立鸟	无	无地纹
23		殷墟三期	亨非觥	虎头		鸟纹	鸟纹	圆雕兕	无	无地纹
24		殷墟四期	費引觥	前端作龙首，立耳		弦纹	一道边圈，弦纹	兽首鋬钩状耳	无	无地纹
25		殷墟四期	象首兽面纹觥	圆雕象首，象鼻高卷+夔首		龙纹+兽面纹	虎纹	浮雕兽头	3条	是
26		西周早期前段	癸万觥	鸟纹		兽面	鸟纹	鸟形，钩状垂耳	7条	无地纹
27		殷墟四期	毫觥	浮雕龙首+兽面平雕龙纹+虎纹		夔纹+兽面	夔纹	顾龙形鋬，垂耳	8条	是
28		殷墟四期	犛父乙觥	浮雕龙首+兽面		夔纹+兽面	夔纹	兽首鋬垂耳	无	是

第八章　青铜觥的纹饰及造型研究

续表

序号	出土地点	时代	器名	盖部	颈部	腹部	足部	鋬部	有无扉棱	是否满花
29		西周早期前段	句父庚觥	圆雕龙首		无	两道弦纹	兽首鋬垂珥	无	否
30		殷墟四期	羊父甲觥	龙首+兽面+短冠凤鸟		鸟纹+兽面	凤鸟纹	鸟兽鋬勾珥	8条	是
31		殷墟四期	竞父戊觥	圆雕龙首+兽面+鸟首		夔纹+大鸟纹	长尾鸟纹	兽首鋬勾珥	1条	无地纹
32		殷墟四期	豕父乙觥	失盖		鸟纹+兽面	鸟纹	兽首鋬勾珥	7条	是
33		西周早期后段	觚觥	浮雕龙首+兽面+夔纹		夔纹+兽面纹	夔纹	兽首鋬垂珥	8条	无地纹
34		殷墟二期	觥	浮雕虎头+鸮面		龙纹+鸟翅纹	龙纹+鸟翅纹	兽首鋬勾珥	2条	是
35		殷墟三期	觥	浮雕兽头+盘龙纹+夔纹		夔纹+兽面纹	兽面纹带	兽首鋬	1条	半满花,有地纹
36		殷墟三期	旅觥	浮雕龙首		夔纹	夔纹	兽首鋬	无	无地纹
37		殷墟三期	父辛觥	失盖		垂冠回首夔纹+1条弦纹	垂冠回首夔纹	兽首鋬	无	是
38		西周早期前段	旜觥	龙头兽面+鸟纹		夔纹+直棱纹+鸟纹	夔纹	兽头+鸟纹	8条	是

器；盖因模仿兽首，多为上下起伏：遂使得制器施纹不能模件化生产[①]。二则是觥器在祭祀中可能表达特殊的含义。这两条因由相辅相成，不期然亦使青铜觥富有更大的艺术魅力。

铜觥这类器物是用于祭祀场合的彝器，为了配合使用场合的氛围，综合改造了各种动物融在一起，使他们能够更加体现祭祀鬼神祖先的目的。"商周时期，被施加了各种神秘纹样的青铜礼器，主要用于祭祀鬼神祖先。在那个时代……在祭祀的场合营造出了神圣的氛围，祭器、祭物，都是鬼神的享用物，都是神圣可畏的"[②]。在此制器背景下，青铜觥也不例外，且更为特殊，是被用于裸礼等相关祭礼中的。所以，在青铜觥的身上能够看到格外用心地制作纹饰，分配布局。觥器纹饰的精彩不仅在于整体上的三层"满花"，还在于整体上的设计与"章法"。因为觥器特殊的器形，提供了非常规的施绘"块面"（Frame）[③]，需要将众多的纹饰填充到块面不规则的空间中，也就不能只使用常规的对称手法。觥上出现的各种动物纹饰，诸如龙蛇纹、鸟纹以及兽面纹固然有拉伸、减小等变形的可能，也需要娴熟刻制或捏贴陶范的技巧，用以完成不同的形式表达。

第二节　关于觥器纹饰与造型的几个问题

如前所述，觥器因为造型特异，纹饰的施设也比较复杂、层次较多。这是不同于其他器类的地方。然而仅用繁复、华丽等形容词汇来讨论觥器的纹饰，则很难由表及里。不进行客观性的描述以及相对抽象的分析将难以揭示铜觥纹饰的精髓。本节拟在对觥器纹饰整理的基础上，对相关问题进行讨论。以点带面，对觥器纹饰及其造型加以理论化阐释。

一、由形到器

我们在之前其他不同的章节中，都大致提到觥器源自对动物形状的模拟，与牺尊渊源较深。而文献中的"觥"，则是角形制器的系统。这样的话，觥器的造器思想则

---

① 关于铜器模件化生产可参看Ten Thousand Things: Module and Mass Production in Chinese Art, Princeton University Press, 1998.中译本为〔德〕雷德侯（Lothar Ledderose）著、张总等译、党晟校：《万物》，生活·读书·新知三联书店，2005年，2012年。我们认为其所持模件化生产并不适用于所有铜器，尤其是早期铜器。

② 杨远：《夏商周青铜容器的装饰艺术研究》，郑州大学博士学位论文，2007年，第82页。

③ 此处"块面"不是指绘画色彩中因色块而形成的调子，而是因为铜器器物的外轮廓线而构成的器物外壁可供施制纹饰的空间，具有一定的框式，亦带有一定的结构性。

有一个从形到器的进程。具体说来，就是器物的外轮廓线（Shape Line）由起伏的自然拟形到抽象的几何线条，纹饰上从真实状物到杂糅想象。需要说明的是，即便是状物，也不可能是一比一的写真，这是受材质的先决影响，势必会有些其他纹饰的"衍笔"，如湖南、上博的牛觥上，颈部有龙纹，腹后部有盘蛇纹，但却是模拟单一牛形。而在司母辛四足兽形觥上，虽然也有蜥蜴及怪兽纹等衍笔纹饰，但鋬部已经开始在塑造立鸟纹了。这种将不同动物合二为一的杂糅手法与衍生纹饰是大相径庭的，但演变为觥器造型的主要手法，例如稍晚的弗利尔鸟兽觥，就是将兽（流部）、鸟（鋬部）合一。

在有关铜器传统认识中，例如器形（Shape）、纹饰（旧称花纹，Ornamentation）的二元分部中可能还需加入一层的中间状态，即形状（Form）。意谓形态上的部件也起到相当的形象上的勾画、装点。当然并不是所有的铜器，都具有这一状态，只不过在觥器，尤其是早期的铜觥上，表现得更明显一些。而我们所言的形象，也是当下学界所使用的带有三维意涵的概念，而非平面的狭义图像（Image）术语。关于器形、形状、纹饰的讨论，可参看附录二，我们关于鸟兽纹觥的讨论。

尽管都是A型觥，但可以看出牛觥、羊觥等器尚处于拟形范畴，例如羊觥的造型，卷角的塑造，一望便知是羊形。虽腹部有目纹以及卷龙纹等其他纹饰，也不过是装饰，兼有表现羊的腿部骨骼大形。这种直接取材于动物形态的觥，较司母辛四足觥，还有一个区别，即保留动物的尾部，没有设置鋬的部件。换言之，司母四足觥是将前部兽首的尾巴改制成鋬，体态从下垂的条柱状变为环形或半环形，为一器能够容纳兽、鸟两种形态创造了前提条件。司母辛四足觥的后两足就做成鸟足状，朝向鋬的方向。另外，也以鋬为对称，两边排布了状如翅羽的纹饰。然从形状上看，鸟形的大膀与兽形的后大腿有相当的重合，借以盘状的蛇纹来表示，这也是觥器的巧妙之处。

不过，由形到器的关键转变，可以在洋县牛觥上得见端倪。牛觥还是保留牛尾巴形，没有演进到鋬的部件。然而较之羊觥，还是有一些变化。例如在器盖上，除通常的兽首外，又做出了两个立体的动物形状，整理者认为是龙纹和夔纹①。特别是盖后部的夔纹，卷尾成勾状，为之后将兽尾改制为鋬的部件埋下伏笔。

事实上，洋县牛觥已然出现了杂糅现象，其盖部后段（图8-1）做出一对横状的扉棱，其形曲折，略呈C形，单阴线刻出轮廓，其内弧线表示鳞片，有凸目，大概是蛇龙一类的动物。一是可以与盖前部的主体突出兽面进行界格，二是突起的半环形状恰好可以充当后半部动物形的耳

图8-1　洋县张村牛觥（1981YZHCT：2）
盖后部纹饰

（采自《城洋青铜器》，图版95）

---

① 曹玮：《汉中出土商代青铜器》，巴蜀书社，2006年，第98页。

部。同时，前述盖后部的勾尾夔纹，恰能作为动物的鼻部。尤是盖尾圆润的弧线，似动物面孔的轮廓，其上亦有突出的圆点，点睛之笔。盖中后部横状扉棱的做法后世也有出现，如仲子賏觥、凤鸟纹觥、折觥等。只是洋县牛觥未进行将尾变鋬的变化，也就是说未有容纳鋬处鸟纹的条件。然从盖后部的动物形态来看，虽然有些部件有所变形，没有特别明显的特征，但大概率可能是鸮之类的。所以，牛觥虽然主体是兽形，但也有鸟形的因素，即便仍保留牛尾的部件。当然，像仲子賏觥以盖部横状扉棱来充当动物形的耳部，这样就将觥后部彻底转变成另一单元的兽面。

从某种角度来看，铜觥是一种兽、鸟因素共同存在的彝器，当然在其他器物上也会共存鸟、兽的纹饰，只不过觥器更为突出，更加注重立体形象的塑造。我们前述曾经讨论过祭祀需要杀牲献祭，而鸟则是飞翔于天空的动物，能够表达灵魂乃至往生的意象。兽面、鸟纹并不是殷周不同部族之间的信仰差别，也不是时代早晚的表征，而是公元前11世纪前后，人们对生死相近的感知，鸟与兽共同表达了人们的生死观。对死亡由畏而敬的心理，不仅利用动物形状来形塑，更将其抽象化，容纳到容器当中。容纳并不是只在器表施造不同纹饰，而是有形状的表达，随之带来的就是体积感，亦传达出背后的三维体认。这种思想将归结到觥器当中，并以此为道具行诸祭祀中，亦可谓是当时人们思想的归处。

二、形状与纹饰的结合

图8-2　虎纹觥前45°视角

（采自黄濬：《尊古斋所见吉金图》卷三页十九，国风出版社，1976年，第259页）

我们之前所讨论的觥，偏于早期器，主要解决从动物拟形到抽象为重的问题。殷墟三期之后，觥器造型出现了新的变化，几乎不见动物形的A型觥，而器腹较阔的BaⅡ式开始出现（图8-2）。腔体的宽阔，增加了造型的块面，使得以盖首为中心所塑造的动物得以变化。动物身躯从觥器后部移至器物的前半部，且将形状感的塑造改成相对平面的纹饰。即动物为半立体半纹饰的构造，兽首为立体形状，头部以下为纹饰。多曲的S形造型，来表示身躯及尾部，并有前后肢。因块面空间关系，后肢为蹲踞式，近乎人形。全部兽形有两次过梁，身躯跨越盖身以及圈足上的起棱，足以证明盖上兽首形状及身躯纹饰着意在形塑一个完整的动物形象。这种形状加纹饰的手法，我们姑且称之为形状与纹饰的结合。

这一造型手法最早见于两件妇好觥（M5：779、802），然觥形的流前探较甚，借此塑造较为立体的兽形相对比较便宜。更具有典型意义的，则见于印第安纳波里斯美术馆的■觥、哈佛大学博物馆的■雨觥、日本泉屋美术馆的住友家藏虎鸮咒觥、千石唯司的冉觥以及清宫旧藏现只存图影的■觥、■貯觥等。加之近期现身于拍卖市场夏皮罗（D. Shapiro）、卢泊雪递藏的■册觥（佳士得，纽约2021春），大概有8件之多，考虑觥器的存世量，我们认为此举并非偶然之作，应为当时独特的时代风格。尤其是■册觥，其造器手法与哈佛大学博物馆温索浦（Grenville L.Winthrop 1864–1943）旧藏的■雨觥、千石家的冉觥非常近似。这三件觥的制作时间很可能非常接近，甚至是同母范，只是铭文不同。因为■册

图8-3　■册觥

觥（图8-3）为近期市场释出，笔者虽无缘目验原器，但有较多细节图片公布，我们可以着重来讨论一下。

除先前我们讨论的两处过梁外，身躯是半突出的曲折起棱，其内（靠近动物形象腹部）还铸出一道勾连纹饰。如按照传统纹饰样态来说，很大可能是曲折夔纹一类的。但若从结构性（Structure）来看，更像是与起棱配合，构建出更为圆满的身躯形象。这道纹饰的弯曲走势，配合起棱来完成，也是一种强调。从X光片能够看出纹饰组合的内部结构，其末端与起棱有合二为一的融合趋势，亦能佐证身躯的构成方式。与起棱突起程度相近的，就是腹部的前后肢了。无论是虎之四肢，还是有拟人的初衷，都是蓄意要在觥之前段打造出一个具有形象感的动物形象。所谓一器两兽（流部、鋬部）是觥器纹饰的框架，更为精髓的是前段纹饰的口—器组合型，或许是为了映衬觥器使用的内在含义。为配合前段合而分之的纹饰，虎形的动物形象也相应做成形状与纹饰的结合。用传统语言来说，就是有主纹和半浮雕的纹饰，而那道勾连纹饰甚至也与地纹相融合。

三、尽力的对称

上述以■册觥为代表的8件觥大体可归入BaⅡ式，时代多在殷墟三期。当然，并不是所有的BaⅡ式都是这一纹饰形式。总之，该式的觥体较为宽侈，以流鋬为轴对称略呈横长式，故能够在头尾容纳两兽。无论是鸮之翅羽，还是虎之身躯，都是需要一定的空间的。而在殷墟三期之后，纹饰的形式又有新的变化，开始以腹部为基础，进行中心对称构造。然而，同样因为有上昂的流及其引发的不规则块面，觥纹的中心对称不可能如簋鼎等器左右均一。在不能达成相对完美的对称布局的情况下，施纹有特殊的解决方法，我们称之为尽力的对称。

觥器纹饰追求对称的趋势中，先后有两个步骤或阶段。首先，是在■册觥等的觥式中出现了分化趋势，消解了一器两兽的纹饰格局。其中，以印第安纳波里斯美术

馆的㲃觥、𠅫觥以及亞己觥为代表，享夨觥也有部分的作用。像上海博物馆的興父乙觥，形制较早，BaⅡ式，但纹饰却有变化，在器腹前部施以垂冠大鸟纹。在Ⅲ式原应出现虎身的地方，被鸟纹所取代。鸟纹虽然亦保持着流—鋬轴对称规则，但却与盖上兽首无关，对盖身的结合纹饰构造有所松动。

之后的变化则是将以流—鋬为轴的器对称改变成以腹部块面的对称为主，纹饰图案化、平面化。以上海博物馆的册𢼈𠅫觥为代表，彻底不见跨器、盖的兽形，取而代之的是将造型重点移至腹部，腹中部出现了左右对称的兽面。这一手法在商代末期直至西周早期，蔚然成形，遂成主流，不仅出现在Ba亚型的Ⅲ、Ⅳ式，也出现在Bb亚型的Ⅰ、Ⅱ、Ⅲ式上。可以说，以腹部纹饰为主，且为中心左右对称的方案席卷了圆体和方体觥。

旌介3号墓的Ba亚型铜觥虽然出于山西，但制作精良，如兽角上饰云纹，形似蜗牛。盖后部饰有半突起的兽面雕饰，另有数条扉棱。这件觥大致可认定为殷墟风格的作品，但已然演变为上述的施纹格局，腹部是左右对称的兽面纹，而腹部出现的扉棱很可能是其中的诱因。这一施纹方案实际上是更进一步器物化，规避了觥器最初的象牲气质。这样一来，会出现颈部三角区的不规则块面的难题，像旌介觥就用虎纹、卷尾夔龙纹的组合纹饰进行"补白"。位于腹部的虎纹昂首、张口、短尾恰构成一个三角状。而颈部向上的狭长地带，则是用上下一对卷尾夔纹来填充。

延长父丁觥为方体的Bb亚型，其流部则将一对夔纹变成单独的一只夔纹。夔纹肢、尾开张，比较融洽地铺满，此与近鋬的颈部上的顾首卷尾夔纹可比较观察。而另一端颈部却"绘制"一只大象，象鼻与夔尾"钩心斗角"，将流颈部最宽处填充。在下部小角处，加绘一只鱼纹，不空不塞，完美利用了块面空间（图8-4）。日本泉屋博物馆所藏的象纹觥（图8-5），亦与之近似，唯颈部象纹的一侧，做出似是兔形的纹饰，长耳短尾。

父丁觥虽然发现于陕北地区，但晚商风格十分浓郁。扉棱较多，多达19段，且鋬较阔侈、圈足亦有高台。尤其是腹部兽面非常详尽，睛、眉、耳、鼻、角、唇以及身都很齐备。在如今细密且严肃对称的兽面背景下，在流颈部施夔、象、鱼是不得已为之的方法，可视作尽力的对称。亦可从中看出，当时的铜器器物化是势所不可免的。嬭觥的流颈部更近似对称了。颈部亦借助扉棱做出左右对称的卷尾夔龙纹，只不过靠流的一侧的夔龙纹，有角，且卷尾较大，便于撑满较大的空间。而流部则饰以两组变形夔纹。玫茵堂册享𠀉觥，颈部就干脆以一扉棱为界，左右各一纹饰，唯一端为夔纹，另一端（近流部）为大尾鸟纹，翅羽撑满流部。

总之，于觥颈部的尽力对称频繁出现在铜觥发展史的晚期，纹饰的具体制法略有不同。有以扉棱为界格，两组纹饰同向排布的，如天亥父乙簋、丏甫觥、癸万觥、羊父甲簋、折觥。这样可能在选择纹饰上能简省一些，无非是将近流的一端纹饰做得大些，或稍加变形。另外，也有以扉棱为界，颈部纹饰向背的，如夆旅觥。有两组纹饰为同种类型的，也有为异种的。如册𢼈𠅫觥，颈部为同向纹饰，前段为某种兽纹，而

第八章　青铜觥的纹饰及造型研究　　·161·

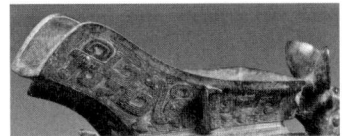

图8-4　延长父丁觥局部
（采自《陕北出土青铜器》，第172页）

图8-5　象纹觥
（采自《泉屋博古·中国古铜器编》107，第91页）

后端则是鸟纹。而像长子口圆觥（M1：92），器身较彻底器物化，近似簋，而流部则衍生出一些勾连纹饰作为装饰。这一做法也体现在长子口的方觥上，觥器前段的动物原意只徒存于盖前的兽首了。

小　　结

关于铜觥的纹饰研究，才刚刚起步。毕竟我们也才对这类器物进行一些浅易的认识，但无可讳言的是，觥器是所有器类中，纹饰最为复杂的器物。一方面，因它使用于特定的场合。另一方面，器形带来了不规则的外块面。整器沿流—鋬形成轴对称，但在每一个单面上，却不再是一个左右对称的块面。其主要原因是有流的存在。这也不像匜的流部，纹饰进行了规避，其根源在于觥器的拟形渊源。觥流一直承担了"兽颈"的视觉功能，很大程度也因为有觥盖兽首的存在，始终为立体形态的兽首加强了纹饰的实际意义，也给铸造以及敷器施纹造成了一些难度。另外，在觥器制造中，有虽然两件器形、纹饰很近似，但不为一对的可能。因为两件（或多件）的铭文不同，如■觥、■■觥。这是笔者通过梳理器形、铭文及其纹饰的一个感知，未及深究。

我们在讨论觥器纹饰时，尽量不使用"精美"等词汇。这些比较主观的形容词难以深入讨论铜觥的纹饰。而"复杂"则是相对近于描述性的，可以是结构上的。其中之一就在于形状与纹饰的互动，我们对此的发现也是偶然，主要是源于对弗利尔美术馆藏的鸟兽觥的研究。关于鸟兽觥的个案研究，可参见本书后附录2的论文。之所以进行讨论，主要是因为艺术史的个案研究习惯，却无意揭示了器形—形状—纹饰三者之间隐秘关系。但因着眼于鸟兽觥个案，附录2的讨论显然有些枝蔓，如亦涉及传藏史的问题。总之，关于觥器纹饰的讨论未止步于此，亦能有助于讨论整个铜器的器与纹的关系。

结　语

觥器，是非常特殊的一种铜器。从其铭文自名而言，当为彝器属。我们将其视为单独的一类，则主要是依据现代器物学的分类（Classification）眼光。每一重眼光，都是历史真相的分光镜。当时人们未必不将觥器特殊看待、格外使用。而宋清的匜称、观堂的觥名，都是对这类器物的认识。从学术史的进程而言，我们对商周铜器的认识远远不足，至少与原来本相还有一段距离。即便是我们完成了这一觥卷的写作，也不要自以为是，以为我们所认识的就是真相，至少不是全部。从觥的历史看到，我们需要时时保持对未知的渴望，保持兴趣。

制作铜觥，很大程度上是一种手工艺的创造。尽管我们借助了进化论为基础的分类方法，进行类型学的研究，但仍有很大不足。诸如在型式之上，出现了很多异形的单品，我们尽量将其纳入到型式系统之中。为了弥补对个案器物的个性削弱，辅以问题研究看起来是一种折中的方法。然而，也在另一方面促进了对觥器的深入探研。表面来说，觥器是诸多器类的小类，总体数量也不过百来件。但实际上来说，觥器是祭祀场合上的特殊用器，必然数量较小，使用范围以及时段也相对有限。反映为具体物象，就是多见于河南、陕西两地，且时代集中于商代晚期至西周早期。再进一步来说，应该就是商人使用的。基于此，现下考古学所流行的区系等框架式的研究并不适用于铜觥。我们亦在某种程度上，放弃了脉络化的叙述方法，转入于对问题的深耕研究。

器类研究、组合研究具有深层联系的，同时又与觥的研究史分不开。与此对应的就是，觥铭、族属及其墓葬的内在关联。这些我们都有相当的涉及，其中章节或有累赘而说，亦足证历史虽多为线性的演进，但事物发展却也有平行的联系。具体的事物个体，不仅受到树状的历史影响，也有来自他者的网状关联。而觥器的手工业色彩更能归结到器形—形状—纹饰三者的交互，这更是艺术史所关心的。事实上，铜觥很早就进入到艺术史，尤其是海外艺术史（部分是古董界）的视野，但对觥器尚未建立出系统来，难以从单器个案上有突破性的认识。我们在研究过程中，也完成了从个案到问题的进化。

从铸器象形到器以藏礼，铜觥是一个非常有代表性的器类。其消亡，委实不符合礼乐文明的要求，尽管它亦使用于祭礼当中。但鬼神崇拜到德仁修敦，其间是一个非常大的转变，觥器身上张扬的性格显然已与西周社会内敛的气质不相匹配。西周铜器及其纹饰更多讲究对称、稳妥，而觥自身所带来的不规则块面，仿佛是赋格音乐中的变奏，而盖上的兽首、鋬部的飞鸟无疑则是一段华章。金石著录、器物学析理的双线推进，使得觥这一器类涌现我们眼前。当然，器物学也是发端于金石学的，但我们不得不服膺于观堂的个人推动。在前现代学科的比较下，考古学及其孕育的青铜器研究，却在觥器研究上鲜有划时代之作。从根本上来说，则是理论的不足，以及缺乏其他人文学科的刺激。现下的所谓跨学科研究，更多是来自科学技术而引发的检测、修复等方面。愿我们这部小书，能对觥器的研究以及青铜器研究的创新带来一点微不足道的促进。

附录1 陕西地区出土青铜觓之考察

张 翀

铜觓的器形，最早见于北宋宣和年间的王黼《宣和博古图录》，不过是归入匜类，亦是名之为匜。在《宣和博古图录》的16件匜中，有7件可以称之为觓[①]。可见，金石学对器物的误读由来已久，影响亦深，以至于后来仅录铭文不传器形的著录，很难判断器类。后经学者辨正，将觓器从匜中分出，其中不乏现代器物学的影响。不过，虽有原名之论，但乏之整体性梳理。张增午先生对出土铜觓有所梳理，"商周青铜兕觓主要出土于安阳殷墟地区，在山西、陕西、山东、河北也有少量出土。其中西周之器出土于陕西江苏及河南洛阳、信阳等地"[②]。虽然对觓器出土情况有一个整体认识，但未能体现在数量上。需要说明的是，我们用出土、传世对觓器有所划分，旨在说明所谓出土铜觓的考古信息相较更完备一些。觓器的特殊之处亦在于传世铜器的数量要多于出土铜器，此亦为之前研究造成不少困难。

在刘莹莹研究的基础上，我们整理目前出土青铜觓，为36件，多集中于河南、陕西两地，在山东、山西、河北、江苏、安徽等地为零星出土。河南出土器物有20件，陕西共出土9件。陕西出土觓器的年代大体在西周早期到中期的前段。这时的政治中心已经移至陕西地区，所以青铜觓在此地出现也自然是情理之中[③]。

从上述统计中，可以看出陕西觓器的出土数量仅次于河南地区。现今河南境内，是商文化的腹地；陕西则为周人发祥之地，在岐周—宗周—成周的"三周"政治格局中，有两地在这一地理范围。故此，关中地区觓器的流布，自然有着时代演进、政权更替的因素。所以，很有必要对陕西觓器进行再讨论。

[①] 将此种器物名之为"觓"也有不妥，具体可参见林巳奈夫、容庚等人对王国维《说觓》的讨论，暂不展开，仅依照朱凤瀚等先生暂以"觓"名之。

[②] 张增午：《商周青铜兕觓初论》，《故宫博物院院刊》1994年第3期，第31～40页。

[③] 刘莹莹：《商周青铜觓的整理与研究》，陕西师范大学历史文化学院硕士学位论文，2011年。

附录1　陕西地区出土青铜觥之考察　　·165·

陕西出土了9件觥，包括1件觥盖①，不见器身，还有1件觥器残片，也附录其后。这9件与觥器相关的情况，具体如下：

（1）洋县牛觥②，商代晚期，通高19.4、通长22.1、腹深6.2厘米，重1.165千克，1983年洋县小江乡张家村出土。

（2）告田觥③，商末周初，连禁通高40、觥高31.2、长41厘米。器盖龙首形，其下为分解式夔龙纹，器身较光洁，仅腹部为龙纹纹饰带，圈足为夔纹纹饰带。本器带有禁座，比较罕见，仅见一例，纹饰简约，也比较少见，只有費引觥较之接近④，现藏于丹麦国家博物馆。

（3）中子𥃲觥⑤，西周早期晚段，高31.8厘米，陕西宝鸡戴家湾2号墓（K2）出土，现藏于美国旧金山亚洲艺术博物馆。

（4）𠭯文父丁觥⑥，西周早期晚段，通盖高31、口径31.5厘米×10.4厘米，陕西宝鸡戴家湾3号墓（K3）出土，现藏于美国普林斯顿大学美术馆。

（5）折（旂）觥⑦，西周早期后段，通高28.7、长38、腹深12.5厘米，口纵11.8、口横7厘米。1978年陕西扶风庄白村1号窖藏出土（H1∶72）。整体为羊形羊首卷角鼓目，觥鋬铸有三种动物形，其上分布几十种动物纹，一条夔龙分布于其背上，象鼻形

---

① 刘莹莹统计了两件觥盖，一件是扶风上康村的𫊟驭觥盖，我们也有收录；另外一件是所谓法门乡黄堆村出土的簋盖。其实是一器，究其原因，是她所据的张增午，在文末引吴镇烽文章，衍出"扶风黄堆村出土一组西周青铜礼器6件，其中一件是𫊟驭觥盖"，因地名两植而衍生一器。此误根源在于最早公布者周文说𫊟驭觥盖为"扶风县法门公社黄堆大队的农民耕地时被犁头带出"（周文：《新出土的几件西周铜器》，《文物》1972年第7期）。以至于吴镇烽文（《陕西西周青铜器断代与分期研究》，《中国考古学研究论集——纪念夏鼐先生考古五十周年》，三秦出版社，1987年，第268页）也跟着说是"1971年扶风县黄堆村出土"。在《陕西金文集成》中注意到几家关于地点说法不一的问题，但却将周文的"黄堆"云云径改成"上康村村民在耕地时犁头带出"。实际上，上康村在黄堆村南部近公里外，离庄白窖藏很近。

② 李西兴：《陕西出土青铜器》119，陕西人民美术出版社，1994年，第157页。赵丛苍：《城洋青铜器》，科学出版社，2006年，第176页。曹玮：《汉中出土商代青铜器（1）》，巴蜀书社，2006年，第97～101页。

③ "中研院"史语所、陕西省考古研究院：《宝鸡戴家湾与石鼓山出土商周青铜器》33，"中研院"史语所，2015年，第184～187页。

④ "中研院"史语所、陕西省考古研究院：《宝鸡戴家湾与石鼓山出土商周青铜器》33，"中研院"史语所，2015年，185页。

⑤ 任雪莉：《中国古代青铜器整理与研究·戴家湾卷》，科学出版社，2015年，第46、47页。

⑥ 任雪莉：《中国古代青铜器整理与研究·戴家湾卷》，科学出版社，2015年，第46、47页。

⑦ 李西兴：《陕西出土青铜器》120，陕西人民美术出版社，1994年，第158页。曹玮：《周原出土青铜器》，巴蜀书社，2005年，第552～565页。张天恩：《陕西金文集成（2）》，三秦出版社，2016年，第112～114页。

垂耳有棱脊。

（6）狱驭觥盖①，西周早期，高11、长23厘米，1966年陕西省扶风上康村铜器窖藏出土。盖首为带角龙首，尾端作虎首，两侧有回首卷尾虎耳龙纹，有云雷地纹。

（7）延长县饕餮纹觥②，西周早期，高17.6、长23.4、口沿长17×5.3、腹深9.2、流长6.8、圈足高4.7厘米，失盖。1988年陕西延长县安沟乡岔口村出土。觥体四周起棱，口沿下为象纹、夔龙纹，腹部为饕餮纹，圈足为相对夔纹，通体皆用细密云雷纹衬底。

（8）日己（天）觥③，西周中期前段器④。通高32、通长33.5、腹深12厘米，重9.22千克。1963年陕西扶风齐家村出土。整体呈长方体，方圈足。盖的前端为龙首，后端做虎头，盖上背有一条小龙，两侧各装饰有长尾凤纹，腹微鼓，圈足沿下折，曲口宽流，鋬作兽尾形，上饰有羽鳞纹，使得尾部羽毛十分逼真。器腹四角有透雕扉棱。口沿处饰回首夔龙，尾随小鸟，四壁饰上卷角兽面纹，圈足饰小鸟纹，纹饰高凸，均无底纹。

（9）扶风觥残片，高14、宽13厘米，1981年扶风召公乡大陈村出土，扶风县博物馆藏。"形似虎，近似雕塑，作张口露齿状，巨目高鼻，通体以云雷纹作地，惜残甚。"⑤

我们大致是按时代排序这9件觥器，可从中看出时代脉络。在陕西出土最早的觥器是1981年陕西城固洋县出土的牛觥，为商代晚期。此后，宝鸡戴家湾的告田觥在商周之际，中子寞觥、䓊文父丁觥较晚，在西周早期后段。与中子寞觥同时期，还有折觥、狱驭觥盖、延长县饕餮纹觥。日己觥要迟至西周中期了，西周中期以后，铜觥在陕西消失。

除过觥器出现的时间线以外，我们还发现其发现地点的空间变化，首先是在城固—洋县铜器群中，接下来是宝鸡戴家湾器组中出现。这两地的时间都比较早，城洋器组更是被学者认为是与商文化的渊源颇深。具体到这件牛觥，腹部和圈足带扉棱，腹部的截面呈长方形。器物开始脱离拟形的样式，其证据之一就是鼓腹，器宽大于器

---

① 周文：《新出土的几件西周铜器》，《文物》1972年第7期，第10页。张天恩：《陕西金文集成（3）》，三秦出版社，2016年，第134、135页。

② 张增午：《商周青铜兕觥初论》，《故宫博物院院刊》1994年第3期，第36页。曹玮：《陕北出土青铜器》，巴蜀书社，2009年，第172~175页。

③ 李西兴：《陕西出土青铜器》，陕西人民美术出版社，1994年，第159页。曹玮：《周原出土青铜器》，巴蜀书社，2005年，第240~251页。

④ 梁星彭、冯孝堂：《陕西长安、扶风出土西周铜器》，《考古》1963年第8期。曹玮：《周原出土青铜器（2）》，巴蜀书社，2005年，第240~251页。张天恩：《陕西金文集成（3）》，三秦出版社，2016年，第186~189页。

⑤ 张增午：《商周青铜兕觥初论》，《故宫博物院院刊》1994年第3期，第35页。

高，圈足下方的边圈开始变低。刘莹莹认为，"像牛又不完全是牛的形态，这些似乎又带有某些其他地方的特色"①，可见除过时间基于器物演进之外，也有着地域与族群的接受。觥器从商文化腹地西进之后，受到当地的影响。至于戴家湾的告田觥，足下带禁，更是受到当地方座——禁的影响。这一使用习惯不仅见于戴家湾，在附近的石鼓山、竹园沟等地也可见端倪。而禁上的觥形制，任雪莉进行过比对，在殷墟郭家庄53号墓觥与责引觥之间②。较之郭家庄觥，告田觥更为浑圆，器腹较深，可谓是地域之变。刘莹莹认为其与睌觥也比较接近。中子眞觥、文父丁觥的器高变得稳定，并产生一定的影响，影响到周原的觥。折觥以及只有盖的犹驭觥，可以看作是其影响下的产物。当然在扶风庄白、上康的北部的齐家，影响力有所减弱，以至于出现比较特殊的日己方觥。这件觥比较特殊，没有鋬，鸟纹的运用也较为增多。器物整体为大鸟造型，脊两侧饰以长冠垂尾凤鸟，其后配置长冠小鸟，圈足亦饰长冠垂尾凤鸟。纹饰皆呈浮雕状，觥鋬也做成鸟尾形式，宽大透迤，上饰羽纹，全器没有地纹。

通过我们的梳理，发现陕西青铜觥的时代，多在西周，到中期逐渐消失，其流传范围主要在传统意义上的王畿地区，大部分的铭文带有族徽文字。根据张懋镕师所总结出的"周人不用日名说"和"周人不族徽说"③的理论，大致知道铜觥这一酒器应为商人以及商人后裔所使用。而出现在西周传统文化范围内，其使用则要更加微妙。至于其他地区的青铜觥的出现，应多是文化交流的结果。

商周之际，政治上发生了重要的变化，周以小邦周的身份取代商，成为天下共主。政权获取之后，如何维系及运转，以及文化上面的学习，是周人亟须解决的问题。周王朝为巩固势力，分封了许多同姓、异姓诸侯，其中包括殷商遗民。这就使得殷人能够在一定程度上保留他们的文化，并对周边有所影响④。铜觥，就是这一性质的物质材料，特别是陕西地区的铜觥。出于这一原因，也使得其数量仅次于河南地区。

---

① 刘莹莹：《商周青铜觥的整理与研究》，陕西师范大学历史文化学院硕士学位论文，2011年。
② 任雪莉：《中国古代青铜器整理与研究·戴家湾卷》，科学出版社，2015年，第63页。
③ 张懋镕：《周人不用日名说》，《历史研究》1993年第5期；《周人不用族徽说》，《考古》1995年第9期。
④ 刘莹莹：《商周青铜觥的整理与研究》，陕西师范大学历史文化学院硕士学位论文，2011年。

附录2　纹饰与造型的关联
——以弗利尔美术馆鸟兽铜觥为例

张 翀

图1　鸟兽纹觥

中国古代青铜器的特点之一就是多具有纹饰，尤其是商代晚期的铜器，纹饰繁丽，造型独特，可谓是与铭文并辔之举。器物上的纹饰与器物造型的关系也十分密切，值得我们去研究。铜器纹饰不仅有装饰（Decoration）功能，也有历史文本或文学意涵，此一方面是因为纹饰本身所致，另一方面也出于与器形的关系。不过，在圆形、方形等几何性较强的常规器形上，器与纹（饰）两者的关系比较不够显性；而在觥、卣甚至牺尊等不规则器形上，纹饰与器形的关系就比较紧密，甚至非常微妙。不规则的器形更多引发了纹饰上的变化，而这些非程式化的纹饰又兼具造型之功。我们就以弗利尔美术馆所藏的鸟兽（图1）为例作以深入剖析[①]。

这件鸟兽纹觥是梅耶夫妇捐赠给弗利尔美术馆，整器方体，有盖，且为四锥足，通身遍布纹饰，高31.4、宽31.3厘米，重4.59千克[②]。刘莹莹认为这件器物在造型上有很多创新，且四锥足觥多见于南方地区，因此将其定为殷墟四期[③]。如果此论可以采信的话，这件四锥足鸟兽纹觥就是比较特殊的个案化铜器，陈梦家亦曾论"在觥中最为奇特"[④]（图2）。需要说明的是，此器并非独例，日本藤田美术馆曾藏有相似的一件

---

① 对器物收藏地Freer Gallery of Art，之前许多文章中译法不一，今径改为"弗利尔美术馆"，后不再出注。编号为：F1961.33a-b, Lidded ritual ewer (guang) with taotie, dragons, birds, tigers, elephants, fish, snakes, and humans, https://www.freersackler.si.edu/object/F1961.33a-b/，最后检索时间2018年10月7日21：52。

② John Alexander Pope, Rutherford John Gettens, James Cahill, Noel Barnard. *The Freer Chinese Bronzes*. Vol 1, Washington 1967, Plate 45, pp.254-261.

③ 刘莹莹：《商周青铜觥整理与研究》，陕西师范大学历史文化学院硕士学位论文，2011年。

④ 陈梦家：《美国所藏中国铜器集录》A655，中华书局，2019年，第942页。

（图3）^①。因为鸟兽纹觥没有铭文，加之很早就流散海外，国内学界关注有限，亦有必要对其传藏著录略作梳理。

在陈梦家《美国所藏中国铜器集录》的简单索引中，可以大致看到递藏脉络：溥伟—卢芹斋—梅耶。不过，在荣格的著录中，却说是来自端方。如果之前为溥伟所藏的话，这件鸟兽纹觥是恭王府旧物，很可能是来自于清宫内廷，只是不知何时赐予恭王府[②]，而又何时从恭王府到了端方手上。亦或者是荣格作为古董捐商的说辞。藤田美术馆的鸟兽纹觥，确知是经山中商会之手入藏的[③]。这段传藏史或将会是潜流，以至于容庚在整理清宫旧藏时，这件器物已然出宫，《商周彝器通考》虽有著录该器，但是移录于他书[④]（图4）。这件铜觥从溥伟如何转到卢芹斋也讳莫如深，其间端方又是如何经手的，而卢芹斋、梅耶、荣格之间的关系也比较微妙。虽然荣格很年轻就去

图2　鸟兽纹觥 A655　　　图3　藤田鸟兽纹觥　　　图4　鸟兽纹觥顶面

（采自容庚《商周彝器通考》

图八六四丁）

---

① 〔日〕林巳奈夫著、〔日〕广濑熏雄、近藤晴香译：《殷周青铜器综览》匜30，上海古籍出版社，2017年，第一卷图片，第374页。

② 查《西清古鉴》等书，并无著录，圆明园、热河等行宫藏品被选择、编入《宝蕴楼彝器图录》《武英殿彝器图录》，也未著录，推测清宫很早就赏赐给恭亲王府。清廷行宫所藏铜器情况，请参阅徐坚《名山：作为思想史的早期中国博物馆史》第三章"化私为公：以古物陈列所和故宫博物院为中心的帝室遗产转型"，科学出版社，2016年，第64~101页。

③ Yamanaka & Company. *The Remarkable Collection of The Imperial Prince Kung of China: A Wonderful Treasury of Celestial Art*. New York: The American Art Association, Managers, 1913, p.311.

④ 容庚：《商周彝器通论》，哈佛燕京学社，1941年；上海人民出版社，2008年，第325页，图六八四。

世了，但确实是中国铜器的出口者或是文物掮客①，这一点林巳奈夫也有所注意②。所以，陈梦家的传藏线中需要添加荣格这位人物：溥伟—荣格—卢芹斋—梅耶。

我们尚未见到卢芹斋对这件器物的具体记录，但卢芹斋与梅耶之间是有其他铜器交易记录的③。荣格著录《卣与觥》这本德文图录时④（图5），这件器物已经归梅耶夫妇所有。荣格收录了七张图，不乏有细节纹饰并有详细测量。奥托也随即著录，应是移录了正、侧、背三张图（图6），但有更详细的解说，可以视为最早的研究文章⑤。梅原末治著录的时候⑥，此器亦已在海外；容庚也是转引于他书，亦很可能直接引自荣格的《卣与觥》⑦。从早期传藏及著录的情况看，这件器物属于清廷皇室收藏，散出之后很快转手海外，国内学者难得见过原器。虽能通过出版物获睹该器，又因器无铭文，对其重视不足。尽管容庚亦提醒到，"意匠之奇，与饕餮食人卣相类"。所以，进入新时期后，虽然有《中国青铜器全集》等图录重新进行著录⑧（图7），但受到出版条件等因素，收录仅一张器影全图，亦系弗利尔美术馆供图。对这件器物比较集中的研究，仅有刘敦愿先生一篇文章⑨。除此之外，就是有关诸如人兽母题等论著会涉及⑩。可见，国内学界未曾有过机会对这件器物进行更为详尽的个案研究。较之虎食人卣，因为名气更大，其关注度则要更高一些。而在相关纹饰母题研究中，虽然也有谈及，但对纹饰及其造型的关联性却注意不够。

---

① Otto Kümmel, *Jörg Trübner zum Gedächtnils*, Berlin: Klinkhardt & Biermann, 1930.

② 〔日〕林巳奈夫著，〔日〕广濑薰雄、近藤晴香译，郭永秉润文：《殷周青铜器综览——殷周时代青铜器之研究》匜30，上海古籍出版社，2017年，第26页。

③ 董韦译：《卢芹斋与弗利尔部分书信往来》，《美术向导》2014年第1期，第80～92页。

④ Jörg Trübner, Yu und Kuang. *Zur Typologie der Chinesishen Brozen*（卣与觥）. Leipzig: Klinkhardt & Biermann, 1929. p.30, pp.140-145.

⑤ Otto Kümmel. *Chinesishe Kunst*（中国美术）. Berlin:Bruno Cassirer Verlag, 1930.pp.2-4, Tafel2-4.

⑥ 〔日〕梅原末治：《欧米蒐储支那古铜精华》，山中商会，1933～1935年。

⑦ 容庚：《商周彝器通考》，哈佛燕京学社，1941年；上海人民出版社，2008年，第325页。容庚、张维持：《殷周青铜器通考》，文物出版社，1984年，第51页。

⑧ 中国青铜器全集编辑委员会：《中国青铜器全集·4·商4》八三，文物出版社，1996年，第81页。

⑨ 刘敦愿：《鸟兽纹觥装饰艺术分析》，《文物天地》1989年第5期，后收入氏著《美术考古与古代文明》，人民美术出版社，2007年，第193～196页。刘先生亦借助容庚《商周彝器通考》中的图片，描绘线图四幅。此承郑岩师告，郑师当时亦绘制一幅线图，惜未收入刘先生文中。

⑩ 施劲松：《论带虎食人母题的商周青铜器》，《考古》1998年第3期，第56～63页。练春海：《"虎噬人"母题研究》，《形象史学研究》（2015上半年），人民出版社，2016年，第30～58页。韩鼎：《早期"人蛇"主题研究》，《考古》2017年第3期，第82、93页。卢昉：《中国古代青铜器整理与研究·人兽母题纹饰卷》，科学出版社，2016年，第52页。

附录2　纹饰与造型的关联——以弗利尔美术馆鸟兽铜觥为例 ·171·

图5　鸟兽纹觥45°图片　　　图6　鸟兽纹觥錾面图片　　　图7　鸟兽纹觥

（采自《卣与觥》XLII）　　（采自Otto Kuemmel-Chinesische

　　　　　　　　　　　　　　　Kunst p.4）

我们先来看鸟兽纹觥的器形，此觥高31.4、长31.5、宽21.5厘米。不过，大部分的著录也只不过是公布了这些基本数据。荣格进行非常翔实的记录，或许有收藏继而转卖的目的[①]。所以，他会对造型独特的铜器更感兴趣。如此，荣格的书中该器的数据就更为详尽，大体如下，通高31.4、宽31.3×12.5、前腿7.15、前腿间距12.5、后腿间距11.2、右侧腿间距13、左侧腿间距12.7、无盖尺寸20.4×10厘米。通过上述数据，我们可以认为，鸟兽纹觥大致可归为动物形觥，但形态较之前的动物觥已经发生变化，其器高大于器宽，呈现出过渡形态。

根据鸟兽纹觥的长宽高数据，可以看出这件铜器的器宽开始变窄，直观的感觉就是流部或錾部的立面开始窄峭，这与羊觥、凤纹牺觥、司母辛觥、牛觥等更纯粹的动物形觥不同。后者可归入刘莹莹方案的Aa亚型，也很可能与牺尊的器物有所渊源。然在鸟兽纹觥上，器形从具体的动物形状逐渐向几何化演进，具有更为功能化的形态。流下侧立面的块面也就可以分解出来，不再承担羊、牛等动物下颌及颈部的实际形状功能。这样的话，鸟兽纹觥体流下部的块面就有施造其他纹饰的余地，特别是不表现为动物下颌形象的纹饰。尽管如羊觥（图8），在相应部位有其他纹饰[②]，但多为地纹的性质，属于无意义的装饰范畴。而鸟兽纹觥则不同（图9），流上部利用觥盖，做成兽首的形状；而下部，则结合腹部侧立面，在所构成较大面积的块面，塑造了鹗的形

[①]　荣格亦是洛阳金村文物最早的收藏者之一，详见徐坚：《再造金村：珍稀文物的失而复得之路》，《美成在久》2017年第3期，第28~41页。

[②]　中国青铜全集编辑委员会：《中国青铜器全集·商4》九〇，文物出版社，1996年，第170页。

图8 藤田羊觥

图9 鸟兽纹觥流面图片

（采自《卣与觥》XLI）

状。兽首、鸮等形状在鸟兽觥上是具有结构意义的，其从兽面V形的牙齿、鸮形突出的喙部也可以看出，这是以往所不多见的。

其实，这件铜觥给人第一印象就是纹饰繁多，刘敦愿先生统计其上有纹饰30件数之多。不过若要深入研究的话，则不能仅仅统计动物的种类，而应该要把形状与纹饰的关系也考虑在内。具体说来，形状就是具有突出的、结构性的形象，如我们之前所讨论的兽首、鸮形。而平面的、装饰意味的形象则可以归为纹饰的范畴。为便于统计和进一步研究，我们借助《卣与觥》中多个角度的图片，对这件鸟兽纹觥上的纹饰进行梳理（表1），其观察顺序为流—觥体—足—鋬—盖，接近于相对完整的观察视线。

表1 鸟兽纹觥上出现纹饰统计表

序号	名称	性质	部位	备注
1	羊首	形状	流上部、觥盖	
2	兽首	纹饰	觥流底部上端	以腹部侧立面扉棱左右对称一组
3	龙	纹饰	觥流底部	以腹部侧立面扉棱左右对称一组
4	蛇	纹饰	颈部侧立面	以腹部侧立面扉棱左右对称一组
5	鸮	形状	流下、腹部侧立面	
6	鸟	纹饰	腹部侧立面	以腹部侧立面扉棱左右对称一组
序号	名称	性质	部位	备注
7	鸟爪	纹饰	前足	左右各一，因未观察原物，纹饰存疑
8	蟠龙	纹饰	觥腹下部	左右腹部各一
9	蛇	纹饰	觥腹近鋬处上部	左右腹部各一，充兽面（10）的角
10	兽面	纹饰	觥腹另一侧立面	

续表

序号	名称	性质	部位	备注
11	人物操蛇	纹饰	后足	左右各一
12	小兽面	形状	錾上部	
13	鸟	形状	錾	
14	龙	纹饰	錾的支脚及其扉棱	
15	大兽面	形状	錾上部及另一侧的觥盖	
16	鱼龙	纹饰	觥盖兽面的上部	左右各一,充以兽面(15)的双角
17	龙	形状	觥盖正上	有兽面、前肢等兽类特征
18	虎	纹饰	觥盖正上,龙纹(17)尾部内侧	半浮雕,带兽面
19	鸟	纹饰	觥盖正上,龙纹(17)尾部内侧,虎(18)下部	有蜷身等龙纹特征
20	虎	纹饰	觥盖正上,龙纹(17)尾部外侧	半浮雕,带兽面
21	鱼	纹饰	觥盖正上,龙纹(17)尾部外侧,兽面(20)下部	
22	象	纹饰	觥盖侧	左右各一
23	兽面	纹饰	觥盖侧	左右各一,有龙身等特征

我们对鸟兽纹觥上纹饰进一步梳理,发现全部纹饰有23组、共34件,基本符合刘敦愿先生所谓30件之多的说法。需要说明的是,属于衬底的云雷纹,我们未作考察与讨论。限于暂时无法目验原器,也可能存在更为隐蔽的纹饰。器名中所谓"鸟兽纹",基本概括出了最为突出的器物形体上的动物形象,除此之外,还有不少龙、蛇、鱼等水生动物纹饰,值得注意。总体说来,我们从中发现了一些纹饰施造的规律。第一,纹饰、形体的相对性规律。具体反映在流方形有羊首、鸮的形体,而在另一端錾处也塑造了异向的兽面、鸟等形状。从纹饰的等级、朝向上很难确定鸟兽纹觥的方向。当然,通常我们以流的方向规定为器物的正方向。第二,纹饰的叠压,通常是在一件纹饰上再次重叠塑造出另外一件纹饰,二者之间没有太强的逻辑语法,也有一些重叠的视觉感,以錾处的上下三件大小兽面为代表。第三,纹饰的借用,意即在一些动物状的形体上又有其他的纹饰,如在兽面的双角上是鱼龙纹(16)或蛇纹(9)。这两点在其他一些器物上也有体现,只是在鸟兽纹觥上更为明显,也唯有如此,才能够在这件不甚大的器物上出现34件明显的纹饰。当然,我们总结出的三项规律,特别是后面两项,刘敦愿先生均已不同程度地观察到了,如"器身的后部有一巨大兽面,与鸥鸮前后向背,而与牛首上下相叠……鸟兽之上又加以立体的兽头,兽头有颈,连接器身,构成錾之上部","盖之后部有一巨大牛首,牛之双角饰以双鱼,

下颌饰以双龙"①。不过，刘先生更多是观察到一些现象，尚未归纳出规律；再加之这件器物纹饰的叠压、借用关系比较复杂，很难一时缕析出纹饰变化的流绪。这件器物之所以会出现如此复杂的纹饰关系，则需要从其器形说起。

觥类器物常与匜混同，甚至林巳奈夫将这件鸟兽纹觥及其他觥器都划为匜类属②，而在兕觥器类中，他只收集了一件发掘于安阳的器物③。虽然"觥"这一器名，来自文献中的"兕觥"等说法，"朋酒斯飨，称彼兕觥"④，但欲进行器物学的进一步研究，则不便连称"兕觥"。王国维将觥类器物从匜中分出，是他的贡献⑤。虽然定名存在不妥，但也不必如林巳奈夫全然否定之。事实上，林巳奈夫的分类又混淆了觥、匜的区别。基于对文献以及器物研究史的双重尊重，我们仍称之为觥，指的是具有不太规则的器形，截面常为椭圆形，是有流有鋬且带有盖的酒器。我们将其视为单独的一类器物，毕竟这类器物有一定的数量，也出现了稳定的器物组合。在器物演进序列中，觥类介乎于牺尊与匜之间，特别是后者，常常有混淆现象，也成为诸家争讼的诱因。铜器作为器具而言，其功能是可以转化的，也牵动形制上的改变，张临生认为是周人将觥改造，成为盥洗的注水器⑥，且出现了夷曰匜这样受到觥影响的水器⑦。我们认为，觥与匜的最大区别，在于流口的折率。通过学者的整理，我们得知，绝大部分铜匜流的出水口都较平⑧，虽有极个别的器物流口"上扬"，也只是针对与器腹连接的角度，具体到出水口也还是趋近于平的。所以，觥应是酒器，具有浇器的功能，而匜则为水器，注水时注重避免溅出。这些功能上的差别，反映到器物部件上，就只是细微差别，稍不注意就有可能被忽视。然在其中，也不排除极个别器物之间的功能是可以转换的。我们再回到主要讨论的本案上来。

---

① 刘敦愿：《鸟兽纹觥装饰艺术分析》，《美术考古与古代文明》，人民美术出版社，2007年，第195页。所谓巨大的牛首，我们统称为兽面（15），双角的鱼纹，我们认为有龙的特性，称之为鱼龙纹（16），"下颌饰以双龙"的部位实际已到觥体，我们亦认为是蛇纹（9），且充做觥体立面上兽面的角部。

② 〔日〕林巳奈夫著，〔日〕广濑薰雄、近藤晴香译，郭永秉润文：《殷周青铜器综览——殷周时代青铜器之研究》第一卷图片册，上海古籍出版社，2017年，第371~379页。

③ 〔日〕林巳奈夫著，〔日〕广濑薰雄、近藤晴香译，郭永秉润文：《殷周青铜器综览——殷周时代青铜器之研究》第一卷，第95~98页；第一卷图片册，第351页，上海古籍出版社，2017年。容庚：《殷周彝器通考》，第323页。

④ 器名渊源问题，容庚、朱凤瀚等诸位先生均有指出，兹不详论。

⑤ （清）王国维：《说觥》，《观堂集林》，中华书局，1959年，第147~151页。

⑥ 张临生：《说盉与匜——青铜彝器中的水器》，《故宫学术季刊》第17卷第1期，1982年7月。

⑦ 张懋镕：《夷曰匜研究——兼论商周青铜器功能的转化问题》，《故宫学术季刊》第25卷第1期，2007年秋季，后收入氏著《古文字与青铜器论集（第三辑）》，科学出版社，2010年，第155~163页。

⑧ 阴玲玲：《两周青铜匜研究》，陕西师范大学历史文化学院硕士学位论文，2008年。

笔者曾论鸟兽纹觥与动物形牺尊的关系很深，刘莹莹也认为"再加上有的鸟兽尊如牛尊、羊尊的造型和青铜觥写实感很强的动物型觥即三足或四足觥有所相似，所以这两类器物也常常会有混淆的情况出现"[①]，所以她将这件铜器与更写实的兽形觥划为同型，但多少因为二者分属不同亚型，使得这件铜觥的器形具有过渡的性质，即有些器形部位只承担器具的功能。通过器形演进的大致序列，也可看出这件鸟兽纹觥必然是酒器，且用作祼礼。所以才会出现比较多样的动物形象，同时很多纹饰性质的动物形象又层层套叠，基本不具有更实际的意义。此种矛盾性，刘敦愿先生用现代西方纯属趣味的"多义画"来比拟，不无道理与意趣。不过需要说明的是，鸟兽纹觥之所以会有这种情形，更主要是在于它的器形处于过渡状态，即模拟动物形象与几何结构之间（图10）。

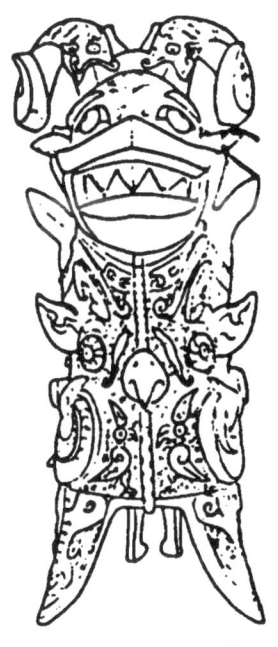

图10　鸟兽纹觥流面线图

（采自刘敦愿《鸟兽纹觥装饰艺术分析》图2-右，第194页）

鸟兽纹觥的年代相当于殷墟四期。这一时期，觥类器形还有圈足的形态，当然根据体腔的圆体或方体还可进行考古类型学的细分，暂不进行讨论。这一时期的觥，盖部仍然做出逼真的动物形态，但器腹的纹饰开始简省，不像殷墟二期妇好圈足觥，其腹部呈现鸟形的翅羽形象，也不像西周时代的铜觥，多在腹部，其块面面积较大，较易施绘有以鼻梁为中心对称的兽面纹。殷墟四期是考古学上的分期，大约在商代末期，属于商王帝乙、帝辛在位时间。这一时期，除了处在完全象形与几何器形过渡形态的鸟兽纹觥外，还有其他形态的铜觥，如近乎圆形圈足和方体圈足两种。前者的代表器物为睍觥，这件铜觥出土于河南安阳郭家庄53号墓，口长18.7、圈足9×6.8、通高19.2厘米，重1.05千克。盖的一端装饰为鹿头，另一端尾部有一凸起，器身腹部较鼓，高圈足。器身前有宽长流，后有扁环形鋬，素面无饰[②]，觥盖与后冈9号墓所出土的一件觥盖近似[③]，后冈觥的纹饰要更为精美繁多一些。另外一种为方体圈足，以山东益都苏埠屯出土的亚丑方觥为代表。器物通高17.1、腹深9、口长12.6、口

[①]　刘莹莹：《商周青铜觥整理与研究》，陕西师范大学历史文化学院硕士学位论文，2011年。

[②]　中国社会科学院考古研究所：《安阳殷墟郭家庄商代墓葬》，中国大百科全书出版社，1998年，第44页，图32-3。中国社会科学院考古研究所、安阳市文物考古研究所：《殷墟新出土青铜器》232，云南人民出版社，2008年，第418页。

[③]　中国社会科学院考古研究所、安阳市文物考古研究所：《殷墟新出土青铜器》193，云南人民出版社，2008年，第360～361页。

宽6.4厘米①。长方体，曲口圈足，錾做兽首状，盖前端作龙首形，圆雕大兽面，腹微收，长方圈足高且外侈。可以看出，这两件铜觥虽然形体不同，但尺寸基本趋近，而装饰手法也是纹饰附丽于器体之上，造型与纹饰之间的互动程度较差。

除上述铜器以外，还有两件特异形态的铜觥。一件是陕西宝鸡戴家湾出的告田觥，觥的形制与睨觥接近，但带有方禁，一般认为方座及禁有提升等级作用②，另外与器铭所谓的"告田"族不无关系。还有一件是山西石楼桃花庄出土的龙纹角形觥，这是一件所谓的觥，我们目前将其分出觥属。其器扁平，为兕角形，前部为龙头，后部平齐，背上有盖，呈长方弧曲形，下有圈足并带有缺口，背上有纽，头上有角。值得注意的是，狭长器背上有一条浮雕龙纹由器首向后延伸，整体纹饰做得比较形象生动，扬首翘鼻张口露齿。可以看作形体与纹饰的结合，虽不及鸟兽纹觥那么紧密，但也有学者认为，桃花庄的特殊铜觥是模拟当时兽角，但又不是简单地再现③。亦可见当时对器物创制的勃兴之力，并不局限于器形之上。

殷墟四期，铜觥出现比较繁盛，据刘莹莹整理，"这一时期出土、传世青铜觥共30件，占青铜觥总量的33%，数量比前两个阶段略高"④。她还归纳出有两点发展趋势：①器形在圆体之外，方体出现，并占有一定比例，共有9件，占这一时期总数的39%。②兽面纹盛行，在腹部、圈足盖上等多处使用，满花器物有20件之多，占这一时期总数的67%。这两点相辅相成，器形增加方体形制，兽面纹饰也随之兴盛，器物形体不固定，有所松动，以至于会有鸟兽纹觥以纹饰的面目来承担部分造型的功能，出现造型与纹饰紧密互动。恰恰在觥发展的兴盛期，数量增多外，也在尝试许多制作手法，才会产生像鸟兽纹觥的特例。附带说明一下，弗利尔美术馆还藏有另外一件造型奇特的铜觥⑤。

结　　语

鸟兽纹觥出现于觥类器最为活跃的时期，即商代晚期，确切说是殷墟三、四期。

---

① （清）端方：《陶斋吉金录》，清光绪间有正书局石印本古香书屋珍藏印。
② 张懋镕：《三论西周方座簋》，《苏州文博论丛（总第1辑）》，文物出版社，2010年，收录氏著：《古文字与青铜器论集（第四辑）》，科学出版社，2014年，第106~109页。
③ 刘敦愿：《山西出土龙纹铜觥的装饰艺术与族属问题》，《文史哲》1983年第5期，第58~63页，另以《山西石楼龙觥与鬼方》为题，收入氏著《美术考古与古代文明》，人民美术出版社，2007年，第413~421页。
④ 刘莹莹：《商周青铜觥整理与研究》，陕西师范大学历史文化学院硕士学位论文，第25~27页。
⑤ John Alexander Pope, Rutherford John Gettens, James Cahill, Noel Barnard. *The Freer Chinese Bronzes.* Vol 1, Plate43, pp. 242-247.

这也非是弗利尔鸟兽纹觥独例,足以说明所谓觥类的器形尚未固定划一,出现很多的发展面向,以至于纹饰也介入造型之中,并非只是作为简单的装饰。考古学研究方法及思维更侧重于发现规律,规律是有一定的普遍性,更看重共性。无论是时代分期,还是对器物的类型学分期,都是对共性的把握,在不同程度上力图建立一种框架。在这种框架下,自然对一些特异有所忽视,而艺术史则更注意个案化的作品,特别是造型特殊的"奇怪"之作。一些特异器,如不是"赝鼎"的话,自然是一件杰作或某一工匠、团队的代表作品。尽管我们无法得知这些"匿名"作家的名姓,但并不妨碍加强对这些作品的研究。其实,这两个方面并没有根本性矛盾,具体到铜器研究中,仍然需要对某些作品进行个案性质的研究。较之先前研究,更应在适当的原境(Context)——如墓葬信息或某类器物的演进下,个案研究才会更为深入,也不致偏颇,同时也能避免"将有关古代美术的考古标本简单地、狭义地与艺术史联系在一起"[1]。

致谢:感谢中央美术学院郑岩教授、鲁迅美术学院焦琳博士、佳作书局朱帅先生提供信息,张少华(Shaohua Grasmück-Zhang)女士借阅、扫描德文资料,南开大学吴若明副教授提供翻译,谨表谢忱。另外感谢刘莹莹女士允为先期使用她的研究成果。

---

[1] 杨泓:《一个中国考古学分支学科的发展——从事美术考古五十年的体会》,《束禾集——考古视角的艺术史》,中国社会科学出版社,2018年,第3~19页。

附表 1 青铜觥

时期	A型			
	Aa亚型		Ab亚型	
殷墟二期	Ⅰ式 司母辛觥	Ⅱ式 牛觥	Ⅰ式 花园庄兽形觥	Ⅰ式 妇好觥 Ⅰ式 龀纽觥
殷墟三期		Ⅱ式 羊觥		Ⅰ式 牵旅觥 / Ⅱ式 鸮纹觥
殷墟四期			Ⅱ式 鸟兽纹觥	Ⅰ式 告田觥 / Ⅱ式 竟父戊觥
西周早期早段				Ⅱ式 父辛觥
西周早期晚段				
西周中期早段				

式演变表

	B型			
型		Bb亚型		
式 象首兽面纹觥				
Ⅲ式 晛觥	Ⅳ式 旌介觥	Ⅰ式 者女觥	Ⅱ式 父丁觥	
Ⅲ式 光父乙觥	Ⅳ式 毐引觥	Ⅰ式 旝觥	Ⅱ式 长子口觥	Ⅲ式 折觥
		Ⅱ式 癸万觥		Ⅳ式 覯爾觥
				Ⅳ式 日己觥

附表2 传世青铜觥统计表（62件）

序号	器名	时代	可能地点	大致类型	流藏情况	尺寸、重量（厘米、千克）	铭文拓片	器影	著录	备注
1	戈父乙觥	殷墟四期	山东	BaⅡ式	上海博物馆	高29.5、长31.5、底纵12、底横16.7、重4.84			集成9268.1、9268.2、上博15、夏商周（夏商篇）164、汇编8.11111、综览375页匦38	
2	鸟兽纹觥	殷墟四期	中国南方	AbⅡ式	美国华盛顿弗利尔美术馆	通高31.4、宽31.3×12.5、前腿同距12.5、后腿间距11.2、右侧腿间距13、左侧腿间距12.7、无盖尺寸20.4×10			综览匦31、铜全4.83、Zur Typologie der Chinesishen Brozen（卣与觥）p.30, pl40-45、Otto Kümmel: Chinesishe Kunst（中国美术）pp. 2-4, Tafel2-4	
3	鸟兽纹觥	殷墟四期	中国南方	AbⅡ式	日本藤田美术馆	高33			综览匦30、赛克勒（商卷），420页，fig74.5、恭亲王拍卖图录311	

续表

序号	器名	时代	可能地点	大致类型	流藏情况	尺寸、重量（厘米、千克）	铭文拓片	器影	著录	备注
4	費弓觥	殷墟四期		BaⅣ式	原藏端方，现藏上海博物馆	通高25.4、通长24.6、腹深9.6、重2.14			三代17.24.5-6，综览375页匜39，铜全5.99，集成9288，总集4914，青研277	有斗重2.3千克，有一觚与之同铭
5	宫䇂觥（辛非觥）	殷墟三期		BaⅡ式特例	美国弗利尔美术馆	长31、高23.5			三代6.20.6，美集R195a-b，A652，汇编1585，综览371页匜7，铜全4.82，集成9262，总集4903	
6	癸万觥	西周早期前段		BbⅡ式	美国西雅图艺术馆	高18.5、长24.5、底11×8.2			美集R200b，A664，汇编1660，集成9265，总集4906，三代补200	

续表

序号	器名	时代	可能地点	大致类型	流藏情况	尺寸、重量（厘米、千克）	铭文拓片	器影	著录	备注
7	羊觥	殷墟二期或稍晚	中国南方	AaⅡ式	日本藤田美术馆	高15.4			《商周青铜兕觥初论》，《故宫博物院院刊》1994.3	
8	水牛形觥	殷墟二期	中国南方	AaⅡ式	美国福格博物馆				《商周青铜兕觥初论》，《故宫博物院院刊》1994.3	
9	夔觥	殷墟四期		BaⅢ式	原藏陈介祺、吴大澂，现藏美国哈佛大学福格博物馆	通高19.5，通长23，宽8.5			三代11.21.2（盖，误为尊），美集R328ab，A662，集成9289（集成5209重出器，误为盉），总集4913	
10	虎头纹觥	商代晚期		BaⅠ式	美国佛大学福格艺术博物馆				综览图6	
11	饕餮纹觥	商代晚期		BaⅢ式	1964年收购，现藏故宫博物院	高15，宽20，重0.72			故青68，初论15	缺盖

续表

序号	器名	时代	可能地点	大致类型	流藏情况	尺寸、重量（厘米、千克）	铭文拓片	器影	著录	备注
12	圈足兽形觥	商代晚期		BaⅠ式	美国哈佛大学福格艺术博物馆				未见有著录	盖上镶嵌龙形绿松石
13	夔觥	西周早期早段		BbⅠ式	清素纳旧藏，现藏美国华盛顿弗利尔美术馆	通高19.5，通长23，宽8.5			三代17.26.3-4，筠清4.47.1-2，综览375页匜40，集成9292	
14	嬬觥	殷墟四期		BaⅡ式	法国收藏家、伦敦思源堂家彼得斯，香港佳士得拍卖，2010年伦敦佳士得拍卖，现藏地不详	器高13.5，长18.5			中国青铜器荟赏（2000年版），16页，新收1890	缺盖
15	册椃父戊觥	殷墟三期		BaⅢ式	原藏叶东卿、潘祖荫，现藏上海博物馆	通高20，口纵7.7，横16.8，腹纵10.1，腹横13、5，底纵6.8，底横10.2，重1.59			三代17.23.1-2，集成928，小校9.55.3（误为匜），《夏商周》（夏商篇）166集成9283，总集4909，青研166	

续表

序号	器名	时代	可能地点	大致类型	流藏情况	尺寸，重量（厘米，千克）	铭文拓片	器影	著录	备注
16	竞父戊觥	殷墟四期		BaⅡ式	徐乃昌、布伦戴奇递藏，现藏旧金山亚洲艺术博物馆	通高24.5，通长27.4，口径19.5×8.7			三代17.23.5-6（误为匜），综览3匜37，集成9276，总集4910，三代补84（盖），国安金1272.1（盖，误为匜）	
17	𦈢父乙觥	商代晚期		BaⅣ式	原藏清宫，潘祖荫经藏	高21.1，长15.8，深9.2			西甲14，集成9269.1，9269.2，西甲14.33，山东成480	
18	𦈢父乙觥	商代晚期			潘祖荫滂喜斋藏				三代17.23.3（误为匜），贞松10.31.1（误为），殷存下34.7，续殷下76.1（误为匜），集成9270，总集6796（误为匜），山东成481	
19	天黾父乙觥	殷墟四期		BbⅠ式	原藏德国艾克氏，现藏德国科隆东洋博物馆	高20			集成9272，综览374匜35，铙斋2.16，集成9272，流散欧318，赛克勒（西周）669页117.8	

续表

序号	器名	时代	可能地点	大致类型	流传情况	尺寸、重量（厘米，千克）	铭文拓片	器影	著录	备注
20	凤纹牛觥	殷墟三期		AaⅡ式	20世纪50年代冶炼厂拣选，现藏上海博物馆	高14，长19			《夏商周》（夏商篇）163	
21	龙首觥	商代晚期		BaⅢ式	上海博物馆	高17.5，全长19，底纵7，底横10.6，重1.18			《夏商周》（夏商篇）166	
22	爯觥	殷墟三期	疑河南安阳	BaⅡ式	美国印第安那波里斯美术博物馆	高21			赛克勒（1987）168页，fig8.2，集成9250	
23	亚若觥觥盖	商代晚期			原藏叶东卿，现藏故宫博物院				集成9253，三代17.22.2（误为匜），捃古1.44.2（误为匜），愙斋16.19.2（误为匜），小校9.55.2（误为匜）	

续表

序号	器名	时代	可能地点	大致类型	流藏情况	尺寸、重量（厘米，千克）	铭文拓片	器影	著录	备注
24	㠯雨觥	殷墟三期		BaⅠ式	美国哈佛大学福格美术馆	通高24.3，口径21.7×9.7，长31.5			集成9254，美集R201b、A651，汇编1741，集成9254，总集4899，三代补201	
25	工貯觥	殷墟三期		BaⅡ式	原藏清宫	高29，长11.6口，长25，重6.4375（斤）			集成9256，西清32.3	
26	矢宁觥	殷墟四期		BaⅣ式	原藏英国阿尔	通高16.8			集成9258，汇编1580，综览374页匣29，集成9258，三代补704	

续表

序号	器名	时代	可能地点	大致类型	流藏情况	尺寸、重量（厘米，千克）	铭文拓片	器影	著录	备注
27	辛旅觥	殷墟三期	疑河南	BaⅠ式	美国米里阿波里斯美术馆（皮斯柏氏藏品）	通高17.8，通长23.8，口径18.1×7.7			集成9259.1、9259.2，综览匜2，美集R155a、b，A658，汇编1317，综览371页匜2，总集4898，三代补155	
28	戉己觥	殷墟三期		BaⅣ式	原藏美国哈佛大学福格艺术馆，现藏佛利尔美术馆	通高22.8，通长34，口径24.2×10.1			集成9263.1、9263.2，美集R62a、b，A653，汇编1492，总集4902，三代补62	
29	庚箙觥盖	商代晚期			故宫博物院				集成9264	

续表

序号	器名	时代	可能地点	大致类型	流藏情况	尺寸，重量（厘米，千克）	铭文拓片	器影	著录	备注
30	伎父辛觥	西周早期		BaⅡ式	原藏清宫，现藏台北故宫博物院	高18.5，腹深12.6，口纵10.9，口横23.6，底纵11.5，底横16.3，重2.31			三代18.20.5，西清32.14，故宫39期，综览376页匣40，集成9290，总集4915，续殷下69.3，国史金1169.2	失盖
31	䈿觥	西周早期前段		BbⅠ式	日本京都泉屋博古馆	通高29.8，通长29.2，重4.97			日精华3.265，泉博108，汇编565，综览374页匣32，集成9293，总集4916	
32	光父乙觥	西周早期		BaⅢ式	布伦戴奇旧藏，现藏美国旧金山亚洲艺术博物馆	高约22.86			汇编1255，集成9273，布伦戴奇fig30	

续表

序号	器名	时代	可能地点	大致类型	流藏情况	尺寸，重量（厘米，千克）	铭文拓片	器影	著录	备注
33	鹗攵觥	殷墟三期	传河南安阳出土	BaⅡ式	卢芹斋经手，现藏纽约大都会艺术博物馆	高22.4，长33，宽12.7			邺三2.4，综览匜8，美集A649	失盖，柄断，经修整
34	句父庚觥	西周早期前段	传1928年河南出土	BaⅡ式	美国纽约大都会艺术博物馆	通高30.7，通长31，口径24×11.7			菁华148，美集R189、A657，欧精华2.148，综览376页匜42，集成9277，总集4904，三代补189	
35	羊父甲觥	西周早期	陕西西安	BbⅠ式	香港陈仁涛	通高24，通长26.45，重2.837			集成9266.1，9266.2，综览374页匜34，金匮论古综合刊第一期104页图1、2	
36	丂甫觥	西周早期后段	传1926年出土于河南洛阳	BbⅢ式	美国纽约大都会美术博物馆	通高21.8，宽20×10.5			美集R278a、b，A665，欧精华2.147，汇编1733，综览376页匜44，集成9252，总集4896，三代补278	

续表

序号	器名	时代	可能地点	大致类型	流藏情况	尺寸、重量（厘米、千克）	铭文拓片	器影	著录	备注
37	龙纹觥	殷墟四期	河南安阳	BaⅣ式	河南新乡博物馆	高11.8，长15.2			《商周青铜兕觥初论》，《故宫博物院院刊》1994.3	
38	象首兽面纹觥	殷墟四期	传河南安阳大司空墓	BaⅢ式	日本白鹤美术馆	通高17.7，高17.2			日本搜储支那古铜精华259	
39	爵丂父癸觥	西周早期		BaⅡ式		高4.5，腹深2.9，口径5×2.6（寸），重1.1875（斤）			博古20.29，薛氏113.4，啸堂71.3，集成9285	
40	王申女毄觥	商末周初		BaⅢ式	原藏清宫	高23.1，长22.1，深12.2，重3.625（斤）			西清32.9，集成9287.1	

续表

序号	器名	时代	可能地点	大致类型	流藏情况	尺寸、重量（厘米、千克）	铭文拓片	器影	著录	备注
41	山父乙觥	殷墟四期		BbⅠ式	原藏清宫	高21.5，长12.2，深10.9，重6.1875（斤）			西清32.10，集成9271	
42	般觥	西周早期		BbⅡ式	原藏清宫	高16.8，深11.6，口径长21.1，重4.6875（斤）			西清32.11，集成9299	
43	戈字觥	殷墟三期		BaⅡ式	原藏清宫	通盖高9.4，腹深4，口长8.6，口宽3.2（寸），重8.9375（斤）			西清32.13，集成9255	
44	文嫚己觥	商代晚期				高33.6，长14.9，口径长27，重6.6375（斤）			愽古20.34，薛氏115.2，啸堂72.1，集成9301、9302	

续表

序号	器名	时代	可能地点	大致类型	流藏情况	尺寸,重量（厘米,千克）	铭文拓片	器影	著录	备注
45	天黽父乙觥	西周早期早段		BbⅠ式		高24			三代17.24.1-2,小校9.55.4,集成9267,总集6801(误为匜),国史金1273.2(误为匜),综览匜35	
46	册亨父觥	商代晚期		BaⅣ式	瑞士玫茵堂				铭图13622,玫茵堂25	
47	父丁尊觥	西周早期							三代17.23.4(误为匜),集成9274,总集6797(误为匜),国史金1272.2(误为匜)	
48	天父丁觥	西周早期			南宋王师文				续考2.8,集成9275	无盖

续表

序号	器名	时代	可能地点	大致类型	流藏情况	尺寸、重量（厘米、千克）	铭文拓片	器影	著录	备注
49	戍父辛觥	商代晚期或西周早期							三代17.23.7（误为匜），集成9278，总集6699（误为匜），国史金1273.1（误为匜）	
50	天黽父癸觥	商代晚期			原藏阮元				三代17.24.3，积古2.22，从古1.20，捃古1之2.82.3（误为匜），殷存上16.8（称彝），集成9279，总集6802（误为匜），国史金1493.2（误为匜）	
51	骼觥	西周早期							博古20.25，薛氏47.1-2，啸堂71.1-2，集成9286	
52	姬觥	西周早期							三代17.28.1-2，集成9296，总集6820（误为匜），殷存上26.2-3（误为尊），郁华阁198.3-4（误为卣）	

续表

序号	器名	时代	可能地点	大致类型	流藏情况	尺寸，重量（厘米，千克）	铭文拓片	器影	著录	备注
53	妇赖觥	商代晚期							捃古1之2.39.3（误为匜）	
54	⟨?⟩父癸觥	商代晚期			原藏刘体智				续殷下76.2（误为匜），贞松10.32.1，三代17.23.8（误为匜），国史金（误为匜）	
55	王子印觥	西周早期							缀遗14.3.1，集成9282，汇编1771	

续表

序号	器名	时代	可能地点	大致类型	流藏情况	尺寸、重量（厘米、千克）	铭文拓片	器影	著录	备注
56	告田觥	商末周初	陕西宝鸡戴家湾	BaⅠ式	Francis L. Higginson、大仓龟氏、陈仁涛递藏，现藏丹麦国家博物馆	连禁通高50，觥高31.2，长41			长编图95，笔记14，报告A.GU1，报告B.D.28.110，枨禁图版29.2，枨禁2.图版2.1，欧精华2.147，通考661，枨禁2.图版一图版373，综览2.图版373，赛克勒ⅡB.fig.8.2，欧遗彩图8，图版95	
57	𠭯文父丁觥	商末周初	陕西宝鸡戴家湾	BbⅡ式	郭承勋、张辛有、滕田德次郎、川和定次郎、卡特递藏，现藏普林斯顿大学美术博物馆	通高31，宽23.6，直径31.5×10.4，重5.282			三代11.14.5-6（误为尊），挶古1之3.62.1，日精华3.263，汇编1150，集成9284，国史金138（盖，误为尊），山东成478	

续表

序号	器名	时代	可能地点	大致类型	流藏情况	尺寸、重量（厘米、千克）	铭文拓片	器影	著录	备注
58	仲子夋汈觥	商末周初	陕西宝鸡戴家湾	BbⅡ式	原富田太郎递藏，布伦戴奇旧金递藏，现藏美国山亚洲艺术博物馆	通高31.8			日精3.364，三代18.21.3-4，赛克勒（西周）695页fig117.1，布伦戴奇fig31，集成9298，综览匜36，续殷下69.5-6，铜全5.100，国史金1170（盖），山东成482	
59	镦册觥	殷墟三期	推测河南安阳	BaⅡ式	卢泊雪（S.N.Ferris Luboshez）、蓝捷理（James J.Lally）、夏皮罗递藏，佳士得2021春拍	通长29.8			Chinese Art from the Ferris Luboshez Collection, College Park, 1972, pp. 37-38 Archaic Chinese Bronzes, I, Xia & Shang, 1995, lote44. Early Dynastic China, 1996, p.221 Ancient Chinese Bronzes: A Personal Appreciation, 2013, pp.68-75, 133. Chinese Archaic Bronzes: The Collection of Daniel Shapiro, 2014, lote7	

续表

序号	器名	时代	可能地点	大致类型	流藏情况	尺寸、重量（厘米、千克）	铭文拓片	器影	著录	备注
60	冉觥	殷墟三期	推测河南安阳	BaⅡ式	千石唯司藏，曾于大阪市立美术馆展出	高25.5、长30.9、重3.24			难波纯子，中国王朝の粋，大阪美术俱乐部，2004年，8-9页	
61	牛觥	商代晚期，可能为殷墟二三期		AaⅡ式	Debanco、赛克勒递藏	高18.3、长21.3、重1.18			赛克勒（商）416-420页	著录标为"尊"，误
62	山海楼觥	西周早期		BbⅡ式	赵不波	高17.3、长19.5、重1.18			赵氏山海楼所藏古代青铜器10，48-49页	

注：以上出现著录简称、全称对照。

《二百》：《二百兰亭斋收藏金石记》
《三代》：《三代吉金文存》
《三代补》：《三代吉金文存补》
《大系》：《两周金文辞大系图录考释》
《日精华》：《日本搜储支那青铜精华》
《小校》：《小校经阁金文拓本》
《上海》：《上海博物馆藏青铜器》
《山东存》：《山东金文集存》
《西清》：《西清古鉴》
《西甲》：《西清续鉴甲编》
《西乙》：《西清续鉴乙编》
《奇觚》：《奇觚室吉金文述》
《宁寿》：《宁寿鉴古》
《近出》：《近出殷周金文集录》
《长安》：《长安获古编》
《周金》：《周金文存》
《美集录》：《美帝国主义劫掠的我国殷周铜器集录》
《贞松》：《贞松堂集古遗文》
《贞续》：《贞松堂集古遗文续编》
《新收》：《新收殷周青铜器铭文暨器影汇编》
《贞补》：《贞松堂集古遗文补遗》
《贞图》：《贞松堂吉金图》
《集成》：《殷周金文集成》
《海外铜》：《海外中国铜器图录》
《陶斋》：《陶斋吉金录》
《从古》：《从古堂款识学》
《善彝》：《善斋彝器图录》
《颂续》：《颂斋吉金续录》
《综览》：《殷周时代青铜器之研究·殷周青铜器综览》
《善斋》：《善斋吉金录》
《尊古》：《尊古斋所见吉金录》
《博古》：《博古图录》
《欧精华》：《欧米蒐储支那古铜精华》
《录遗》：《商周金文录遗》
《积古》：《积古斋钟鼎彝器款识》
《薛氏》：《历代钟鼎彝器款识法帖》
《簠斋》：《簠斋吉金录》
《欧遗珠》：《欧洲所藏中国青铜器遗珠》
《双古》：《双剑誃古器物图录》

《断代》：《西周铜器断代》

《捃古》：《捃古录金文》

《海外吉（海外）》：《海外吉金图录》

《愙斋》：《愙斋集古录》

《续殷》：《续殷文存》

《故青》：《故宫青铜器》

《初论》：《商周青铜兕觥初论》

《筠清》：《筠清馆金石录》

《夏商周》：《夏商周青铜器研究》

附表3 出土青铜觥统计表（36件）

序号	名称	时代	出土情况	同出青铜器	类型	尺寸、重量（厘米、千克）	铭文	著录	备注
1	凤纹牛觥	殷墟三期	1977湖南衡阳市郊	无	AaⅡ式	高74、长19	无	《湖南衡阳西郊发现青铜牺尊》，《文物》1978.7	湖南省博物馆藏，器高恐有误
2	兽形觥	殷墟四期	山西灵石旌介（M3∶1）	鼎3、尊1、卣1、觯1、爵3、觚1、戈3、钺3	BaⅣ式	高21.7、长24.5、腹深9.3、重1.95	无	《灵石旌介商墓》，科学出版社，2006	山西博物院藏
3	作册折（斝）觥	西周早期后段	1976陕西扶风庄白一号窖藏（H1∶72）	鼎1、方鼎1、鬲17、簋8、盨2、豆1、盆2、瓿7、盘1、乙2、尊3、卣2、方彝2、贯耳壶1、罍4、爵1、觯3、斗1、钟21、铃7	BbⅢ式	高28.7、长38、腹深12.5、口纵11.8、口横7	盖器同铭，各42字 佳五月王在斥戊子令乍册折贶望土于相侯赐金赐臣扬王休佳王十有九祀用作父乙尊其永宝木羊册	陕铜2.14，陕金1.619、铜全5.102，《陕西扶风庄白一号西周青铜器窖藏发掘简报》，《文物》1978.3，10页，图10，集成9303，总集4928，周原铜3.564、565	宝鸡周原博物馆藏，重6.7千克，器盖分置，位于窖藏的右边，与高相邻

附表3 出土青铜觥统计表

续表

序号	名称	时代	出土情况	同出青铜器	类型	尺寸、重量（厘米、千克）	铭文	著录	备注
4	日己（天）觥	西周早期前段	1963陕西扶风齐家村	方彝1、方尊1、盂1、匜1、盘1	BbⅣ式	通高32，通长33.5，腹深12，重9.222	器盖同铭，各20字作文考日己宝尊宗彝其子子孙孙宝万年永宝用	《陕西长安、扶风出土西周铜器》，《考古》1963.8，414页，图2.1，陕金1.618，陕铜2.122，铜全5.107，集成4927，总集4927，周原铜2.250、251	陕西历史博物馆藏
5	𠭯驭觥盖	西周早期前段	1966陕西扶风上康村	无	疑BbⅠ式	高11，长23，重1.85	内铸16字 吴𠭯驭弟史馈马弗左用作父戊宝尊彝	《新出土的几件西周铜器》，《文物》1972.7，11页，图7，陕金1.617，陕铜3.95，集成9300，总集4926，周原铜10.2201，三代补904	扶风博物馆藏
6	父己觥	殷墟四期	1955河南鲁山仓头下街出土	卣1、觯1、尊1、爵2	不清	高27.5，长30	3字 父己	《商周青铜觥初论》，《故宫博物院院刊》1994.3	苗利娟亦有整理，此觥现藏河南省博物院

续表

序号	名称	时代	出土情况	同出青铜器	类型	尺寸、重量（厘米、千克）	铭文	著录	备注
7	司母辛四足觥甲	殷墟二期	河南安阳小屯妇好墓（M5:803）	方鼎5、圆鼎26、鼎形器1、甗形器10、簋5、偶方彝1、方彝4、尊10、卣2、罍2、小方缶1、罐12、盉6、爵40、斗1、方形高圈足器1、箕1	AaⅠ式	高36.5，长47.4，重8.5	盖器同铭，各3字后母辛，或释为"司母辛"	殷铜4，河南博14，河南铜1.157，《殷墟妇好墓》37页，图25.5-6，集成9280，总集4908	中国社科院考古所藏
8	司母辛四足觥乙	殷墟二期	河南安阳小屯妇好墓（M5:1163）	同上	AaⅠ式	通高36.5，通长47.4，重8.4	盖器同铭，各3字后母辛，或释为"司母辛"	中历博34，《殷墟妇好墓》37页，图25.3-4，铜全3.149，集成9281，总集4907	中国社会科学院考古研究所所藏（中国国家博物馆借陈）
9	妇好圈足觥甲	殷墟二期	河南安阳小屯妇好墓（M5:799）	同上	BaⅠ式	通高22，长28.4，重3.35	内底2字妇好	集成9260.1、9260.2，《殷墟妇好墓》图34.7、34.8	中国社科院考古所藏
10	妇好圈足觥乙	殷墟二期	河南安阳小屯妇好墓	同上	BaⅠ式	不清	内底2字妇好	《殷墟妇好墓》，文物出版社，1980	中国社科院考古所藏

附表3　出土青铜觥统计表

续表

序号	名称	时代	出土情况	同出青铜器	类型	尺寸、重量（厘米、千克）	铭文	著录	备注
11	觑纽觥甲	殷墟二期	河南安阳妇好墓（M5：327）	同上	BaⅠ式	高18.2，长22.8	无	《殷墟妇好墓》，文物出版社，1980	中国社科院考古所藏
12	觑纽觥乙	殷墟二期	河南安阳小屯妇好墓	同上	BaⅠ式	不清	同上	同上	
13	圈足小觥甲	殷墟二期	河南安阳小屯妇好墓	同上	不清	不清	不清	同上	残破
14	圈足小觥乙	殷墟二期	河南安阳小屯妇好墓	同上	不清	不清	不清	同上	残破
15	母戊觥盖	殷墟四期至西周初	安阳林县东南城关公社下庄大队	无	疑BbⅠ式	盖通长28.6，最宽13	内壁6字 乍母戊宝尊彝	《林县发现商代青铜觥》，《考古》1978.1，72页，图1、2 河南铜1.377，集成9291，总集4916	
16	六父癸觥	商晚三期	1991年河北定州铁路货场商墓（M67：27）	鼎、簋、铙、镞（原简报太过粗略，暂列如此）	BaⅢ式	通高17、长19.5	3字 六父癸	《定州北庄子商墓发掘简报》，《文物春秋》1992S1，《中国出土青铜器全集·河北》34	
17	觥残片	西周早中期	1981陕西扶风召公乡大陈村	不清	不清	高14、宽13	不清	《商周青铜觥初论》，《故宫博物院刊》1994.3	甚残，扶风县博物馆藏

续表

序号	名称	时代	出土情况	同出青铜器	类型	尺寸、重量（厘米、千克）	铭文	著录	备注
18	觥盖	周初	扶风法门乡黄堆村出土	不清	疑Bb Ⅰ式	不清	不清	《商周青铜觥初论》，《故宫博物院刊》1994.3	存疑
19	兽首觥盖	周初	1986河南信阳浉河港	父乙组：簋1、觚1、尊2、角1、觯盖1、勺1 父丁组：簋2、觯1、觥2	疑Bb Ⅰ式	残长17.5，宽15，高7	无	《河南信阳浉河港出土西周早期铜器群》，《考古》1989.1	残，觥盖在父丁组
20	饕餮纹觥	西周早期	1988陕西延长县安沟乡岔口村	不清	Bb Ⅱ式	高17.1，长23.4，流长6.8，圈足高4.7	无	《商周青铜觥初论》，《故宫博物院刊》1994.3	延长县文管会
21	亚醜方觥甲	商晚四期	疑出山东益都苏埠屯1号墓	因盗掘不清，确切有鼎、觚、罍、觯等残片，另有钺、戈、矛等兵器	Bb Ⅰ式	通高17.1，腹深9，口长12.6，宽6.4	器、盖同铭，9字 亚醜者女曰大子尊彝	三代17.27.1-2，积古7.24.1-2，捃古2之1.76.1（误为匜），集成09294，总集4919	1号墓曾盗掘，该器器灌相阴，端方递藏，尺寸疑有误
22	亚醜方觥乙	商晚四期	疑出山东益都苏埠屯1号墓	同上	Bb Ⅰ式	通高31	器、盖同铭，9字 亚醜者女曰大子尊彝	三代17.26.6-7（误为匜），综览374页图33，集成09295，总集4920，《山东益都苏埠屯墓地和"亚醜"铜器》，《考古学报》1977.1，24页，图9（器），金文考说60	原藏吴式芬，现藏日本东京出光美术馆

附表3 出土青铜觥统计表

续表

序号	名称	时代	出土情况	同出青铜器	类型	尺寸、重量（厘米、千克）	铭文	著录	备注
23	亚醜方觥丙	四期	疑出山东益都苏埠屯1号墓	同上	BbⅠ式	通高31	器、盖同铭，9字 亚醜者女曰大子尊彝	周金5·71·1-2，文存5.74、5.75	
24	亚醜方觥丁（38号器）	四期	疑出山东益都苏埠屯1号墓	同上	BbⅠ式	不清	不清	《山东益都苏埠屯墓地和"亚醜"铜器》，《考古》1977.1	
25	眔觥	殷墟四期	河南安阳郭家庄（M53:4）	鼎1、簋2、爵2、卣1、觚2、尊1、甗1、斝1、觯2、矛2、镞10、戈2、三角形器6、铃1、刻刀1、圆形泡6	BaⅢ式	口长18.7、圈足9×6.8，通高19.2，重1.05	盖器同铭，各7字 眔乍母丙彝亚址	《安阳殷墟郭家庄商代墓葬》，中国大百科全书出版社，1998，44页，图32.3，图27.1，《中国青铜器全集》3.154，近出930，新收184	中国社科院考古所所藏
26	长子口觥甲	西周早期前段	河南鹿邑县太清宫1号墓（M1:86）	鼎22、簋3、甗2、觚8、爵8、角6、斝5、尊5、卣6、壶2、觯5、罍2、斗4、盘1、盉1	BbⅡ式	通高21.4，首尾长26，腹深5.2，圈足底边10.3×8.2，圈足高3.7	内底，3字 长子口	《鹿邑太清宫长子口墓》，中州古籍出版社，2000，98-102页，图84.1	河南周口地区文化局藏
27	长子口觥乙	西周早期前段	河南鹿邑县太清宫（M1:225）	同上	BbⅡ式	不清	内底，3字 长子口	《鹿邑大清宫长子口墓》104页，图86	后壁有补铸痕迹，圈足座内角有补浇铜块

续表

序号	名称	时代	出土情况	同出青铜器	类型	尺寸、重量（厘米、千克）	铭文	著录	备注
28	长子口簋形觥	西周早期前段	河南鹿邑县太清宫（M1:92）	同上	BaⅠ式	通高24、器身高13.4、长31.8、口径20、圈足径16.8、壁厚0.4	器、盖同铭，3字 长子口	《鹿邑太清宫长子口墓》104-106页，图84.2、4	河南省文物考古研究所藏
29	友束觥盖	殷墟四期偏晚	1991河南安阳市后冈商代墓葬（M9:1）	残留鼎1、方彝1、方爵2、爵1、钺1、矛3、器壁残片1	疑BbⅠ式	通高13.7、长29.1	内底2字 友束	《1991年安阳后冈殷墓的发掘》，《考古》1993.10，896页，图29.1，近出928，新收104	墓葬遭盗掘，中国社会科学院考古研究所安阳工作站藏
30	洋县牛觥	殷墟二期	1981年陕西洋县张村铜器点出土	鼎1、簋1、尊1、罍1	AaⅡ式	通高19.4、通长22.1、腹深6.2、重1.165	无	《城洋青铜器》179页，图161-163，《汉中出土商代铜器》98-101页	洋县博物馆藏

附表3 出土青铜觥统计表

续表

序号	名称	时代	出土情况	同出青铜器	类型	尺寸、重量（厘米、千克）	铭文	著录	备注
31	亚长觥	殷墟二期	河南花园庄（M54：195）	鼎8、爵9、觚1、方罍1、方尊1、方彝1、牛尊1、方罍1、盂2、簋2、勺2、斗1、饶3、钺2、矛78、戈73、卷首刀3、镞881、弓形器6、冑2、手形器1、铲5、凿1、刀5、铃23	AbⅠ式	带盖通高18.7，流制錾宽21.1，足高4.9，器壁厚0.3，重1.35	盖器同铭，各2字 亚长	《安阳殷墟花园庄东地商代墓葬》，科学出版社，2007，118-120页，图九四，彩版一九-3，拓片一六	
32	兽形翌长觥甲	殷墟四期	山西酒务头	不清	BaⅣ式	通高18.5，长18.8，宽8.4	1字 翌	《山右吉金·闻喜》190-193	公安追缴，移交山西省青铜器博物馆
33	兽形翌长觥乙	殷墟四期	酒务头	不清	BaⅣ式	通高18.8，长19.1，宽8.5	1字 翌	《山右吉金·闻喜》194-199	同上
34	天黿觥	殷墟四期	酒务头	不清	BaⅢ式	通高21.7，宽10，重1.704	盖内、器内底、鋬手各2字 天黿	《山右吉金·闻喜》176-181	

续表

序号	名称	时代	出土情况	同出青铜器	类型	尺寸、重量（厘米、千克）	铭文	著录	备注
35	觥盖	殷墟三期	安阳刘家庄北地J31	爵1、残铜觚1、罍（5块残片）、提梁卣（9块残片）	不清	长19.2	无铭	《河南安阳市殷墟刘家庄北地2008年发掘简报》，《考古》2009.7	
36	昊觥盖	商末周初	河南安阳殷墟棚改区H243	未公布、不清	不清	不清	两行11字	《夏商考古：二里头庭院儿处，三星堆坑坎如何》[1]	

① 常怀颖：《夏商考古：二里头庭院儿处，三星堆坑坎如何》，澎湃私家历史频道，2021年5月26日，https://mp.weixin.qq.com/s/B8qqAIq7VqmibeOdy2t5RQ，最后登录时间2021年6月11日18:37。

参考书目

（以征引先后为序）

吉金文献

（宋）王黼：《宣和博古图录》，清乾隆十八年（1753年）宝古堂刻本。
（宋）赵九成：《续考古图》，清乾隆四十六年（1781年）四库全书文渊阁书录钱曾影钞宋刻本；陆心源重刊本。
（宋）吕大临、赵九成：《考古图・续考古图・考古图释文》，中华书局，1987年。
（清）梁诗正等：《西清古鉴》卷三十二，乾隆十四年（1748年）敕编，光绪十四年（1888年）辽宋书馆铜版影印本。
刘雨：《乾隆四鉴综理表》，中华书局，1989年。
（清）王杰：《宁寿鉴古》，民国二年（1913年）涵芬楼依宁寿宫写本石印本。
（清）王杰：《西清续鉴》（甲编），清宣统三年（1911年）涵芬楼石印宁寿宫写本影印，乾隆五十八年。
（清）王杰：《西清续鉴》（乙编），民国二十年（1931年）宝蕴楼钞本石印本，乾隆年间敕编。
（清）梁诗正：《西清古鉴》，乾隆十四年（1748年）敕编，光绪十四年（1888年）辽宋书馆铜版影印本。
（清）端方：《陶斋吉金录》，《陶斋吉金续录》，宣统元年（1909年）石印本。
（清）钱坫：《十六长乐堂古器款识》卷三页十，嘉庆元年（1796年）自刻本。
（宋）薛尚功：《历代钟鼎彝器款识法帖》，嘉庆二年（1797年）阮氏刻本。
（宋）王俅：《啸堂集古录》页七十一至七十三，涵芬楼影印本，1922年。
（清）阮元：《积古斋钟鼎彝器款识》，嘉庆九年（1804年）刻本。
（清）吴式芬：《捃古录金文》，光绪二十一年（1895年）吴氏家刻本。
（清）吴大澂：《愙斋集古录》，商务印书馆，1930年影印本。
（清）刘心源：《奇觚室吉金文述》卷六页二十六至二十七，光绪二十八年（1902年）石印本。
（清）方濬益：《缀遗斋彝器款识考释》，涵芬楼石印本，1935年。
罗振玉：《三代吉金文存》，中华书局，1983年。

罗振玉：《贞松堂集古遗文》，北京图书馆出版社，2003年。
刘体智：《小校经阁金文拓本》，石印本，1935年。

历史文献

（汉）许慎撰，（清）段玉裁注：《说文解字注》，上海古籍出版社，1988年。
（清）孙诒让撰，王文锦、陈玉霞点校：《周礼正义》，中华书局，1987年，第1513-1514页。
（清）邵晋涵撰，李嘉翼、祝鸿杰点校：《尔雅正义》，中华书局，2017年，第401-402页。
（清）黄以周撰、王文锦点校：《礼书通故》，中华书局，2007年。
袁珂校注：《山海经校注》，巴蜀书社，1992年。
徐元诰撰，王树民、沈长云点校：《国语集解》，中华书局，2002年。

考古报告、简报及报道

中国社会科学院考古研究所：《殷墟妇好墓》，文物出版社，1980年。
冯玉辉：《湖南衡阳市郊发现青铜牺尊》，《文物》1978年第7期。
陈佩芬：《凤牺纹觥》，《湖南文物（第三辑）》，湖南大学出版社，1988年。
中国社会科学院考古研究所安阳工作队：《河南安阳市花园庄54号商代墓葬》，《考古》2004年第1期。
石谷风：《青阳出土的西周晚期铜器》，《安徽文博》1983年第3期。
江苏省文物管理委员会：《江苏丹徒县烟墩山出土的古代青铜器》，《文物参考资料》1955年第5期。
王光永：《陕西宝鸡戴家湾出土商周青铜器调查报告》，《考古与文物》1991年第1期。
中国社会科学院考古研究所：《安阳殷墟郭家庄商代墓葬——1982年~1992年考古发掘报告》，中国大百科全书出版社，1998年。
戴尊德：《山西灵石县旌介村商代墓和青铜器》，《文物资料丛刊（3）》，文物出版社，1980年。
山西省考古研究所：《灵石旌介商墓》，科学出版社，2006年。
河南省文物考古研究所、周口市文化局：《鹿邑太清宫长子口墓》，中州古籍出版社，2000年。
梁星彭、冯孝堂：《陕西长安、扶风出土西周铜器》，《考古》1963年第8期。

江苏省文物管理委员会：《江苏丹徒县烟墩山出土的古代铜器》，《文物参考资料》1955年第5期。

齐韶花：《烟墩山出土的角状器》，《东方博物（第六十三辑）》，中国书店，2017年。

浙江省文物考古研究所、长兴县博物馆：《浙江长兴鼻子山越国贵族墓》，《文物》2007年第1期。

谢青山、杨绍舜：《山西吕梁县石楼镇又发现铜器》，《文物》1960年第7期。

河南省文物考古研究所、周口地区文化局：《河南鹿邑县太清宫西周墓的发掘》，《考古》2000年第9期。

陕西周原考古队：《陕西扶风庄白一号西周青铜器窖藏发掘简报》，《文物》1978年第3期。

林县文化馆：《林县发现商代青铜觥》，《考古》1978年第1期。

裴琪：《鲁山县发现一批重要铜器》，《文物参考资料》1958年第5期。

湖北省文物考古研究所、随州市博物馆：《湖北随州叶家山西周墓地发掘简报》，《文物》2011年第11期。

高西省：《扶风近年征集的商周青铜器》，《文博》1988年第6期。

尹盛平：《周原遗址与西周青铜器》，《上海文博论丛》2004年第4期。

周原考古队：《周原遗址凤雏三号基址2014年发掘简报》，《中国国家博物馆馆刊》2015年第7期。

山东省文物考古研究所、青州市博物馆：《青州市苏埠屯商代墓发掘报告》，《海岱考古（第一辑）》，山东大学出版社，1989年。

湖北省文物考古研究所、随州市博物馆：《湖北随州叶家山西周墓地发掘简报》，《文物》2011年第11期。

山东省文物考古研究所：《山东高青县陈庄西周遗址》，《考古》2010年第8期。

山东省文物考古研究所：《山东省高青县陈庄西周遗存发掘简报》，《考古》2011年第2期。

信阳地区文管会、信阳县文管会：《河南信阳县浉河港出土西周早期铜器群》，《考古》1989年第1期。

冯玉辉：《湖南衡阳市郊发现青铜牺尊》，《文物》1978年第7期。

陈佩芬：《凤牺纹觥》，《湖南文物（第三辑）》，湖南大学出版社，1988年。

卢连成、胡智生：《宝鸡強国墓地》，文物出版社，1988年。

石璋如：《侯家庄第十本·小墓分述之一1055、1022等八墓与殷代的司烜氏》，"中研院"史语所，2001年。

中国社会科学院考古研究所：《安阳殷墟花园庄东地商代墓葬》，科学出版社，2007年。

河北省文物研究所、保定地区文物管理所：《定州北庄子商墓发掘简报》，《文物春秋》1992年第S1期。

中国社会科学院考古研究所安阳工作队：《河南安阳市殷墟刘家庄北地2008年发掘简报》，《考古》2009年第7期。

中国社会科学院考古研究所安阳队：《1991年安阳后冈殷墓的发掘》，《考古》1993年第10期。

山西省考古研究所、灵石县文化局：《山西灵石旌介村商墓》，《文物》1986年第11期。

山西省考古研究所：《灵石旌介发现商周及汉代遗迹》，《文物》2004年第8期。

山东省博物馆：《山东益都苏埠屯第一号奴隶殉葬墓》，《文物》1972年第8期。

山东省文物考古研究所、青州市博物馆：《青州市苏埠屯商代墓发掘报告》，《海岱考古（第一辑）》，山东大学出版社，1989年。

山东省文物考古研究所：《高青县陈庄西周遗存发掘简报》，《海岱考古（第四辑）》，科学出版社，2011年。

湖北省文物考古研究所、随州市博物馆：《湖北随州叶家山西周墓地发掘简报》，《文物》2011年第11期。

湖北省文物考古研究所、随州市博物馆：《湖北随州叶家山M28发掘报告》，《江汉考古》2013年第4期。

山西省考古研究所、运城市文物工作站、绛县文化局：《山西绛县横水西周发掘简报》，《文物》2006年第8期。

山西省考古研究所等联合考古队、山西大学北方考古研究中心：《山西绛县横水西周墓地M2531发掘报告》，《考古学报》2020年第1期。

山西省考古研究所等联合考古队、山西大学北方考古研究中心、中国人民大学出土文献与中国古代文明研究协同创新中心：《山西绛县横水西周墓地M2158发掘简报》，《考古》2018年第1期。

陕西周原考古队：《陕西扶风庄白一号西周青铜器窖藏发掘简报》，《文物》1978年第3期。

李长庆、田野：《祖国历史文物的又一次重要发现——陕西眉县发掘处四件周代铜器》，《文物》1957年第4期。

郑同修、高明奎、魏成敏、蔡友振：《山东省高青陈庄西周遗址考古发掘获重大成果》，《中国文物报》2010年2月5日。

周文：《新出土的几件西周铜器》，《文物》1972年第7期。

青铜器及相关图录

中国社会科学院考古研究所：《殷墟青铜器》，文物出版社，1985年。

中国社会科学院考古研究所、安阳市文物考古研究所：《殷墟新出土青铜器》，云南人民出版社，2008年。
安徽大学、安徽省文物考古研究所：《皖南商周青铜器》，文物出版社，2006年。
安徽省博物馆：《安徽省博物馆藏青铜器》，上海人民美术出版社，1987年。
吴镇烽：《商周青铜器铭文暨图像集成》，上海古籍出版社，2012年。
"中研院"史语所、陕西省考古研究院：《宝鸡戴家湾与石鼓山出土商周青铜器》，"中研院"史语所，2015年。
张天恩：《陕西金文集成》，三秦出版社，2016年。
中国青铜全集编辑委员会：《中国青铜器全集·商3》，文物出版社，1997年。
李伯谦：《中国出土青铜全集·山西上》，科学出版社，2018年。
中国青铜全集编辑委员会：《中国青铜器全集·西周1》，文物出版社，1996年。
陈佩芬：《夏商周青铜器研究·西周上》，上海古籍出版社，2004年。
曹玮：《陕北出土青铜器》，巴蜀书社，2009年。
大连现代博物馆、山西博物院、山西省考古研究所：《晋国雄风——山西出土两周文物精华》，万卷出版公司，2009年。
曹玮：《周原出土青铜器（2）》，巴蜀书社，2005年。
韦壮凡、容小宁：《广西文物珍品》，广西美术出版社，2002年。
杨正宏、肖梦龙：《镇江出土吴国青铜器》，文物出版社，2008年。
中国青铜全集编辑委员会：《中国青铜器全集·商4》，文物出版社，1997年。
韩炳华：《晋西商代青铜器》，科学出版社，2017年。
山西考古研究院、山西博物院、运城市文物工作站、闻喜县文物局：《山右吉金·闻喜酒务头商代墓地出土青铜器精粹》，山西人民出版社，2020年。
山西博物院：《山右吉金十品》，上海书画出版社，2020年。
李学勤：《清华大学藏战国竹简（伍）·封许之命》，中西书局，2015年。
中国社会科学院考古研究所：《殷周金文集成》，中华书局，2007年。
商承祚：《殷契佚存》518，金陵大学中国文化研究所丛刊甲种，1933年。
彭邦炯、谢济、马季凡：《甲骨文合集补编》，语文出版社，1999年。
中国国家博物馆：《中国国家博物馆馆藏文物研究丛书·甲骨卷》，上海古籍出版社，2007年。
南阳市博物馆：《南阳汉代画像石刻》，上海人民美术出版社，1981年。
赵丛苍：《城洋青铜器》，科学出版社，2006年。
大连现代博物馆、山西博物院、山西省考古研究所：《晋国雄风：山西出土两周文物精华》，万卷出版公司，2009年。
湖北省博物馆：《晋国宝藏——山西出土晋国文物特展》，文物出版社，2012年。
山西省文物局：《山西珍贵文物档案·8》，科学出版社，2019年。
山西省考古研究院、山西大学北方考古研究中心、运城市文物工作站、绛县文物局：

《俯金集萃——山西绛县横水西周墓地出土青铜器》，上海古籍出版社，2021年。
吴镇烽：《商周青铜器铭文暨图像集成续编》，上海古籍出版社，2016年。
李西兴：《陕西出土青铜器》，陕西人民美术出版社，1994年。

近代论著[①]

专　　书

容庚：《商周彝器通考》，哈佛燕京学社，1941年；上海人民出版社，2008年。
罗振玉：《古器物识小录》，《罗振玉学术论著集》，上海古籍出版社，2010年。

论　　文

（清）王国维：《说觥》，《观堂集林》，中华书局据商务本句读影印，1959年。
（清）王国维著，李朝远点校、葛英会复校：《宋代金文著录表》，《王国维全集·第四卷》，浙江教育出版社，2009年。
（清）王国维著，李朝远点校、葛英会复校：《国朝金文著录表》，《王国维全集·第四卷》，浙江教育出版社，2009年。
陈梦家：《博古图考述》，《陈梦家学术论文集》，中华书局，2016年。
岑仲勉：《宣和博古图撰人》，《中央研究院历史语言研究所集刊》第十二本，中华书局，1947年。
王国维：《宋代之金石学》，《静安文集》，辽宁教育出版社，1997年。
容庚：《宋代吉金书籍述评》，《颂斋述林》，中华书局，2012年。
徐中舒：《说尊彝》，《"中研院"史语所集刊》第七本第一分，1937年，中华书局，1987年翻印本。
祁延霈：《山东益都苏埠屯出土青铜器调查记》，《中国考古学报》第二册，商务印书馆，1947年。
杨钟健、刘东生：《安阳殷墟哺乳动物群补遗》，《中国考古学报》第四册，商务印书馆，1949年。
石璋如：《河南安阳后冈的殷墓》，《中央研究院历史语言研究所集刊》第十三本，中华书局，1948年。

---

① 为篇幅故，多录以通行本或较易获之版本，作者写作或初版时间则为1949年前。

今人论著（所收录论文单行本，个人文集酌情收录）

专　书

陈彬龢：《中国文字与书法》，武汉市古籍书店，1982年。
郭沫若：《两周金文辞大系图录考释》，科学出版社，1958年。
容庚、张维持：《殷周青铜器通论》，科学出版社，1958年；文物出版社，1984年；中华书局，2012年。
陈梦家：《美国所藏中国铜器集录》，科学出版社，1962年（曾名《美帝国主义劫掠的我国殷周铜器集录》）；中华书局，2019年。
陈梦家著，王睿、曹菁菁、田天、孙莹莹译：《中国铜器综述》，中华书局，2019年。
马承源：《中国青铜器》，上海古籍出版社，1988年。
郭宝钧：《商周铜器群综合研究》，文物出版社，1981年。
朱凤瀚：《古代中国青铜器》，南开大学出版社，1995年。
朱凤瀚：《中国青铜器综论》，上海古籍出版社，2009年。
马军霞：《中国古代青铜器整理与研究·青铜卣卷》，科学出版社，2015年。
张懋镕：《古文字与青铜器论集（第三辑）》，科学出版社，2010年。
严志斌：《商代青铜器铭文分期断代研究》，社会科学文献出版社，2014年。
孔令伟：《悦古——中国艺术史中的古器物及其图像表达》，上海书画出版社，2020年。
任雪莉：《中国古代青铜器整理与研究·戴家湾卷》，科学出版社，2015年。
刘树满：《中国古代青铜器整理与研究·晋南地区卷》，科学出版社，2016年。
任雪莉：《中国古代青铜器整理与研究·青铜簋卷》，科学出版社，2016年。
严志斌：《商代青铜器铭文研究》，上海古籍出版社，2017年。
孙亚冰、林欢：《商代地理与方国》，中国社会科学出版社，2010年。
张婷、刘斌：《中国古代青铜器整理与研究·青铜盘卷》，科学出版社，2015年。
雒有仓：《商周青铜器族徽文字的综合研究》，黄山书社，2017年。
施劲松：《长江流域青铜器研究》，文物出版社，2003年。
陈梦家：《殷墟卜辞综述》，科学出版社，1956年；中华书局，2004年。
于省吾：《甲骨文字诂林》，中华书局，1996年。
丁山：《商周史料考证》，中华书局，1988年。
姚孝遂、肖丁：《小屯南地甲骨考释》，中华书局，1985年。
陈炜湛：《甲骨文田猎刻辞研究》，广西教育出版社，1995年；中山大学出版社，2018年。

张兴照：《商代地理环境研究》，中国社会科学出版社，2017年。
王子今：《秦汉名物丛考》，东方出版社，2016年。
张明东：《商周墓葬比较研究》，中国社会科学出版社，2016年。
何景成：《商周青铜器族氏铭文研究》，齐鲁书社，2009年。
曹斌：《青铜簋研究——商周青铜器的考古学和礼制文化研究》，科学出版社，2016年。
罗西章：《扶风县文物志》，陕西人民教育出版社，1993年。
吴镇烽：《金文人名汇编》，中华书局，2006年。
王帅：《中国古代青铜器整理与研究·西周金文字体卷》，科学出版社，2018年。
朱凤瀚：《商周家族形态研究》，天津古籍出版社，2004年。
邹衡：《夏商周考古学论文集》，文物出版社，1980年。
卢昉：《中国古代青铜器整理与研究·人兽母题纹饰卷》，科学出版社，2016年。

论　　文

桑椹：《全形拓的传承与流变》，《美术报》2017年8月5日。
桑椹：《六舟与早期全形拓》，《中国书法》2015年第3期。
孙华：《商周铜卣新论——兼论提梁铜壶及铜匜的有关问题》，《洛阳博物馆建馆四十周年纪念文集》，科学出版社，1999年，第23、24页。
张临生：《说盉与匜——青铜彝器中的水器》，《故宫学术季刊》第17卷第1期，1982年7月。
张懋镕：《夷曰匜研究——兼论商周青铜器功能的转化问题》，《故宫学术季刊》第25卷第1期，2007年秋季；收入氏著《古文字与青铜器论集（第三辑）》，科学出版社，2010年。
张增午：《商周青铜兕觥初论》，《故宫博物院院刊》1994年第3期。
孔德成：《说兕觥》，《东海学报》第6卷第1期。
屈万里：《兕觥问题重探》，《"中研院"史语所集刊》第四十三本第四分，"中研院"史语所，1971年。
李零：《说龙，兼及饕餮纹》，《中国国家博物馆馆刊》2017年第3期。
李零：《关于铜器分类的思考——自其不变而观之》，《入山与出塞》，文物出版社，2002年。
李零：《商周礼器分类的再认识》，《中国国家博物馆馆刊》2020年第11期。
崔文印：《宋代的金石学》，《史学史研究》1993年第2期。
许雅惠：《关于宋代古物学之研究与讨论》，《中国史学》第21卷，2011年10月。
许雅惠：《宋、元〈三礼图〉的版面形式与使用——兼论新旧礼器变革》，《台大历史学报》第60期，2017年12月。

陈慧玲：《宋代金石学之发达及其价值》，《"国立"编译馆馆刊》第十七卷第二期。

陈芳妹：《宋古器物学的兴起与宋仿古铜器》，《台大美术史研究集刊》第10期，2001年。

邹衡：《论古代器物的形式分类》，《夏商周考古学论文集（续集）》，科学出版社，1998年。

李国梁：《群舒故地出土的青铜器》，《文物研究（第六辑）》，黄山书社，1990年。

郑振香、陈志达：《殷墟青铜器的分期与年代》，《殷墟青铜器》，文物出版社，1985年。

殷之彝（张长寿）：《山东益都苏埠屯墓地和"亚醜"铜器》，《考古学报》1977年第2期。

李济：《殷墟出土五十三件青铜容器之研究：殷墟发掘出土五十三件青铜容器的形制和文饰之简述及概论》，《中国考古报告集新编·古器物研究专刊（第五本）》，"中研院"史语所，1972年。

李济：《端方柲禁诸器的再检讨》，《李济考古学论文选集》，文物出版社，1990年。

陈洪波、陈虞添：《试论先秦时期的角形杯与兕觥》，《东方考古（第9集）》，科学出版社，2012年。

陈梦家：《宜侯夨簋和它的意义》，《文物参考资料》1955年第5期。

史树青：《对"五省出土文物展览"中几件铜器的看法》，《文物参考资料》1956年第8期。

蒋大沂：《"鉴"和"角状铜饰"》，《文物参考资料》1958年第8期。

孙桂恩：《试说烟墩山出土的"铜角状器"和"铜罇"的名称和用途》，《文物参考资料》1958年第1期。

许卫红、张娟妮：《弓弭初考》，《文博》2017年第2期。

张敏：《宜侯夨簋轶事》，《东南文化》2000年第4期。

肖梦龙：《镇江博物馆藏商周青铜器——兼谈江南吴器的地方特色》，《东南文化》1988年第5期。

邹衡：《关于夏商时期北方地区诸邻境文化的初步探讨》，《夏商周考古学论文集》，科学出版社，1980年。

陶正刚：《山西出土的商代铜器》，《中国考古学会第四年年会论文集》，文物出版社，1985年。

陶正刚：《石楼类型商代青铜器研究》，《殷都学刊》1991年第4期。

胡进驻：《石楼—绥德类型管窥》，《考古与文物》2008年第2期。

袁秀明：《略论吕梁山出土的商代青铜器》，《山西考古学会论文集（四）》，山西人民出版社，2006年。

卜蓉蓉：《先秦时期石楼的文化遗迹与地理环境的关系》，《文化学刊》2016年第11期。
唐兰：《从河南郑州出土的商代前期青铜器谈起》，《文物》1973年第7期。
刘敦愿：《山西石楼出土龙纹铜觥的装饰艺术》，《文史哲》1983年第5期，后以《山西石楼龙觥与鬼方》为题收入《刘敦愿文集》，科学出版社，2012年。
张长寿：《殷商时代的青铜器》，《考古学报》1979年第3期。
杨锡璋、杨宝成：《殷代青铜礼器的分期与组合》，《殷墟青铜器》，文物出版社，1985年。
谷飞：《试论殷墟文化分期与殷墟青铜器分期的关系问题》，《中原文物》2002年第3期。
陕西师范大学中青铜文化研究中心：《关于扶风红卫村出土"列卣"的思考》，《周秦文明论丛（第二辑）》，三秦出版社，2010年，后收入张懋镕：《古文字与青铜器论集（第三辑）》，科学出版社，2010年。
周亚：《论法国吉美博物馆收藏的象尊》，《上海文博》2004年第2期。
李唐：《制器尚象：古代鸟兽尊解读》，《美成在久》2019年第5期。
〔美〕柳扬：《殷商中原青铜器象纹的南方源头》，《湖南省博物馆馆刊（第十二辑）》，岳麓书社，2016年。
张懋镕：《中国古代青铜酒器器类演变的差异性研究——从青铜斝谈起》，《古文字与青铜器论集（第五辑）》，科学出版社，2016年。
刘源：《研究殷周金文需注意的青铜器分类问题》，《中国社会科学报》2021年7月30日。
赵丛苍：《城固洋县铜器群综合研究》，《文博》1996年第4期。
曹玮：《汉中出土的商代青铜器》，《汉中出土商代青铜器》，巴蜀书社，2006年。
孙华：《试论城洋铜器存在的历史背景》，《四川文物》2011年第3期。
梁星彭：《岐周、丰镐周文化遗迹、墓葬分期研究》，《考古学报》2002年第4期。
付仲杨、王迪、徐良高：《丰镐遗址近年考古工作收获与思考》，《三代考古（八）》，科学出版社，2019年。
付仲杨、宋江宁、徐良高：《丰镐遗址西周时期盗墓现象的考古学观察——以2012年新旺墓葬M1和M2为例》，《南方文物》2015年第3期。
井中伟：《殷墟王陵区早期盗掘坑的发生年代与背景》，《考古》2010年第2期。
何毓灵：《殷墟王陵早期被盗年代研究》，《考古》2014年第6期。
孙庆伟：《凤雏三号建筑基址与周代的亳社》，《中国国家博物馆馆刊》2016年第3期。
张天恩：《凤雏三号建筑的祭祀遗存浅谈》，《中国国家博物馆馆刊》2016年第3期。
宋江宁：《对周原遗址凤雏建筑群的新认识》，《中国国家博物馆》2016年第3期。
李零：《苏埠屯的"亚齐"铜器》，《文物天地》1992年第6期。
郭妍利：《也论苏埠屯墓地的性质》，《三代考古（三）》，科学出版社，2009年。
韩雪：《青州苏埠屯亚丮族徽新释》，《中原文物》2019年第6期。
韩维龙、张志清：《长子口的时代特征及墓主》，《考古》2000年第9期。

王恩田：《鹿邑太清宫西周大墓与微子封宋》，《中原文物》2002年第4期。

林欢：《试论太清宫长子口墓与商周"长"族》，《华夏考古》2003年第2期。

杨升南：《商代的长族——兼说鹿邑"长子口"大墓的墓主》，《中原文物》2006年第5期。

张昌平：《论随州叶家山墓地M1等几座墓葬的年代以及墓地布局》，《中国国家博物馆馆刊》2012年第8期。

朱凤瀚：《湖北随州叶家山西周墓葬笔谈》，《文物》2011年第11期。

任雪莉：《叶家山曾国墓地"分器"现象与墓葬年代另探》，《陕西师范大学学报》（哲学社会科学版）2015年第6期。

张懋镕：《再论随州叶家山西周墓地》，《江汉考古》2016年第3期。

张懋镕：《试论中国古代青铜器器类之间的关系》，《华学（第八辑）》，紫禁城出版社，后收入《古文字与青铜器论集（第二辑）》，科学出版社，2006年。

何景成：《商末周初的举族研究》，《考古》2008年第11期。

张懋镕：《周人不用日名说》，《考古》1995年第9期。

张懋镕：《周人不用族徽、日名说的考古学证明》，《金文与青铜器国际学术研讨会论文集》，2016年，后收入《古文字与青铜器论集（第五辑）》，科学出版社，2016年。

杜廼松：《论青铜鸟兽尊》，《故宫博物院院刊》1995年第S1期。

张雁勇：《关于〈周礼〉鸟兽彝尊形制研究的反思》，《史学月刊》2016年第3期。

高志喜：《论中国南方的商代青铜器》，《中国考古学会第七次年会论文集》，文物出版社，1992年。

王恩田：《湖南出土商周铜器与殷人南迁》，《中国考古学会第七次年会论文集》；后收入氏著《商周铜器与金文辑考》，文物出版社，2017年。

刘一曼：《殷墟新出牛尊小议——兼论衡阳出土的牺尊》，《考古》2009年第4期。

何介钧：《湘潭县出土的商代豕尊》，《湖南考古辑刊（1）》，岳麓书社，1982年。

刘敦愿：《漫谈湖南湘潭出土的商代豕尊》，《中国农史》1983年第2期。

杜金鹏：《商周铜爵研究》，《考古学报》1994年第3期。

贾洪波：《爵用新考》，《中原文物》1998年第3期。

贾洪波：《爵用平议——兼与〈青铜爵的功用、造型及其与商文化的关系〉一文商榷》，《江汉考古》2003年第1期。

李少龙：《青铜爵的功用、造型及其与商文化的关系》，《南开学报》1999年第1期。

吕琪昌：《从青铜爵的来源探讨爵柱的功用》，《华夏考古》2005年第3期。

曹峻：《小议青铜爵的功能》，《三代考古（七）》，科学出版社，2017年。

黎海超：《试论商周铜爵铸造传统与形制演变的关联》，《江汉考古》2018年第1期。

徐坚：《新郑李家楼：从盗宝私藏到学术公器》，《器物学与艺术史》，中西书局，

2019年。

姚孝遂：《甲骨刻辞狩猎考》，《古文字研究（第六辑）》，中华书局，1981年。

孙机：《古文物所见之犀牛》，《文物》1982年第8期。

〔法〕雷焕章（Jean A.Lefeuvre）：《兕试释》，《中国文字》（新八期），美国艺文印书馆，1983年。

〔法〕雷焕章著、葛人译：《商代晚期黄河以北地区的犀牛和水牛——从甲骨文中的 𠭖 和兕字谈起》，《南方文物》2007年第4期。

黄家芳：《"兕"非犀考》，《乐山师范学院学报》2009年第3期。

守彬：《说"兕"》，复旦大学出土文献与古文字研究中心网站，http://www.gwz.fudan.edu.cn/Web/Show/544（发表时间2008年11月6日18：50：31）。

杨杨：《田猎卜辞中的动物》，《郑州师范教育》2017年第1期。

张之杰：《雷焕章兕试释补遗》，《中华科技史学会会刊》第七期，2004年。

杨龢之：《中国人对"兕"观念的转变》，《中华科技史学会会刊》第七期，2004年。

陈元朋：《传统博物知识里的"真实"与"想像"：以犀角与犀牛为主体的个案研究》，《"国立"政治大学历史学报》第33期，2010年。

袁靖、唐际根：《河南安阳市洹北花园庄遗址出土动物骨骼研究报告》，《考古》2000年第11期。

王晖：《宰丰骨柶刻辞与功能考释》，《中国国家博物馆馆刊》2011年第12期。

赵庆淼：《卜辞之曾地望考》，《中原文物》2015年第4期。

王子今：《说犀角杯——一种东西文化交流的文物见证》，《四川文物》2008年第1期。

苏荣誉：《藤田美术馆藏四件商代青铜器研究》，《中国青铜技术与艺术》（丁酉集），上海古籍出版社，2019年。

冯峰：《论西周青铜器中的尊、方彝（尊、方彝、觥）组合——兼谈其与尊、卣组合的关系》，《三代考古（八）》，科学出版社，2019年。

王帅：《略论考古发现中的青铜斗形器——兼说伯公父爵与"用献用酌"之礼》，《古代文明》2008年第4期。

张政烺：《帚好略说》，《考古》1983年第6期。

王宇信、张永山、杨升南：《试论殷墟五号墓的"妇好"》，《考古学报》1977年第2期。

石璋如：《殷墟妇好墓的五点疑问》，《纪念殷墟甲骨文发现一百周年国际学术研讨会论文集》，社会科学文献出版社，2003年。

张素凤、卜师霞：《也谈"妇好墓"》，《中原文物》2009年第2期。

韩江苏：《殷墟妇好墓主身份辨——与张素凤、卜师霞商榷》，《中原文物》2010年第1期。

岳洪彬、岳占伟、何毓灵：《小屯宗庙区布局初探》，《三代考古（二）》，科学出版社，2006年。

何毓灵：《殷墟刘家庄北地青铜窖藏坑性质探析》，《南方文物》2014年第1期。

殷玮璋、曹淑琴：《灵石商墓与丙国铜器》，《考古》1990年第7期。

韦心滢：《灵石旌介商墓研究——考古学资料所见商后期王国西部边域状况》，《中国国家博物馆馆刊》2011年第4期。

孙华：《安阳时期商朝国家的政治版图——从文化分域和重要遗存的角度来考察》，《古代文明（第10卷）》，上海古籍出版社，2016年。

刘一曼：《安阳殷墓青铜礼器组合的几个问题》，《考古学报》1995年第4期。

唐锦琼：《鹿邑太清宫"长子口"墓国属问题的一点思考》，《三代考古（二）》，科学出版社，2006年。

韩维龙、张志清：《长子口的时代特征及墓主》，《考古》2000年第9期。

曹斌：《山东高青县陈庄遗址性质探析》，《考古》2018年第3期。

李学勤等：《山东高青县陈庄西周遗址笔谈》，《考古》2011年第2期。

吕茂东：《解读高青县陈庄西周遗址》，《管子学刊》2011年第4期。

李伯谦等：《随州叶家山西周墓地第二次发掘笔谈》，《江汉考古》2013年第4期。

笪浩波：《叶家山西周曾国墓地的几个相关问题》，《中原文物》2016年第5期。

马保春：《山西绛县横水西周倗国大墓的相关历史地理问题》，《考古与文物》2007年第6期。

田伟：《试论绛县横水、翼城大河口墓地的性质》，《中国国家博物馆馆刊》2012年第5期。

李学勤：《绛县横北村大墓与倗国》，《中国文物报》2005年12月30日，后收入《文物中的古文明》，商务印书馆，2008年。

岳洪彬、苗霞：《殷墟青铜礼器组合研究》，《南方文物》2004年第2期。

汤毓赟：《殷墟墓葬青铜礼器组合的新思考》，《江汉考古》2018年第2期。

翟胜利：《殷墟妇好墓、亚长墓的位置及功能刍议》，《四川文物》2013年第4期。

陈公柔：《说媿氏即怀姓九宗》，《古文字研究（第十六辑）》，中华书局，1989年。

张懋镕：《新出义方彝、义尊的年代学意义——重温李学勤先生关于西周铜器断代的论述》，《李学勤先生学术成就与学术思想国际研讨会论文集》，清华大学，2019年。

李学勤：《西周中期青铜器的重要标尺——周原庄白、强家两处青铜器窖藏的综合研究》，《中国历史博物馆馆刊》1979年第1期，后收入《新出青铜器研究》，文物出版社，1990年；人民美术出版社，2016年。

曹玮：《周原遗址与出土的商周铜器》，《周原出土青铜器》，巴蜀书社，2005年。

种建荣：《周原遗址齐家北墓葬分析》，《考古与文物》2007年第6期。

张懋镕：《试论西周青铜器演变的非均衡性问题》，《考古学报》2008年第3期，后收入《古文字与青铜器论集（第三辑）》，科学出版社，2010年。

黄锦前：《近刊铜器铭文辨伪举隅》，《陕西历史博物馆馆论丛（第25辑）》，三秦出版社，2018年。

朱凤瀚：《新见商金文考释（二篇）》，《出土文献与古文字研究（第六辑）》，上海古籍出版社，2015年。

李学勤：《论陶觥及所记史事》，《出土文献（第七辑）》，中西书局，2015年。

黄锦前：《陶觥释读》，《甲骨文与殷商史（新八辑）》，上海古籍出版社，2019年。

张懋镕：《试论商周青铜器族徽文字独特的表现形式》，《文物》2000年第2期。

冯时：《殷代史氏考》，《黄盛璋先生八秩华诞纪念文集》，中国教育文化出版社，2005年。

〔日〕黄川田修：《齐国始封地考——山东苏埠屯遗址的性质》，《文物春秋》2005年第2期。

李伯谦：《从灵石旌介商墓的发现看晋陕高原青铜文化的归属》，《北京大学学报》（哲学社科版）1988年第2期。

张懋镕：《再论西周青铜器演变的非均衡性问题》，《西部考古（第12辑）》，科学出版社，2016年，后收入《古文字与青铜器论集（第五辑）》，科学出版社，2016年。

韩巍：《西周青铜器演变过程中的"超前"现象——新出青铜器的启示》，《青铜器与金文（第二辑）》，上海古籍出版社，2019年。

王恩田：《释冉、再、冓、禹、偶》，《纪念殷墟甲骨文发现一百周年国际学术研讨会论文集》，社会科学出版社，2003年。

于省吾：《释黾、黿》，《古文字研究（第七辑）》，中华书局，1982年。

曹淑琴、殷玮璋：《天黽铜器群初探》，《中国考古学论丛》，科学出版社，1993年。

刘恒：《商周金文族徽"天黽"新释》，《历史研究》2010年第1期。

王晖：《出土文字资料与五帝新证》，《考古学报》2007年第1期。

梁晓青：《戴家湾遗址地貌环境的考古学探讨》，《考古与文物》2000年第2期。

张懋镕：《戴家湾铜器的历史地位》，《古文字与青铜器论集（第四辑）》，科学出版社，2014年。

曹玮：《周原的非姬姓家族与虢氏家族》，《陕西历史博物馆馆刊（第七辑）》，三秦出版社，2000年。

张懋镕：《再论"周人不用日名说"》，《文博》2009年第3期，后收入《古文字与青铜器论集（第三辑）》，科学出版社，2010年。

张懋镕：《三论"周人不用日名说"——兼答周言先生》，《古文献整理与研究（第一辑）》，2015年，后收入《古文字与青铜器论集（第五辑）》，科学出版社，2016年。

曹玮：《周原新出西周甲骨文研究》，《周原遗址与西周铜器研究》，科学出版社，2004年。

李秀亮：《高青陈庄遗址研究综述》，《管子学刊》2019年第2期。

郑岩：《多相之维：考古学与美术史的跨学科观察》，《艺术学研究》2020年第6期。

任相宏、张光明：《高青陈庄M18号出土丰簋铭文考释及相关问题探讨》，《管子学刊》2010年第2期。

方辉：《高青陈庄铜器铭文与城址性质考》，《管子学刊》2010年第3期。

吕茂东：《解读高青县陈庄西周遗址》，《管子学刊》2011年第4期。

李学勤：《论高青陈庄器铭"文祖甲齐公"》，《东岳论丛》2010年第10期。

吴镇烽：《陕西西周青铜器断代与分期研究》，《中国考古学研究论集——纪念夏鼐先生考古五十周年》，三秦出版社，1987年。

施劲松：《论带虎食人母题的商周青铜器》，《考古》1998年第3期。

练春海：《"虎噬人"母题研究》，《形象史学研究》（2015上半年），人民出版社，2016年。

韩鼎：《早期"人蛇"主题研究》，《考古》2017年第3期。

徐坚：《再造金村：珍稀文物的失而复得之路》，《美成在久》2017年第3期。

张懋镕：《三论西周方座簋》，《苏州文博论丛（第一辑）》，文物出版社，2010年，后收入《古文字与青铜器论集（第四辑）》，科学出版社，2014年。

杨泓：《一个中国考古学分支学科的发展——从事美术考古五十年的体会》，《束禾集——考古视角的艺术史》，中国社会科学出版社，2018年。

外文文献

〔日〕林巳奈夫：《殷周青铜器综览——殷周时代青铜器之研究》，东京吉川弘文馆，1984年；〔日〕广濑薰雄、近藤晴香译，郭永秉润文，上海古籍出版社，2017年。

Yun-Chiahn C. Sena（陈云倩）. Cataloguing Antiquity: A Comparative Study of the Kaogu tu and Bogu tu, Reinventing the Past: Archaism and Antiquarianism in Chinese Art and Visual Culture. The Center for the Art of East Asia&Department of Art History, University of Chicago&Art Media Resources:Chicago.

John Alexander Pope, Rutherford John Gettens, James Cahill, Noel Barnard. The Freer Chinese Bronzes. Vol 1, Washington 1967.

Jessica Rawson. Western Zhou Ritual Bronzes from Arthur M. Sackler Collections.Harvard University Press, 1990.

Robert W. Bagley. Shang Ritual Bronzes in the Arthur M. Sackler Collecting. Harvard University Press, 1987.

Otto Kümmel. Jörg Trübner zum Gedächtnils, Klinkhardt & Biermann. Berlin, 1930.

Li Chi（李济）. The Tuan Fang Altar Set Reexamined, Metropolitan Museum Journal. Vol 3

(1970).

Jessica Rawson. The Bella and P.P. Chiu Collection of Ancient Chinese Bronzes（赵氏山海楼所藏古代青铜器）. Hong Kong, 1988.

泉屋博古馆：《泉屋博古·中国古铜器编》，便利堂，2002年。

〔英〕胡司德（Roel Sterckx）著，刘丰译：《早期中国的食物、祭祀和圣贤》，浙江大学出版社，2018年。

〔英〕简·艾伦·哈里森（Jane Ellen Harrison）著，刘宗迪译：《古代艺术与仪式》，生活·读书·新知三联书店，2016年。

Jörg Trübner: Yu und Kuang. Zur Typologie der Chinesishen Brozen（卣与觥）. Leipzig: Klinkhardt & Biermann, 1929.

René-Yvon Lefebvre d'Argencé. Bronze Vessels of Ancient China in The Avery Brundage Collection. 1977.

The Burlington Magazine. June, 1934.

Lothar Ledderose. Ten Thousand Things: Module and Mass Production in Chinese Art. Princeton University Press, 1998. 中译本为〔德〕雷德侯著、张总等译、党晟校：《万物》，生活·读书·新知三联书店，2005年，2012年。

Yamanaka&Company. The Remarkable Collection of The Imperial Prince Kung of China: A Wonderful Treasury of Celestial Art. New York: The American Art Association, Managers, 1913.

董韦译：《卢芹斋与弗利尔部分书信往来》，《美术向导》2014年第1期。

〔日〕梅原末治：《欧米蒐储支那古铜精華》，山中商会，1933-1935年。

硕博士论文

黄薇：《中国古代青铜器发现与研究史》，陕西师范大学历史文化学院博士学位论文，2018年。

朱帅：《〈西清古鉴〉研究》，中国美术学院硕士学位论文，2013年。

于筱筝：《商周写实动物造型青铜容器相关问题研究》，山东大学历史文化学院硕士学位论文，2019年。

苗利娟：《河南出土商代金文的初步整理与研究》，郑州大学硕士学位论文，2007年。

齐晓晓：《洛邑地区西周青铜礼器研究》，陕西师范大学历史文化学院硕士学位论文，2019年。

欧阳怡婷：《西周时期曾国青铜器研究》，陕西师范大学历史文化学院硕士学位论文，2013年。

刘树满：《霸国、倗国青铜器整理与研究》，陕西师范大学历史文化学院硕士学位论文，2013年。

阴玲玲：《两周青铜匜研究》，陕西师范大学历史文化学院硕士毕业论文，2008年。

黄家芳：《中国犀的演变史》，陕西师范大学西北环境与发展研究中心硕士论文，2007年。

吴正英：《商周青铜斗初步研究》，陕西师范大学历史文化学院硕士学位论文，2019年。

张小丽：《出土商周青铜尊研究》，西北大学文博学院硕士学位论文，2004年。

雒有仓：《商周青铜器族徽文字综合研究》，陕西师范大学历史文化学院博士学位论文，2007年。

张翀：《强国铜玉器及其关系研究》，中央美术学院人文学院博士论文，2018年。

杨远：《夏商周青铜容器的装饰艺术研究》，郑州大学博士学位论文，2007年。

刘莹莹：《商周青铜觥的整理与研究》，陕西师范大学历史文化学院硕士学位论文，2011年。

后　　记

距离笔者撰写《中国古代青铜器整理与研究·青铜豆卷》已经过去十年了，如今再次撰写一卷，不啻是一种回炉，也是一种重新检视。人类的认识与情感，都是在回环中得到锤炼与提升的。

我们依旧要感谢张懋镕先生。不仅因为他要再次容忍我的拖沓以及书中的错谬，更在于他这十多年中，主持、规划整套工作成为他最重要的事情，旷日持久，所费心力，可想而知。

本卷能够得以撰写，首先应该归功于刘莹莹女士，很多研究是在她硕士论文成果的基础上完成的。她做了许多前期的资料整理工作，珠玉在前。本卷亦有大幅度增改，并得到她的首肯。如有错谬，均由我一人负责。本卷最后收录的两篇文章，是我接触铜觥材料的学习札记。现整理成文，谨附其后，亦可视为本卷撰写过程中的同期作品。

受惠于刘莹莹的前期整理工作，使我对商代及西周中期以前的铜器有了系统性学习，这对我先前《青铜豆卷》的研究是很好的补充。铜豆以西周中后期及东周为多，铜觥则是西周中期之前，虽然数量不多，但几乎件件精美，造型独特，适合进行深入肌理性的个案研究，这无疑又与我博士阶段的美术史学习发生关联。在我看来，二者的融合，是能够接绪刘敦愿先生未竟的事业的。

我也要感谢这些闭门不出的时光，时疫固然不幸，但也让我在日常的洒扫、治馔、聆音、观影、冥想、健体之余，得以心无旁骛，专心本书的写作。最近读到友人翻译的菲利普·拉金，其中一段文字："我尽量让自己的生活变得简单。工作一整天，然后做饭、吃饭、洗东西、打电话、写付费文章、晚上喝酒看电视。我几乎不出门。"这太像我这段生活了，也要感谢责任编辑李茜副编审，一直负责多卷本系列工作，但也是几次催稿而已，让我几乎忘了有书稿这回事。尽管我差不多每日都在写，我像完成一部艺术品那样，完成这部书。然而，仍需再次说明，它的初稿是出自刘莹莹之手。友人戏言"太喜欢不用出门不用见人的生活了"，我也仿佛能看见退休之后的幸福生活。

张　翀

2021年3月2日

2021年6月30日修订